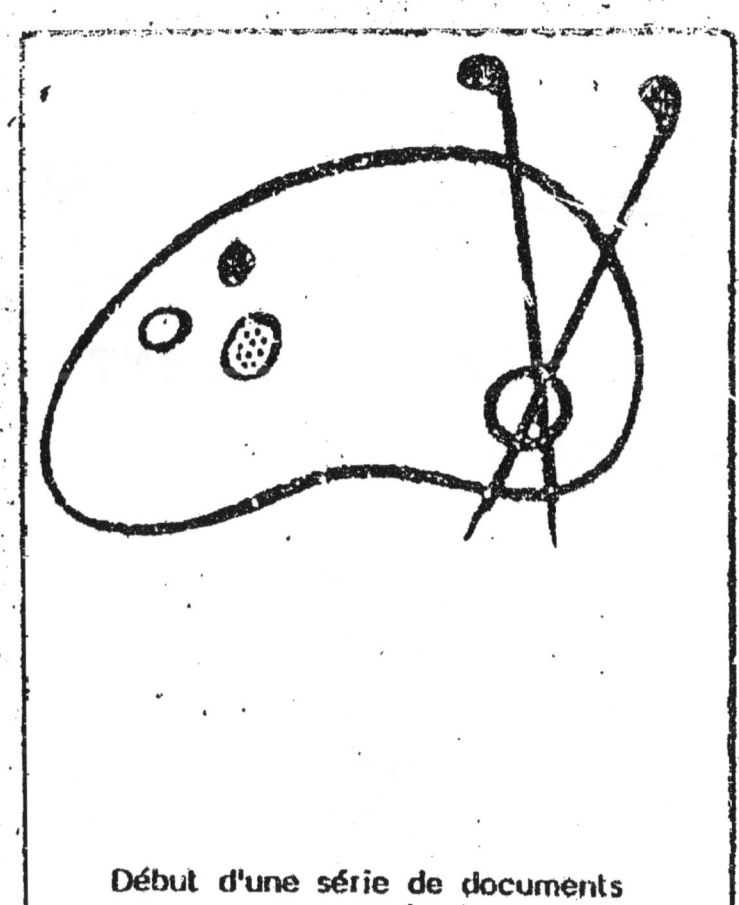

Début d'une série de documents en couleur

LA
BATAILLE DE LAON

(1814)

PAR

ALFRED ASSOLLANT

PARIS
E. PLON ET Cie, IMPRIMEURS-ÉDITEURS
RUE GARANCIÈRE, 10
—
1881
Tous droits réservés

EN VENTE A LA MÊME LIBRAIRIE

ALFRED ASSOLLANT. — Le Tigre. Un volume in-18. Prix . . . 3 fr. 50

HENRY GRÉVILLE. — Madame de Dreux. 8ᵉ édit. In-18 . . 3 fr. 50
— Le Moulin Frappier. 7ᵉ édition. Deux volumes in-18 . . . . 6 fr.
— L'Héritage de Xénie. 11ᵉ édition. Un vol. in-18. Prix . . . 3 fr. 50
— Lucie Rodey. 12ᵉ édit. . . 3 fr. 50
— Suzanne Normis. 12ᵉ éd. . 3 fr. 50
— Cité Ménard, 9ᵉ éd . . . 3 fr. 50
— Croquis. 6ᵉ édit. In-18. . 3 fr. »
— Un violon russe, 9ᵉ édit. 6 fr. »
— Les Mariages de Philomène. 10ᵉ édition. Un vol. in-18. 3 fr. 50
— Bonne-Marie. 10ᵉ édit. . 3 fr. »
— Nouvelles russes. 4ᵉ éd. 3 fr. 50
— L'Amie, 14ᵉ édit. In-18. . 3 fr. 50
— Marier sa fille. 18ᵉ édit. 3 fr. 50
— Les Koumiassine. 8ᵉ éd. 7 fr. »
— La Maison de Maurèze. 11ᵉ édition. Un vol. in-18 . . 3 fr. 50
— Dosia. 31ᵉ édit. In-18 . . 3 fr. »
— La Niania. 15ᵉ éd. In-18. 3 fr. 50
— A travers champs. 4ᵉ édition. Un vol. In-18 . . . . . . 3 fr. »
— Les Épreuves de Raïssa. 17ᵉ édition. Un vol. in-18 . . 3 fr. 50
— La Princesse Ogherof. 14ᵉ édition. Un vol. in-18 . . . 3 fr. 50
— Sonia. 18ᵉ édition. In-18. 3 fr. 50
— Ariadne, 14ᵉ édit. In-18. 3 fr. 50
— L'Expiation de Savéli. 5ᵉ édit. Un vol. In-18 . . . . . 3 fr. »

ANONYME. — La Comtesse Mourenine. 3ᵉ édition. In-18. 3 fr. 50

ERNEST DAUDET. — Mᵐᵉ Robernier. 3ᵉ édit . . . . . 3 fr. »
— Clarisse. 2ᵉ édition. In-18. 3 fr. »
— Daniel de Kerfons. 2 v. 7 fr. »
— Les Persécutées. In-18. 3 fr. 50
— La Marquise de Sardes. 3ᵉ édition. Un vol. in-18 . . 3 fr. 50
— La Maison de Graville. 6ᵉ édit. Un vol. in-18 . . . . 3 fr. »
— Le Mari. 7ᵉ édit. In-18. 3 fr. 50

FROMENTIN. — Dominique. 3ᵉ édit. Un vol. gr. in-18. Prix . . 3 fr. 50

F. DU BOISGOBEY. — Le Pavé de Paris. 3ᵉ édit. In-18. . . 3 fr. 50
— Le Crime de l'Opéra. 2 in-18. 3ᵉ édit. . . . . 7 fr. »
— L'Héritage de Jean Tourniol. 2ᵉ édition. Un vol. in-18. 3 fr. 50
— La Main coupée. 2ᵉ édition. Deux in-18. Prix . . . . 7 fr. »

G. DE PARSEVAL-DESCHÊNES. — Pascaline. Un vol. in-18. 3 fr. 50

LÉON ALLARD. — L'Impasse des Couronnes. 2ᵉ édit. In-18. 3 fr. »

ALBERT DELPIT. — Le Mariage d'Odette, 9ᵉ édition. In-18. 3 fr. 50

GEORGES PRADEL. — Pascale Nauriah. Un vol. in-18. . . 3 fr. 50

ANGE-BÉNIGNE. — Monsieur Adam et Madame Ève. 2ᵉ édition. Un volume in-18. Prix. . 3 fr. 50
— La Comédie parisienne. 3 fr. 50

CAMILLE DEBANS. — Les Drames à toute vapeur, 2ᵉ édition. Un vol. In-18. Prix . . . . . 3 fr. 50
— Histoire de dix-huit Prétendus. Un vol. in-18. 2ᵉ édition. 3 fr. 50

PAUL FERRET. — Les Demi-Mariages. 2ᵉ édit. Un in-18. 3 fr. 50

JACQUES VINCENT. — Miss Féréol. 2ᵉ édit. 1 vol. In-18. 3 fr. 50
— Le Retour de la Princesse. 2ᵉ édit. . . . . 3 fr. 50

ANDRÉ GÉRARD. — Rentée. 3ᵉ édit. Un vol. In-18. Prix. . . 3 fr. 50
— Vivante et morte. In-18. 3 fr. 50
— Christiane. In-18 . . 3 fr. 50
— Trop jolie. 3ᵉ édit. In-18. 3 fr. »

F. ALONE. — Henri-René. 3 fr. »

CLAIRE DE CHANDENEUX. — Les Mariages de garnison. 1ʳᵉ série: La Dot réglementaire. 3ᵉ édit. — L'Honneur des Champavayre, 2ᵉ série: 2ᵉ éd. Prix de chaque volume . 3 fr. 50
— Les Ménages militaires, I. La Femme du capitaine Aubépin, II. Les Filles du colonel. III. Le Mariage du trésorier. IV. Les Deux Femmes du major, 3ᵉ éd. Chaque vol. 2 fr. 50
— Une Faiblesse de Minerve. Un vol. In-18 . . . . . 3 fr. »
— Une Fille laide. 3ᵉ édit. 3 fr. 50
— Les Giboulées de la vie. 3ᵉ édition. Un vol. in-18 . . 3 fr. 50
— La Croix de Mouguerre. 3ᵉ édit. Un vol. in-18 . . . 3 fr. 50
— L'Automne d'une femme. 3ᵉ édition. Un vol. in-18. . 3 fr. 50
— Secondes Noces, 3ᵉ édition. Un vol. in-18. Prix . . . . 3 fr. 50

A. DU PRADEIX. — Le Neveu du Chanoine. In-18 . . 3 fr. 50

Paris. — Typographie de E. Plon et Cⁱᵉ, 8, rue Garancière.

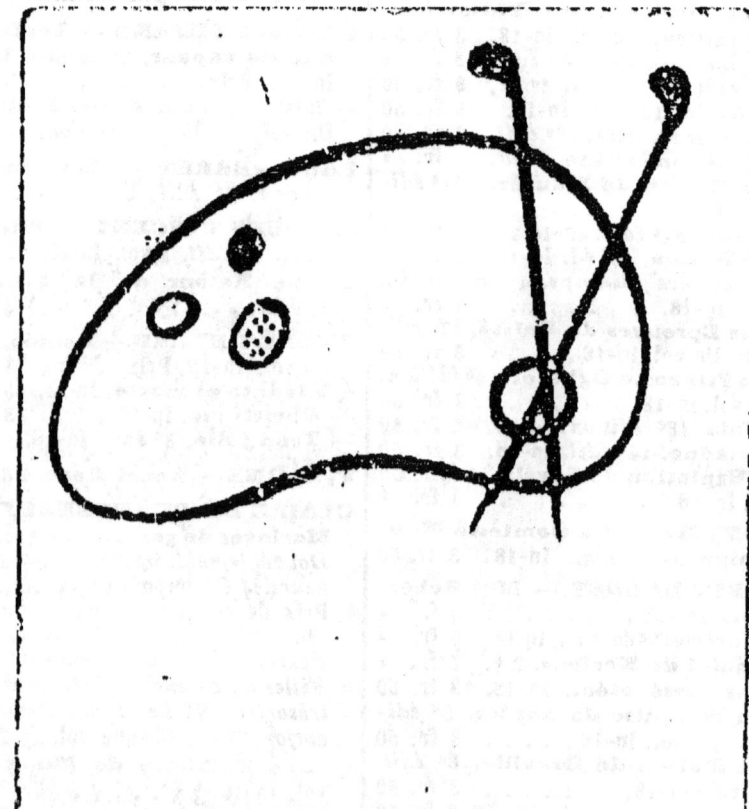

Fin d'une série de documents en couleur

LA BATAILLE DE LAON

(1814)

L'auteur et les éditeurs déclarent réserver leurs droits de traduction et de reproduction à l'étranger.

Ce volume a été déposé au ministère de l'intérieur (section de la librairie) en juin 1881.

PARIS. TYPOGRAPHIE DE E. PLON ET Cie, 8, RUE GARANCIÈRE.

LA
BATAILLE DE LAON

(1814)

PAR

ALFRED ASSOLLANT

PARIS

E. PLON ET Cⁱᵉ, IMPRIMEURS-ÉDITEURS

RUE GARANCIÈRE, 10

—

1881

Tous droits réservés

LA BATAILLE DE LAON

1814

C'est par l'ordre et sous la dictée de mon grand-père, qui ne savait ni lire ni écrire, que j'ai écrit l'histoire que voici. En me la racontant, car il se répétait quelquefois, comme tous les vieillards, il disait, « Petit : voilà comment faisaient les anciens. Tâche de faire aussi bien. »

Cl. LEBORGNE.

I

Je suis Jean, fils, petit-fils et arrière-petit-fils de Jean. C'est ma noblesse, et je n'en changerais pas pour vingt-quatre mille francs de rente. Le marquis de Lusigny, qui demeure à six kilomètres de chez nous, est moins fier que moi. Il a jeté dans un coin, comme une vieille culotte usée, le nom de son grand-père Mathieu qui vendait de la chandelle et du poivre à Paris avant la Révolution, et il a pris celui d'un château que le vieil épicier avait acheté en 1793. C'est son droit, comme dit l'autre.

Moi, dont le père et le grand-père, après avoir travaillé quatorze heures par jour pendant soixante ans chacun, n'ont rien pu acheter, excepté le pain de chaque jour et celui de leurs enfants, j'ai gardé leur nom avec respect, comme je devais; mais les malins m'en ont donné un autre. Ils m'ont appelé Leborgne, parce que j'eus le malheur de perdre un œil en me battant avec un mauvais garçon des environs de Vailly. Je venais de lui écraser le nez d'un coup de poing lorsque, comme un traître, il tira de sa poche un couteau et me creva l'œil droit.

Ce coup de traîtrise fit mon bonheur. Vous allez voir.

En 1807, sous le grand Napoléon, celui qui était empereur et roi de tant de pays, M. le préfet fit savoir, au son du tambour, que Sa Majesté, ayant remporté un tas de victoires et nous ayant couverts de gloire, avait besoin de cent cinquante mille hommes de plus pour remporter encore plus de victoires et nous couvrir encore plus de ce que je viens de vous dire. J'avais alors vingt ans, et j'allais à Laon, comme tous les autres, pour me faire voir sans chemise à M. le préfet, à M. le maire et à MM. les officiers de recrutement.

Avant d'ôter mes habits, je voulus dire à un officier que j'étais exempt de droit et non par ma faute; mais il ne m'écouta pas, excepté quand je fus tout nu en présence des autorités. Alors le capitaine cria : « Voilà un bel homme! Nous en ferons un cuirassier! »

Moi, quoique flatté au fond d'être un bel homme, je lui dis : « Mon capitaine, j'ai un motif d'exemption! — Lequel? — Mon capitaine, je suis borgne. Voyez vous-même. » Il regarda mon œil et dit en jurant : « Tu ne pouvais pas le dire avant de te déshabiller, imbécile? — Mon capitaine, vous n'avez pas voulu m'entendre. —

Assez! qu'il me rétorque en colère, ou je te fais mettre au clou pour trois mois! »

Mettre au clou, je ne sais pas ce que c'est, mais je me tins tranquille de peur d'accident. Il ne faut jamais choquer les autorités. Surtout en ce temps-là, les autorités ne plaisantaient pas. Pour un oui, pour un non, elles vous flanquaient un homme en prison comme on met les chiens à l'attache.

Fin finale : on me laissa retourner à la maison, où mon père et ma mère m'attendaient, qui furent bien contents.

Plus contente encore, Marianne Mathurin, la troisième fille des Mathurin de Saint-Médard, à une lieue de Soissons, qui avait de l'amitié pour moi (comme moi aussi pour elle) depuis plus de six mois, et à qui j'avais dit, le soir de Noël : « Si je suis exempté de la conscription, veux-tu nous marier, Marianne? »

Elle me répondit :

— Si la mère veut, je veux bien.

(Le père était mort.)

Je lui dis encore :

— Et tu m'aimeras comme je t'aime?

Elle me donna un coup de coude dans l'estomac et répliqua :

— Tu es bête, Jean!

Ça voulait dire, comme elle me l'a fait savoir depuis : Je t'aimerai.

Pour lors, je n'eus pas plutôt raconté à mes parents que j'étais exempt, que j'allai le répéter à Marianne, qui demeurait à deux lieues de chez nous, et qui m'attendait sur la route, sans en avoir l'air, comme vous pensez bien, à cause des langues.

Et le lendemain soir, je dis à mes parents la chose et l'accord que j'avais fait avec Marianne, et je demandai leur consentement, comme de juste.

Le père, qui mangeait sa soupe aux choux, posa sa cuiller, me regarda bien en face et dit :

— Si ça te va, ça me va. Marianne est une belle fille et qui travaille bien. Elle ne fera pas honte à la famille. D'ailleurs, elle aura de l'argent. Cadet (il m'appelait de ce nom pour me distinguer de mes frères), tu n'as plus qu'un œil, mais il est bon. Il voit clair... Qu'en penses-tu, femme?

Ma mère répondit :

— Ça ne me regarde pas. Jean ne m'a pas consultée. Une bouche de plus à la maison, c'est peut-être beaucoup, et toutes les bouches des petits qui viendront plus tard à la suite de celle-là, c'est certainement trop; mais ça le regarde. Je n'ai pas longtemps à vivre. Ce n'est pas moi qui verrai leur misère.

Je me levai, car ma mère m'avait fait de la peine, et je lui dis :

— Mère, nous ne serons pas à votre charge, Marianne et moi. Elle a un peu de bien du côté de sa mère, et moi j'ai reçu de vous de bons bras. D'ailleurs, nous ferons comme vous. Qu'est-ce que vous aviez en vous mariant? Rien du tout! Et vous avez élevé sept enfants.

Le père se leva et dit :

— Femme, Jean a raison. C'est lui que la chose regarde, et non pas nous. D'ailleurs, la fille est honnête et me convient. Allons nous coucher.

Pour Marianne, comme sa mère faisait toutes ses volontés, elle fit aussi celle-là, et même lui donna une dot de quinze cents francs. En ce temps-là, c'était quelque chose.

Le jour de la noce, des jaloux et des jalouses voulurent se moquer de nous. Un gros cabaretier veuf, qui avait « de ça », comme il disait en frappant sur ses poches, et qui aurait bien voulu Marianne pour sa seconde femme, cria sur notre passage qu'il ne fallait guère avoir d'esprit pour prendre un vilain borgne comme moi. Là-dessus, je lâchai Marianne, je la mis au bras de mon père et je mouchai le cabaretier d'un coup de poing qui lui fit saigner le nez et l'abattit dans le ruisseau. Tout le monde se mit à rire pendant qu'il s'essuyait, et l'affaire n'alla pas plus loin.

Voilà comment se fit notre mariage.

II

Pendant six ans, nous fûmes très-heureux, Marianne et moi. Je pris une ferme à bail, aux environs de Craonne, au milieu des bois, et je l'eus à bon compte, car les bras manquaient et l'argent était rare. C'était le temps du grand Napoléon, un homme fameux qui en faisait tuer chaque matin des mille et des cents, tellement que, s'il avait duré, il ne serait plus resté en France que des femmes et des petits enfants, et même, un peu plus tard, rien du tout.

Moi, voyant ça, je remerciai Dieu, soir et matin, d'être borgne, ce qui me permettait de vivre en paix avec ma femme, mes quatre petits enfants et mon père, qui vint nous rejoindre quand ma mère fut morte. Il se réjouissait, le vieux, en voyant les petits grimper sur ses genoux et frotter en riant leurs joues contre sa barbe. Ça le consolait un peu de la mort de ma mère, de celle de mon frère aîné, qui fut tué d'un coup de canon à Eylau, et de l'absence de mon plus jeune frère, qui n'était pas borgne, lui. Aussi, l'empereur le mit dans les dragons de la jeune garde, et le fit maréchal des logis en Allemagne.

Une fois tous les trois mois, il nous écrivait : « Je vais bien. Je souhaite que la présente vous trouve tous dans le même état qu'elle me laisse. J'ai reçu une balle ou un coup de baïonnette quelque part... » Enfin, tout ce qu'on peut écrire d'honnête quand on est à cinq cents lieues de sa famille.

Nous, pendant ce temps, nous faisions de bonnes affaires. Nos poules valaient des moutons, nos moutons valaient des cochons, nos cochons valaient des bœufs. Ma belle-sœur Pauline, la seule qui ne fût pas mariée, vivait avec nous, nous aidait à élever la famille et demandait toutes les semaines si mon frère ne finirait point par revenir. Ça l'intéressait. Vous comprenez pourquoi. Mon frère était un joli garçon et pouvait faire un bon mari.

Une bonne fille, la Pauline, et qui travaillait aux champs comme un homme. Pas moyen de faire autrement, car je n'avais pas de valet de ferme. Mon père et moi nous étions seuls pour prendre soin du bétail et labourer. Ma femme faisait le reste avec sa sœur. Les petits se roulaient de tous les côtés comme des bêtes à quatre pattes et criaient comme des diables. Ma femme disait : « Laisse-les faire, Pauline. Ils ont bien le temps de s'ennuyer et de travailler comme nous ! » Car la Pauline les aimait bien aussi, mais pas autant qu'une mère. Ça, c'est le défaut des vieilles filles.

Je dis : vieilles ; elle était jeune pourtant, n'ayant pas plus de vingt-deux ans ; mais les autres filles, qui voyaient diminuer tous les ans le nombre des garçons, parce que le grand Napoléon, avec toute sa gloire, en faisait tuer sept sur dix, en parlaient comme d'une tante pour la faire enrager.

Elle, toujours vaillante, faisait semblant de rire. Ce qu'elle pensait, nous ne l'avons su que plus tard, et vous verrez bientôt comment.

Cette année-là, 1814, le cinquième jour de janvier, comme j'étais à la foire de Laon avec mes bestiaux, voilà que j'aperçois des gens qui se parlaient tout bas comme s'ils avaient eu peur d'être entendus, et qui avaient la mine de déterrés.

L'un disait :

— Est-ce vrai ?

L'autre levait les bras en l'air.

— Puisque je le tiens de Pulvermach, qui balaye la préfecture et qui cire les bottes du sous-préfet !

— Mais qu'est-ce qu'il dit, ton Pulvermach ?

— Il dit que le préfet a dit qu'on disait à Paris... Mais tiens, on nous écoute. Allons plus loin.

Et, de fait, j'écoutais. Il y avait quelque chose dans l'air, je ne sais pas quoi, mais il y avait quelque chose. Je rencontrai un marchand de moutons avec qui je faisais affaire depuis longtemps. Je lui dis :

— J'en ai douze, tous plus gras que des cochons à Noël. Les veux-tu ?

Il me répondit :

— Pourquoi faire ? Et il avait les mains dans ses poches comme un bourgeois qui traverse la foire, mais qui ne veut ni acheter ni vendre.

Je crus qu'il faisait le maquignon, et je lui dis en faisant semblant de rire :

— Pour les manger, François Taupin.

Il secoua la tête et dit :

— Je n'ai pas faim.

— Pour les faire manger aux Parisiens, alors !

Il me rétorqua :

— Jean Leborgne, les Parisiens n'en tâteront pas plus que moi... Ah ! les pauvres Parisiens ! Ils peuvent se frotter le ventre au soleil comme des chats maigres. C'est fini de rire aujourd'hui.

Et, se penchant vers moi, il ajouta tout bas :

— Les ennemis sont en France !

Ça, voyez-vous, c'était pour moi comme un coup de poing dans l'estomac. Les ennemis ! Quels ennemis ? Voilà vingt ans que nous nous battions dans toute l'Europe, ça ne suffisait donc pas ! Il fallait donc se battre aussi chez nous ! Après tant de victoires du grand Napoléon, était-ce possible !

Je le dis au marchand de moutons. Il me rétorqua :

— Tu crois donc ça, Jean Leborgne, qu'il était toujours vainqueur ? Tu crois donc ça, grosse bête à deux pattes ! Certainement, il a rossé tantôt les uns, tantôt les autres ; mais maintenant c'est fini. Ils sont tous contre lui en Europe. Je me suis fait raconter ça par un vieil émigré qui reçoit des journaux d'Angleterre et d'Allemagne. Eh bien, il paraît qu'ils sont tous contre lui maintenant, qu'ils ont passé le Rhin et qu'ils entrent en France de tous les côtés. Alors, tu comprends ? Avant trois jours tes moutons ne vaudront plus rien. On les mangera sans payer, et si je les achetais pour Paris, les Cosaques me les enlèveraient sur la route, et j'aurais payé le dîner des Cosaques... Tu comprends, Claude Leborgne, ce n'est pas une chose à faire.

Voilà comment je sus que les ennemis étaient en France.

Je ramenai mes moutons à la ferme. Ma femme dit :

— Mon Dieu! qu'allons-nous faire? Les Cosaques vont venir avec les Prussiens; ils nous prendront nos bestiaux, nos chevaux de labour, et tout.

Mais elle se trompait pour les chevaux, car trois jours après le garde champêtre de la commune et deux gendarmes vinrent les prendre pour le compte de S. M. l'empereur et roi, qui voulait s'en servir pour traîner son artillerie. C'est ce qu'on appelle réquisitionner.

Je demandai au brigadier de gendarmerie :

— Avec quoi vais-je labourer maintenant?

A quoi il me rétorqua en grondant :

— Est-ce que ça me regarde? Aimerais-tu mieux donner tes chevaux aux Prussiens?

Ah! certes non. Je n'aimais pas mieux!

— Mais qui me payera?

— L'empereur. Plus tard. Quand il aura le temps. Est-ce que tu crois qu'il n'a que tes affaires dans la tête?

Le brigadier se moquait de moi. Enfin il emmena mes chevaux, et M. le maire m'en donna un reçu, que j'ai encore. Il est là-haut dans l'armoire, car vous comprenez bien qu'on ne m'a jamais payé. L'empereur s'en alla, les Bourbons revinrent; l'empereur revint, les Bourbons s'en allèrent; c'était pour moi blanc bonnet, bonnet blanc. L'un n'avait pas le temps de s'occuper de moi; les autres avaient d'autres affaires. D'ailleurs, il faut être juste : s'ils avaient eu de l'argent de reste, les émigrés qu'ils ramenèrent du pays des Anglais le leur auraient arraché des mains.

Enfin, vaille que vaille, s'il ne m'en avait coûté que mes chevaux de labour, j'aurais encore pris patience; mais vous allez voir la suite, et les Prussiens, et Blücher, et les Cosaques, et la grande bataille de Laon, que j'ai vue de mes yeux, et tant d'autres choses terribles que j'aurais moi-même peine à croire si je n'avais pas été là et si je n'en avais pas eu ma part comme les autres.

III

C'était un mardi soir, six semaines après la foire de Laon. On se battait presque partout dans notre pays. Malgré la neige, la pluie, le vent, la gelée, on entendait de tous côtés le bruit des tambours et des trompettes. Tantôt les Prussiens passaient avec leur grosse artillerie et leurs grosses bottes. Tantôt les Russes, les Wurtembergeois, les Bavarois. Tantôt, plus rarement, c'étaient les Français; mais comme notre ferme était dans les bois, à deux lieues de la grand'route, les uns et les autres n'approchaient jamais, de peur des embuscades.

Une seule fois, le mardi dont je parle, à neuf heures du soir, nous étions près de nous coucher; les petits dormant déjà, j'allai voir si la porte de la cour était bien fermée. Tout à coup (je venais de la verrouiller après avoir regardé au dehors et n'avoir rien vu d'inquiétant) j'entendis un galop de chevaux dans le sentier, et les chiens aboyèrent de toutes leurs forces.

Il faisait noir comme au fond d'une cave. Il n'y avait

pas d'autre lumière que celle de ma lanterne qui blanchissait le mur de la maison; sans doute les cavaliers la virent. Ils poussèrent un cri de sauvage, quelque chose comme : « Hourra ! hourra ! » et l'un d'eux en arrêtant son cheval tira un coup de pistolet dans la porte. Puis il mit pied à terre avec les autres et commença à jeter de grosses pierres dans la serrure pour la faire sauter avec les verrous.

Vous jugez si j'étais content !

Ma femme, mes enfants, mon père, ma belle-sœur, trois bœufs, cinq vaches, trente moutons, quarante boisseaux de froment, dix boisseaux d'avoine, douze cents francs d'argent dans un sac au fond de l'armoire, ma maison tout entière et ma famille ! Ces gueux allaient être maîtres de tout dans un instant ! Qu'est-ce que vous voulez? Depuis le 1er janvier je n'avais rien pu vendre, parce qu'on disait de tous les côtés que les ennemis tenaient les routes, volaient tout, pillaient tout et assassinaient les trois quarts du temps.

Encore s'ils n'avaient fait que voler et assassiner ! Mais on parlait aussi d'autre chose qui faisait trembler toutes les honnêtes femmes du pays. Dans plusieurs cantons, les hommes devenaient comme fous et enragés de colère, et attendaient les traînards étrangers au coin des bois pour leur couper la gorge. Malheureusement on n'avait pas de fusils. Pourquoi? L'empereur Napoléon ne voulait pas. C'était contre l'ordre public, comme il disait. Ah ! si nous avions eu tous des fusils ! Les ennemis auraient pu venir douze cent mille en France. Il n'en serait pas sorti douze cents.

Moi, pourtant, j'avais une mauvaise carabine longue comme le tronc d'un hêtre et qu'on m'avait permis de garder avec un peu de poudre, de gros plomb et des balles pour chasser en hiver les loups et les sangliers qui venaient se promener devant ma ferme. Avec ça, le dimanche, en automne, j'allais faire un tour par-ci par-là dans la forêt, et j'abattais par maladresse un lièvre ou un perdreau en place d'un loup. On le savait bien; mais comme j'abattais aussi deux ou trois loups par an, M. le maire n'y faisait pas trop attention et disait seulement :

« Jean Leborgne! Jean Leborgne! tu as manqué ta vocation. Tu devrais être cuirassier! La première fois que tu viendras chasser chez moi, tu seras pincé, je t'en avertis, et tu iras servir notre grand empereur sous les drapeaux. »

Mais c'était de la frime, pour parler comme les Parisiens. Au fond, il s'en serait bien gardé. Entre amis et voisins, il faut se ménager si l'on veut vivre en paix.

Fin finale : j'avais donc ma carabine chargée à balle, ce qui était rare dans le pays et me donnait l'air d'un seigneur. C'était tout mon arsenal. Je savais m'en servir, mais j'étais le seul homme de la maison, car mon père, déjà bien vieux et qui avait été longtemps misérable, ne pouvait guère m'aider. Avec l'âge les forces s'en vont, sinon le courage et l'envie de bien faire.

Je pensai donc, — entendant ce bruit, ces hourras et ces coups de pistolet, — que la résistance n'était pas possible, que ces brigands qui faisaient du bruit comme vingt enfonceraient aisément la porte, mettraient partout le feu et la mort; qu'à supposer que je pusse en tuer deux, l'un avec ma carabine et l'autre avec ma hache, les autres feraient aisément à leur volonté, massacreraient tout, et que je n'avais pas le droit de risquer mon père, ma femme, mes enfants et ma belle-sœur, la Pauline.

Ayant fait ces réflexions dans le temps qu'il faut pour

prendre une prise de tabac, je dis à mon père, qui venait derrière moi pour m'aider :

— C'est des Prussiens ou des Cosaques. Père, fais cacher les femmes et les enfants.

Le vieux me regarda dans les yeux et répondit :

— J'y vais. Toi, Jean, pas de bêtises! Ne te fais pas tuer sans nécessité.

Je lui rétorquai :

— Père, je ferai de mon mieux. Va vite. La porte va tomber.

En effet, les autres, à force de jeter de grosses pierres, l'avaient tellement ébranlée sur ses gonds, qu'elle ne tenait plus qu'à peine. Quand je vis qu'on en était là et qu'elle allait tomber, je leur dis :

— Laisse-moi donc le temps de tirer le verrou!

Alors de l'autre côté de la porte on resta tranquille, et moi je me mis à déverrouiller ardemment, comme si j'avais été pressé d'ouvrir la porte à des amis et de leur offrir à souper. Je faisais des oh! des ah! des ouf! Vous auriez cru entendre souffler un éléphant.

Enfin le verrou fut tiré, et la porte, dont les gonds étaient détachés, tomba en manquant de m'écraser.

Je vis alors l'ennemi. Ils étaient cinq uhlans prussiens, deux à cheval, qui tenaient par la bride les chevaux de leurs camarades, les trois autres à pied, qui venaient d'enfoncer la porte : tous avec un air effrayé et furieux. On aurait cru qu'ils étaient poursuivis.

L'un d'eux, le sous-officier qui les commandait, entra dans la cour et me dit en mauvais français et en menaçant de son sabre :

— Es-tu seul ici?

— Oui. Seul avec mon père.

— Pas de soldats cachés?

Je répondis :

— Non. D'ailleurs, voyez vous-mêmes.

Il fit un geste avec son sabre comme pour leur dire :

— C'est bon, entrez, vous autres.

Il laissa les deux cavaliers montés en sentinelle à la porte, fit charger les pistolets, dégaîner les sabres, et me dit en jurant à la mode de son pays :

— Si tu as menti, canaille, tu es un homme mort!

J'avais bien envie de répondre : « Canaille toi-même! » Mais ce n'était pas le moment. Il y a, comme dit le curé, des jours où l'on doit parler et d'autres où l'on doit avaler sa langue.

Après avoir pris toutes ces précautions, il me fit marcher devant lui et me dit :

— Montre-moi le coffre à l'avoine.

Sans me faire prier, toujours menacé de leurs pistolets, je les conduisis dans l'écurie, et je montrai l'avoine. Après tout, quoique l'avoine coûte cher en tout temps, si j'en avais été quitte pour leur donner toute ma provision, je me serais cru bien heureux.

Ils débridèrent leurs chevaux et les mirent à même du coffre. Je pensais en moi-même : « Pourvu que ma femme et mes enfants aient le temps de se cacher avec ma belle-sœur. » Mais où se cacher? La maison n'avait que deux grandes pièces et le grenier au-dessus, où l'on montait par une trappe et une échelle.

— Maintenant, dit le uhlan, à notre tour de souper. Conduis-nous.

Je ne fis pas plus de résistance pour les hommes que pour les chevaux. Je les conduisis dans la maison. Le vieux (mon père) était là sur la porte qui les attendait d'un air presque tranquille qui me fit plaisir.

S'il était tranquille, sans doute il n'y avait plus rien à craindre pour la femme et les enfants.

Le sous-officier des uhlans le poussa brutalement pour passer, pendant que le vieux saluait comme s'il avait été en face d'un honnête homme. Il demanda même :

— Qu'est-ce que vous voulez, mes bons messieurs?

— Du feu et souper!

— Pour du feu, messieurs, nous allons en faire. Pour le souper, il ne reste pas grand'chose. Des pommes de terre, une tourte de pain bis et du lait caillé.

A ce moment une poule se mit à chanter. Sans doute elle venait de pondre. Les uhlans éclatèrent de rire en ouvrant leurs grandes bouches fendues jusqu'aux oreilles et criant : Hourra! hourra!

Ils se précipitèrent aussitôt vers le poulailler et saisirent au hasard quatre ou cinq de nos poules. On entendait crier les pauvres bêtes qui cherchaient à se sauver dans tous les coins comme si elles avaient vu entrer une bande de renards. Ils revinrent sans même fermer la porte de l'écurie, et, pour avoir plus vite fait, leur coupèrent la tête à coups de sabre.

De là ils visitèrent les étables et prirent un mouton gras qu'ils assassinèrent, la pauvre bête, comme ils avaient fait de la volaille. Ils l'écorchèrent et le vidèrent en même temps, et pendant que mon père et moi nous allumions le feu, ils jetèrent au hasard toute cette viande dans un grand chaudron déjà plein d'eau de vaisselle qu'on gardait pour notre cochon. Ah bah! c'était bien bon pour eux. Ça faisait la soupe plus grasse. Et quand ils eurent vu un vieux jambon fumé que mon père n'avait pas eu le temps de détacher du clou de la cheminée et de cacher sous le lit, ils en coupèrent la moitié et la jetèrent aussi dans le chaudron avec le reste, et une grosse poignée de sel.

Alors, pendant que le bouillon cuisait avec toute ces viandes, le sous-officier, qui regardait partout, vit la porte de l'armoire qui était fermée et sans clef. Il cria :

— Qu'est-ce que vous avez là dedans?

Je ne savais que répondre. Dire « notre argent », c'était l'encourager à ouvrir l'armoire. Ne rien dire n'était ni meilleur ni pire. Il aurait bien deviné qu'on lui cachait quelque chose, et il aurait enfoncé la porte. Ma foi, à la grâce de Dieu! Je répondis :

— C'est le linge de la maison.

Alors le uhlan se mit à rire et à crier :

— Bonne affaire! Du linge! Ils ont des draps, ces Français! ça nous servira.

Et il ajouta quelques mots en allemand qui les firent rire comme des saints à l'entrée du paradis. Ils se levaient, ils s'asseyaient, ils tapaient sur leurs cuisses; vous les auriez crus fous de joie, et en même temps ils faisaient des gestes... oh! mais des gestes!... A la fin le uhlan me dit :

— Où est la clef?

Je n'en savais rien, car elle était dans la serrure avant le souper; mais mon père la tira de sa poche et dit :

— La voilà!

Ce qui m'étonna beaucoup, car je croyais que le vieux l'avait ôtée pour la cacher quelque part. Je le regardai fixement, non pas pour lui en faire un reproche, mais pour lire dans ses yeux son intention. Il ne fit pas semblant de me voir et remit la clef au Prussien.

L'autre ouvrit l'armoire comme je m'y attendais. Dans tous les rayons il y avait des draps, des serviettes, des torchons et des pommes.

Ah! comme ça sentait bon! C'est ma femme et la Pauline qui rangeaient tout soigneusement, mêlant les pommes avec le linge, de sorte qu'en le dépliant, les yeux fermés, on se serait cru dans un parterre.

C'est dans le rayon du bas, sous trois paires de draps, que l'on cachait l'argent au fond d'un grand sac de toile. Je pensai en moi-même; « Mes pauvres douze cents francs! mes pauvres douze cents francs! Qu'est-ce qu'ils vont devenir? Ces gueux-là vont les prendre. »

Mais je ne dis rien, car je n'étais pas de force à les en empêcher. Et après tout la vie vaut mieux que l'argent, puisque l'argent ne sert qu'à vivre plus à l'aise, et qu'on aurait beau laisser en mourant des millions, dès qu'on les laisse, c'est comme s'ils n'avaient jamais existé.

Voyant ça, je laissai faire. Les uhlans prirent les pommes, déplièrent les draps, s'en habillèrent en riant, et l'un d'eux fit tomber le sac de toile où se trouvait l'argent. Deux ou trois écus roulèrent sur le pavé. Cette fois, ils avaient trouvé la cachette.

Le sous-officier se baissa pour les ramasser et trouva le sac. Ce furent de nouveaux cris de joie. On vida le sac sur la table, et tous ces brigands avancèrent la main pour en prendre leur part. Alors je vis qu'il n'y avait en tout que cinquante francs. Je compris que le vieux avait fait une finesse et lâché une partie pour sauver le reste.

Pour lui, il ne bougea pas. Il avait l'air de penser : « Il faut bien souffrir ce qu'on ne peut pas empêcher. » Le uhlan nous dit :

— Vous n'avez pas autre chose?

Je répondis bravement :

— J'aurais autre chose si je pouvais vendre mes bœufs et mes moutons ; mais dans un temps pareil, quand vous prenez tout sur les chemins, qui est-ce qui voudrait m'acheter?

Le Prussien se mit à rire, et voyant bien qu'il n'y avait plus rien dans l'armoire, il donna une pièce de cinq francs à chacun de ses camarades et garda le reste pour lui. Ils avaient tous l'air de gens qui sont à la noce ; ils chantaient des chansons de leur pays qui étaient si dures qu'on aurait cru qu'ils cassaient des noix sous leurs dents. Et de temps en temps le sous-officier se tournait vers mon père en disant :

— C'est la guerre ! vieux *Franzosse !* c'est la guerre !

Je ne sais pas si c'était la guerre ; mais c'était bien désagréable, et si nous avions été, lui et moi, au coin de la forêt de Craonne, chacun avec un fusil, je lui aurais fait chanter une autre chanson.

IV

Pour attendre que le souper fût prêt, mes Prussiens demandèrent à boire autre chose que de l'eau. Nous avions encore un vieux fond de tonneau que j'allai chercher au fond de l'écurie pendant que le vieux leur tenait compagnie sans rien dire.

J'étais absent depuis un moment lorsque j'entendis tout à coup un grand bruit au-dessus de ma tête, de grands rires, des cris de frayeur et le bruit d'une lutte. C'est dans le grenier qu'on riait, qu'on criait et qu'on appelait au secours. Je reconnus la voix de ma femme :

— Jean ! Jean !

A ces cris, je compris tout. Mon père avait caché ma femme, mes enfants et la Pauline dans le grenier derrière la paille et les sacs de blé, et les uhlans, ennuyés de ne pas boire, avaient sans doute cherché et trouvé la cachette. Qui est-ce qui pouvait savoir ce qu'ils allaient faire là dedans et quel crime ils allaient commettre? Deux femmes et quatre enfants sans défense !

A cette pensée, je lâchai la grande écuelle à demi pleine de vin que je tenais sous la barrique, je ne pris pas le temps de tourner le robinet, je laissai couler le vin, je saisis ma faux qui était suspendue au mur à côté du râtelier des chevaux et des bœufs, je soufflai ma lampe pour n'être pas vu, et, sans fermer la porte de l'écurie, n'ayant plus souci de rien, je me précipitai dans la cour, puis dans la maison, et je vis qu'en effet mon père et trois des uhlans avaient disparu. L'un des trois était le sous-officier.

Ils étaient entrés dans la seconde pièce de la maison. En sondant partout avec la pointe de leurs sabres, ils avaient vu la trappe, ils étaient allés chercher l'échelle, étaient entrés dans le grenier.

Puis, cherchant partout, ils avaient découvert le blé d'abord et la paille, puis ma femme, ma belle-sœur et les enfants. Mon père les suivait pas à pas sans rien dire et s'en allait tout doucement vers le coin du grenier où il avait caché ma carabine un moment auparavant. Elle était toujours chargée à balle à cause des loups et des sangliers qu'on entendait hurler et grogner souvent en hiver.

Je vais dire tout de suite ce qui arriva.

En voyant ma femme, la Marianne, que sept ans auparavant, le jour de notre mariage, tout le monde appelait la belle Mathurine, le sous-officier des uhlans dit :

— Belle femme ! Elle va nous faire la cuisine, Krantz !

Il la saisit par le bras pour la tirer hors de sa cachette (elle était derrière des bottes de paille) ; c'est alors que la Marianne m'appela au secours avec la Pauline et les enfants qui se mirent à crier en entendant crier leur mère et leur tante.

C'est ce bruit que j'avais entendu. Un autre uhlan aperçut la Pauline et voulut la saisir à son tour par le milieu du corps ; mais elle, qui était grande et forte comme une fille de labour, lui donna un si grand soufflet qu'il fut forcé de s'appuyer contre une des poutres du toit pour ne pas tomber et qu'il en resta comme étourdi pendant le temps qu'une mouche met à voler de la porte à la fenêtre... Ah ! c'était une belle fille, la Pauline, et qui ne plaisantait pas avec tout le monde. Vous verrez bien autre chose d'elle tout à l'heure.

Pour vous revenir, les choses en étaient là quand je montai par l'échelle dans le grenier avec ma faux. Le vieux qui venait de prendre ma carabine, commençait à coucher en joue l'un des hulans, qui lui tira un coup de pistolet ; par bonheur, le vieux était à moitié caché dans l'obscurité. La balle lui coupa une mèche de cheveux et écorcha un peu la peau du front.

L'autre uhlan, furieux du soufflet qu'il avait reçu, se jeta sur la Pauline et l'avait déjà à moitié renversée. Quant au troisième, le sous-officier, il avait saisi la Marianne par une main et par les cheveux, et il essayait de l'entraîner.

O mes amis! si vous aviez vu! Ça ne dura pas une minute! d'un coup de ma faux je lui abattis la tête comme on coupe un chardon d'un coup de verge. Elle roula en forme de chou pommé à mes pieds. Alors je me tournai vers le uhlan qui venait de tirer sur le vieux et j'allais lui en faire autant, lorsque le vieux lui tira à bout portant ma carabine dans la tête et du coup le jeta par terre, aplati, sans mouvement, comme un sac mouillé.

La Marianne et la Pauline, voyant ça, se mirent à crier de joie, et le troisième hulan, celui qui restait seul, jeta son pistolet et demanda grâce.

Je regardais Marianne pour la consulter, mais le vieux me dit :

— Jean! s'ils avaient été les plus forts, est-ce qu'ils t'auraient fait grâce, à toi et à nous tous? Ils sont encore deux en bas. Si tu sauves celui-là, ils seront trois. Sais-tu ce qu'ils feront de nous?

Ça me décida. J'envoyai à ce malheureux un coup de faux dans les jambes. Il eut les deux jarrets coupés et tomba en poussant un cri affreux.

Le vieux prit le pistolet du sous-officier de hulans, qui était resté chargé, et l'acheva par pitié en lui faisant sauter la cervelle.

— Il ne souffrira plus, dit mon père.

C'est un peu dur, mes enfants; mais si nous avions épargné ce gueux, c'est lui qui nous aurait dénoncés à ses chefs et qui nous aurait fait fusiller. Ce coquin de Blücher, ce vieil ivrogne, ce vieux scélérat qui volait et tuait partout comme Cartouche et Mandrin, a fait fusiller des milliers d'hommes, paysans ou bourgeois, qui défendaient leur pays et leurs familles, comme les honnêtes gens. Savez-vous pourquoi? Parce qu'ils n'avaient pas d'uniformes. Ah! les gredins! Aussi, quand on trouvait leurs traînards dans les chemins, leur affaire était bonne. Des cents et des mille ont disparu sous l'herbe des prés de notre pays, dont on ne saura jamais les noms. Œil pour œil, dent pour dent, comme dit l'autre.

V

Vous pensez le vacarme que nous avions fait pendant trois minutes, car l'affaire ne dura pas davantage. Trois coups de pistolet, un coup de carabine, deux coups de faux, les cris des mourants, ceux de ma femme, de la Pauline et des petits enfants, qui (sans reproche) auraient étouffé le bruit de quarante tambours, — tout ça ne manqua pas d'être entendu des deux uhlans qui restaient, l'un dans l'intérieur de la maison, l'autre à la porte de la maison.

Le dernier, étant à cheval, chargé de faire le guet et d'ailleurs, comme vous allez voir, assez occupé pour son compte, ne bougea pas. Il écoutait sans doute un bruit qui venait de loin et qui dut l'effrayer terriblement. Était-ce le vent dans les arbres de la forêt? Étaient-ce des chevaux lancés au grand trot?

Pendant qu'il cherchait ce que ça pouvait être, son compagnon, celui qui était à pied devant le feu pour faire sécher ses bottes, se leva tout à coup, entendant les coups de pistolet et les hommes qui tombaient dans le grenier et qui appelaient au secours. Il vit l'échelle dressée contre la trappe que je n'avais pas eu le temps de refermer, et ne sachant pas ce qui était arrivé, il monta, le sabre dans une main, le pistolet dans l'autre, pour venir au secours de ses camarades.

Mais, comme dit l'autre, il aurait bien mieux fait, dans l'intérêt de sa santé, de garder le coin du feu dans son pays. Vous allez voir pourquoi.

La trappe était levée. Il monta dix ou douze échelons et passa sa tête par l'ouverture. A côté de sa tête était la lame de son sabre qu'il brandissait de la main droite. De la main gauche il tenait son pistolet tout armé et en même temps le montant de l'échelle.

Quand il aperçut ses trois camarades étendus par terre, morts ou mourants, il resta comme hébété, ne sachant pas s'il devait continuer de monter ou s'il devait descendre, et regardant autour de lui. Finalement, je crois qu'il allait descendre pour appeler le cinquième uhlan, lorsque la Pauline, qui était cachée derrière la trappe, la poussa et l'abattit par derrière sur sa tête, si brusquement et si fort que la lame de son sabre en fut tordue en forme de faux, qu'il roula lui-même le long de l'échelle, étourdi du coup, et que son pistolet tout armé partit. La balle entra dans sa poitrine et le tua roide.

C'est le plus beau coup que j'aie vu faire de ma vie, et c'est la Pauline qui l'a fait. Sans y penser, encore! Mais je crois qu'en y pensant elle n'aurait pas fait mieux. Nous en fûmes si étonnés que nous restâmes quelques moments sans rien dire.

Les petits éclatèrent de rire, comme ils font quand on leur montre des diables qui sortent des boîtes à la foire de Laon et que, d'un coup sur la tête, on les fait disparaître et rentrer dans la boîte.

La Marianne s'écria :

— Ah! bon Dieu! Pauline, qu'est-ce que tu as fait là? Cette canaille va revenir et nous massacrer tous!

Mais le vieux lui dit sévèrement :

— Taisez-vous, Marianne! La Pauline a bien fait. Et nous, rechargeons les armes; on ne sait pas ce qui peut arriver.

Recharger, c'était mon affaire, car mon père, excepté ce jour-là, n'avait jamais touché une arme à feu. La Pauline ne savait seulement pas comment on fait partir la détente d'un pistolet.

Tout en rechargeant la carabine, je regardai au dehors par la lucarne du grenier.

Le dernier uhlan, qui paraissait inquiet pour son propre compte autant que pour celui de ses camarades, essaya d'abord de mettre pied à terre et de venir à leur secours. Je le vis lever la jambe droite par-dessus la selle et je commençais à le viser, car il était vraiment bien placé, à dix pas, et d'un coup de carabine je l'aurais abattu comme un loup; mais il eut l'air de s'en douter, ou plutôt il entendit quelque chose qui lui troubla l'esprit, car au moment où j'allais presser la détente, il se remit à cheval, donna un coup d'éperon et partit au galop dans la nuit noire.

VI

Il n'alla pas loin, du reste, car en moins de trois minutes j'entendis deux coups de pistolet et le bruit de trente ou quarante chevaux qui s'avançaient au grand trot vers la ferme.

— Cette fois nous sommes perdus! dit la Marianne. Ah! mes pauvres petits!

Elle serrait ses enfants dans ses bras en criant et pleurant comme si l'on était venu les chercher pour les mettre en terre. Eux, ne sachant rien de rien, voyant ces hommes tués sur le plancher, entendant crier leur mère, et croyant qu'on allait les tuer aussi, criaient plus fort qu'elle.

Le vieux me dit :

— Jean, puisqu'on a tiré deux coups de pistolet, ceux qui viennent ici sont des amis qui ont cassé la tête au Prussien. N'aie donc peur de rien. Après tout, nous ne pouvons pas voir pire que ce que nous avons vu tout à l'heure. Le bon Dieu ne peut pas te savoir mauvais gré d'avoir tué ceux qui voulaient tuer ton père, ta femme, tes enfants et ta belle-sœur. Allons, descendons, nous verrons ce que c'est.

Il avait raison, le vieux, toujours raison. Après tout, le pire qui puisse arriver à un homme, c'est de mourir, et quand on meurt en faisant son devoir, qu'est-ce qu'on risque? Est-ce qu'on peut être plus mal dans l'autre monde que dans celui-ci, et dans la société de Dieu que dans celle des mauvais gueux qu'on rencontre tous les jours au coin de la rue?

Voyant ça, je descendis avec lui, et comme j'arrivais à la porte de la cour, ma carabine à la main, prêt à nous bien défendre, voilà qu'un cavalier arrive au galop et me crie :

— Jean! Jean! ne tire pas. C'est moi, c'est ton frère André.

Je relève le canon de ma carabine. Je le reconnais. C'était bien lui. C'était André, notre maréchal des logis des dragons de la garde dont nous n'avions pas de nouvelles depuis trois mois.

En même temps, à la lumière de la lanterne, il reconnaît le vieux; il saute à terre, l'embrasse, m'embrasse aussi et nous dit :

— Je savais bien que je vous trouverais là.

Le vieux était si étouffé de joie (surtout après la peur que nous avions eue un instant auparavant) qu'il ne pouvait plus parler. Enfin, il se remit un peu et voulut l'emmener dans la maison, mais André remonta à cheval et lui dit :

— Attention, père! l'empereur va venir! Il faut que je l'avertisse qu'on l'attend et que nous sommes entre amis.

Alors le vieux le regarda de plus près et lui dit :

— Tu as du sang sur la figure. Qu'est-ce que c'est, petit?

Mon frère lui répondit en riant :

— Père, ce n'est rien. C'est un petit coup de lancette que j'ai reçu ce soir d'un Cosaque en passant le pont de Berry-au-Bac.

— Ah! dit le vieux, tu t'es battu aujourd'hui?

André répliqua :

— Aujourd'hui, père, et hier, et avant-hier, et toute la semaine. Nous ne faisons plus que ça, maintenant. Mais je vous raconterai l'histoire tout à l'heure. Je vais d'abord chercher mon empereur, qui va venir souper chez vous, s'il y a de quoi.

En même temps, il repartit au galop.

Le vieux et moi, nous fûmes étonnés comme si le ciel nous était tombé sur la tête.

L'empereur! l'empereur Napoléon!... Vous ne savez

pas, mes enfants, ce que c'était en ce temps-là! La neige, la grêle, le tonnerre et les éclairs, voyez-vous, ce n'était rien en comparaison. Les maisons étaient brûlées, les granges étaient brûlées, les moissons étaient brûlées, les troupeaux étaient égorgés, les hommes étaient tués, les femmes... tenez, ne parlons pas de ça. Moyennant quoi l'on nous dit aujourd'hui qu'il faisait peur à tout le monde, et nous aussi, et que nous devons en être fiers.

Vous me direz que tout ça se passait en pays étranger. Oui, d'abord; mais ensuite on est venu chez nous. Et malheureusement, c'était le cas en 1814. Napoléon reculait partout, et tous les soldats de l'Europe le suivaient à la piste comme les chiens suivent un grand loup dont ils ont peur, et dont chaque coup de dent donne la mort. Ils aboient plus qu'ils ne mordent, mais ils le fatiguent en le faisant courir de côté et d'autre, et, quand ils l'ont bien fatigué, ils l'étranglent.

C'est ce qui arriva cette année-là. Napoléon fut étranglé; mais nous le fûmes aussi, et ce n'est pas juste, car nous ne gagnions rien à toutes ses batailles, et si l'on nous avait écoutés, on n'aurait cherché querelle à personne, pas même à ces Prussiens, qui vinrent pendant la Révolution, avec leur roi et Brunswick, et que d'un seul coup de balai, à Valmy, on poussa jusqu'au Rhin. Enfin! Dieu l'a voulu. Il sait bien ce qu'il fait, comme dit le curé.

Pour vous revenir, car de vous raconter tout ce que j'ai pensé là-dessus, ce serait trop long, l'empereur était là tout près, et notre André aussi; mais franchement, nous avions plus de plaisir à voir André que l'empereur. Ça s'explique.

En attendant, nous rentrons dans la maison, et je crie

à ma femme et aux enfants de descendre ; mais ils étaient déjà à moitié chemin de l'échelle, vu qu'ils avaient entendu parler de l'empereur et que la Pauline avait reconnu la voix d'André.

Voilà toute la maison en branle. On commence à chercher des serviettes pour Sa Majesté qui sans doute allait souper. On met le couvert proprement dans des assiettes de faïence, et moi je vais avec le vieux à la porte d'entrée de la cour pour recevoir l'empereur et tout son état-major.

Il ne se fit pas attendre. André arriva le premier pour montrer le chemin ; il avait à côté de lui un bel homme blond et fort, presque roux, enveloppé d'un lourd manteau de guerre, tout couvert de boue, que les autres appelaient monsieur le maréchal, et qui mit pied à terre en même temps qu'André.

Mon frère prit la bride des deux chevaux et me dit, en me faisant signe de les conduire à l'écurie :

— C'est le maréchal Ney, celui-là.

Presque aussitôt, j'en vis arriver un autre, tout petit, gros, trempé de pluie et de boue, comme le premier, et que les autres regardaient avec un air de respect et de crainte, comme le saint Sacrement. Une vieille redingote grise lui descendait jusqu'aux genoux, et empêchait d'abord de voir son uniforme. Son large chapeau était enfoncé sur ses yeux et chargé de neige à demi fondue.

Aussitôt qu'il fut arrêté, tous les autres se précipitèrent pour prendre la bride de son cheval, et un mameluck, avec des moustaches terribles et un turban, lui tint l'étrier pour l'aider à descendre.

André me dit tout bas :

— Le mameluck, c'est Roustan.

Je demandai :

— Et l'autre, le petit gros, en redingote grise?

Il me regarda d'un air étonné :

— Tu ne le connais pas? C'est lui, c'est l'empereur!

VII

Oui, mon garçon, j'ai vu ce soir-là l'empereur comme je te vois, face à face, tout comme nous verrons Dieu au jugement dernier quand sonnera la trompette des anges.

C'était Napoléon lui-même, le grand, le vrai, celui dont on voit le portrait partout en face de celui de Jésus-Christ, qu'il ne valait pas, je t'assure.

Quand il eut mis les deux pieds à terre, il se tourna vers André et lui dit :

— C'est ici chez ton frère?

André porta la main à son casque et répondit :

— Oui, Sire, et voici mon frère et mon père.

Tu peux penser comme nous étions penchés, le bonnet à la main, pour saluer l'empereur et lui montrer le chemin. Il nous regarda d'un coup d'œil et passa devant pour entrer dans la maison.

Derrière lui, l'état-major suivait. Tous chamarrés d'or, vêtus comme des princes et faisant sonner leurs sabres d'un air terrible. Les dragons de l'escorte firent entrer dans la cour une grande voiture remplie de coffres et de tiroirs, de cartes, de papiers, de bouteilles de vin et de provisions de toute espèce. C'était celle de l'empereur qui le suivait toujours, car tu conçois bien qu'un empereur ne doit pas attendre son dîner sur la route. C'est bon pour les simples soldats.

A peine entré, l'empereur vit le couvert mis et la soupe qui cuisait dans la marmite pour le souper des uhlans. Il me regarda d'un air bon enfant et dit :

— Il paraît que vous faites bombance ici?

Mon père alors expliqua ce qui s'était passé, et que nous avions tué trois Prussiens, que le quatrième s'était tué lui-même avec son pistolet en tombant du haut de l'échelle, et que le cinquième avait dû se sauver, à moins qu'il n'eût rencontré les dragons de Sa Majesté.

— En effet, dit l'empereur, il me semble qu'on a tué quelqu'un dans le sentier tout à l'heure.

Puis se tournant vers un colonel :

— Vous, Roguet, allez voir si le Prussien est mort. S'il est vivant, faites-le apporter ici. Je veux l'interroger.

Le colonel sortit avec quatre ou cinq dragons et deux lanternes. Dix minutes après, on apporta le Prussien qui vivait, ma foi, très-bien, et n'avait qu'une jambe cassée.

Je vois la chose comme si j'y étais encore. L'empereur était assis sur le coffre à sel dans le coin de la cheminée, et chauffait ses bottes pour les faire sécher. Il avait quitté sa redingote grise qu'on étendit devant le feu, et portait un uniforme de général. En face de lui, dans l'autre coin de la cheminée, était un autre général, un vieux qui avait l'air bête ou fatigué, et qui baissait la tête de temps en temps en fermant les yeux. Celui-là ne demandait qu'à dormir.

L'empereur lui dit très-haut, comme pour le réveiller :

— Berthier !

L'autre, effrayé, ouvrit les yeux tout grands et répondit :

— Sire !

— Interroge ce uhlan.

Nous venions d'étendre le Prussien sur le pavé et d'appuyer sa tête sur une botte de paille. Il jurait et blasphémait dans sa langue en roulant des yeux terribles, comme s'il avait voulu nous massacrer tous.

Aux premiers mots il ne voulut pas répondre. Alors celui que l'empereur appelait Berthier (André me dit tout bas que c'était le prince de Wagram, encore un prince de la fabrique de Napoléon) déclara qu'on n'en tirerait rien. Au fond, je crois qu'il était content de voir descendre la marmite du feu et qu'il avait plus envie de souper que de parler allemand.

Alors Napoléon leva les épaules et dit au maréchal Ney :

— Interrogez-le, vous. Voici trois jours que Berthier dort dans la voiture. Il n'est pas encore réveillé.

A quoi le prince de Wagram, fâché, répliqua :

— Trois jours !... Ah ! Sire, avec la vie que nous menons depuis six semaines, je n'ai pas dormi trois heures. Les hommes vont encore par patriotisme, mais les chevaux ne marchent plus que sur les genoux.

— C'est bon, dit l'empereur en riant. Ne vas-tu pas regretter ton lit et ton hôtel de Paris ?

Et, comme ma femme venait de servir la soupe et de poser sur la table le mouton et les poules bouillies, il se mit à table avec les généraux pendant que le maréchal Ney interrogeait le Prussien et mangeait en même temps. Car c'était un homme vaillant et laborieux.

VIII

André, de son côté, nous emmena, toute la famille et moi, dans la chambre, où se trouvait le uhlan qu'avait tué la Pauline en le faisant tomber du haut de la trappe.

Là, pendant que les dragons de l'escorte allumaient du feu dans la cour et soupaient avec les provisions de la ferme, nous pûmes manger à part et parler librement. Songez donc : il y avait si longtemps que nous n'avions pas vu mon frère, et il avait tant de choses à nous dire !

Mon père prit la parole le premier, comme c'était son droit, et lui demanda :

— D'où viens-tu ? Voilà cinq ans que nous ne t'avons vu !

Avant qu'André, qui avait déjà la bouche pleine, eût le temps de répondre, la Pauline s'écria :

— Vieux, laissez-le donc souper, le pauvre garçon !

Elle couvrit son assiette de lard à moitié cuit qu'elle venait de retirer pour lui de la marmite des généraux. Lui, pour la remercier, l'embrassa si fort qu'elle en rougit de plaisir. Je remplis de vin son verre, et quand il eut bu et se fut essuyé les moustaches avec sa manche, comme on fait dans la bonne société, il commença :

— Père, frère, belle-sœur, et vous la Pauline, et vous les quatre petits qui me regardez comme un phénomène de la foire avec vos petits yeux de souris, voici mon histoire, dont à laquelle vous pouvez vous flatter que vous êtes les premiers qui saurez le secret mystère...

D'abord, et pour commencer, sachez que je viens de Berry-au-Bac, où j'ai passé comme un tonnerre sur le ventre des Prussiens et des Russes, entre deux heures et trois heures de l'après-midi.

L'aîné des enfants ouvrit la bouche pour dire :

— Oùsque c'est, Berry-au-Bac?

André le prit sur ses genoux et lui répondit :

— Toi, mon garçon, tu me plais. Je vois que tu vas devenir savant. Eh bien, c'est à cinq lieues d'ici, un pont sur la rivière d'Aisne, et ce matin il y avait quinze ou vingt mille mauvais gueux, brigands et assassins qui voulaient nous empêcher d'y passer. J'ai tiré mon sabre, j'ai dit à Coco, tu sais, Coco, c'est mon cheval : « Nous allons faire un trou. » Coco m'a compris, il comprend tout d'ailleurs; il a pris le galop, j'ai tiré mon sabre, les Russes et les Prussiens ont eu peur, et voilà!

— Mais, demanda mon père, où vas-tu maintenant?

André leva les épaules.

— Ça, père, c'est le secret de l'empereur. Où il ira, j'irai. Voilà six semaines que nous galopons de tous côtés à la suite, à droite, à gauche, devant, derrière nous; nous chargeons le matin, nous chargeons à midi, le soir, et quelquefois à minuit. Les ennemis reculent toujours devant nous.

Nous nous sommes battus au moins quinze fois depuis qu'ils sont en France, nous en avons tué sans mentir plus de quatre-vingt mille....... Eh bien, c'est toujours à recommencer, ça repousse tous les matins comme les chardons et les autres mauvaises herbes. A force de frapper dessus, j'en ai le bras fatigué. Pour ma part, j'ai déjà crevé trois chevaux; Coco, c'est le quatrième, et il est déjà tout essoufflé. Vrai, il est temps que ça finisse.

— Ah! oui, dit ma femme en soupirant, il serait bien temps, et que les garçons pussent revenir au pays ; n'est-ce pas, la Pauline?

Mais la Pauline ne répondit pas. Elle regardait André de toutes ses forces, et, pour dire la vérité, il la regardait, lui aussi, de tous ses yeux, car elle n'était pas désagréable à voir; c'était une belle, grande et forte fille, qui vous aurait manœuvré un sac de blé comme les dames de la ville vous manœuvrent leurs ombrelles. Et courageuse avec ça, et qui travaillait plus qu'un homme. Ma foi, elle et André, ça aurait bien fait la paire. Elle ne me l'avait jamais dit, mais je crois qu'elle y pensait depuis longtemps.

Tout à coup, comme elle le regardait du haut en bas, elle vit une tache de sang sur sa veste de dragon et demanda :

— Qu'est-ce que vous avez là, André?

— Eh bien, Pauline, je vous l'ai déjà dit, c'est un coup de lancette que j'ai reçu cette après-midi.

Et comme il vit l'inquiétude du vieux, il l'embrassa et lui dit :

— Père, n'aie pas peur, c'est le cinquième que j'ai reçu depuis cinq ans, et tu vois bien que ça ne m'empêche pas de boire et de manger comme un brave.

Mais comme le vieux n'était pas rassuré, il ôta sa veste et nous fit voir sa chemise ensanglantée, percée d'un trou au-dessus de l'épaule. C'était un coup de lance qu'il avait reçu d'un Cosaque au passage du pont et qui avait percé son manteau, sa veste, sa chemise et la peau; mais là, par bonheur, la pointe n'avait pas pénétré à plus d'un demi-pouce.

La Pauline alla chercher de l'eau froide, leva la blessure; ma femme la couvrit d'un mouchoir. André remit sa veste, et nous continuâmes à causer comme auparavant.

IX

André nous dit :

— Vous voulez savoir ce que nous avons fait depuis six mois, n'est-ce pas? En ce temps-là, j'étais au fond de l'Allemagne, par là-bas, en Saxe, avec les camarades. Les uns, quatre ou cinq sur cent, revenaient de Russie, où ils avaient vu la Moskowa, une bataille dans laquelle les hommes furent fauchés par le sabre et la mitraille comme les blés par la faucille; on abattit ce jour-là plus de généraux et de colonels chez les Russes et chez nous qu'on n'avait fait depuis deux ans dans toute l'Europe. Les trois quarts de ceux qui n'étaient pas tués ou blessés à huit heures du soir sont morts sur la route de Moscou à Berlin trois mois plus tard.

Moi, par bonheur, car autrement je n'en serais jamais revenu, tout de suite après la bataille, je fus envoyé pour en porter la nouvelle au maréchal Macdonald, qui était là-bas vers Polotsk, un pays perdu, chez des gens qui ont de la pluie, du brouillard, de la neige et de la gelée dix mois par an. Le reste du temps il fait froid à cause des vents du pôle arctique, qui est un particulier que personne ne connaît, mais qui souffle sans relâche pendant vingt-cinq heures par jour. Du moins, c'est ce que disait le capitaine Achard, un savant qui eut la tête emportée à Leipzig par un boulet de canon. Si vous ne voulez pas croire, allez-y voir.

Pour vous revenir, Macdonald, le même qui se promène aujourd'hui avec son corps d'armée là-bas, du côté de la Marne, tantôt courant sur les Autrichiens, les Bavarois, les Wurtembergeois et les autres, tantôt couru par eux, car depuis deux mois nous ne faisons pas d'autre métier, Macdonald, donc, me renvoie à son tour à l'empereur pour lui dire qu'il faisait froid, qu'on n'avançait plus, que les pommes de terre et l'eau-de-vie commençaient à manquer, que la viande était finie, que les Cosaques enlevaient tout, que les chevaux crevaient comme des mouches, toutes les misères de la nature, quoi! et que les Russes, au contraire, recevaient tous les jours des renforts, qu'ils avaient de quoi manger et se chauffer; enfin qu'il était, lui, Macdonald, forcé de s'en aller.

Pendant que je courais de tous côtés, cherchant le quartier général de l'empereur et tâchant de ne pas rencontrer les Cosaques qui rôdaient comme des loups affamés dans la plaine, voilà que je me trouve nez à nez avec le maréchal des logis, un Polonais nommé Karpewicz, que j'avais connu en Espagne, et qui me dit : — Que cherches-tu? — L'empereur. — Parti! Il est à Paris maintenant à se chauffer au coin du feu avec sa femme. — Qui est-ce qui l'a remplacé? — Le roi Murat. — Eh bien! où est Murat? — Parti. Il est retourné voir la sienne à Naples où il fait plus chaud qu'ici. — Et après Murat? — Le prince Eugène. — Eh bien? — Celui-là? Il est déjà en Prusse avec l'état-major et tous ceux qui sont revenus de la Bérézina.

Moi, saisi comme vous pouvez croire, je demande : — La Bérézina, qu'est-ce que c'est que ça? Est-ce une jolie fille ou une jolie ville? — Vous savez, j'essayais de rire, mais je riais comme on grince des dents. Avez-vous jamais vu un chat boire du vinaigre? C'était justement mon affaire.

Je demande encore :

— Enfin, tout le monde s'est sauvé?

Karpewicz me répond :

— Oui, la moitié des gros épaulettiers.

— Et nos camarades?

— Quatre sur dix sont couchés dans la neige sur la route de Smolensk à Moscou; quatre autres sont dans la Bérézina, cette grande bête de rivière que nous avions passée sur un pont avant d'arriver à la Moskowa. Quand nous sommes revenus, elle était à moitié gelée. Il fallait passer quand même. Une armée russe en face, de l'autre côté de la rivière. Une autre dans le dos qui piquait les traînards avec ses lances. Pas de pont. Celui que nous avions vu deux mois auparavant était démoli. En revanche, des glaçons larges de vingt pieds et longs de quarante qu'on voyait descendre lentement et couper en deux les hommes comme un rasoir coupe un poil de barbe. C'était réjouissant, tu peux croire. Chacun fit son testament. Par le mien, n'ayant pas autre chose à léguer, je donnai les Cosaques au diable...

Je dis à Karpewicz :

— Et l'empereur, qu'est-ce qu'il faisait pendant ce temps-là?

— Lui! il mit sa tête dans ses mains, but un bon coup de chambertin avec l'ami Berthier, et quand il fut réchauffé, il dit aux autres : « Allons, les amis, c'est le moment de se mettre à l'eau. En avant! Il ne s'agit plus de rire. Où sont les pontonniers de la garde? Éblé; mon vieux, c'est toi qui vas faire le pont. » —Tu as connu Éblé?

— Pas beaucoup. Tu sais, Éblé était général dans le génie; moi, je suis marchef dans la cavalerie; le génie et la cavalerie, ça ne va guère ensemble, nonobstant, subséquemment et fréquemment. Enfin, qu'est-ce qu'il a fait, ton Éblé?

Karpewicz me rétorqua :

— Il a fait ce que toi et moi nous ne serions peut-être pas capables de faire. Il regarda l'empereur sans rien dire. Ah! si tu avais vu ça! C'était comme s'il avait sifflé dans ses dents : « Brigand! c'est toi qui nous as mis là, et c'est nous qui allons mourir pour te sauver! » L'autre le sentit si bien qu'il détourna les yeux et fit semblant de regarder la rivière. Alors Éblé assembla les pontonniers. Sur deux cents qui étaient entrés en Russie, à l'appel on en trouva trente. Tout le reste était mort.

Éblé leur dit :

— Camarades, vous voyez les Russes, vous voyez la Bérézina. Il faut faire le pont ou périr. Êtes-vous prêts?

Si tu les avais vus grelotter de froid dans leurs habits percés, tu aurais frémi. Rien que d'y penser, j'en frissonne encore. Le plus jeune, un nommé Mathieu, qui venait de Montpellier, répondit :

— Mon général, périr pour périr, j'aime autant les Cosaques que la Bérézina. Avec eux, du moins, on peut se défendre. Si nous sommes tués, nous aurons tué, c'est toujours ça. Après tout, l'empereur...

Les autres ne dirent rien, preuve qu'ils étaient du même avis. Alors le vieil Éblé lui coupa la parole :

— Ce n'est pas pour l'empereur, dit-il, que nous allons mourir là, c'est pour l'armée, c'est pour le drapeau tricolore, c'est pour la patrie. Regarde!

Il ôta son manteau, le jeta sur la neige, entra le premier jusqu'à la ceinture dans l'eau glacée, malgré ses soixante ans passés et ses rhumatismes, et dit en riant :

— Allons, Mathieu, quand les vieux soldats de la République s'y mettent, est-ce que les jeunes d'à présent vont reculer?

Alors tout le monde s'y mit, et le pont fut fait. On en fit même deux, l'un pour l'artillerie et les voitures, l'autre pour les sac-au-dos. Éblé resta douze heures dans la rivière pour commander la manœuvre et pour donner l'exemple. Quand tout fut fini, sur trente pontonniers il en restait six. Tout le reste était mort ou mourant. Un gros de l'état major vint dire à Éblé : « Général, je vais raconter moi-même à Sa Majesté ce que vous avez fait pour elle. » Alors le vieux, qu'on venait de coucher mourant sur un brancard, le regarda de la tête aux pieds et lui répliqua : — Mes braves sont morts; moi, je vais mourir. Ton empereur et toi, allez vous ….. ! Tu devines le reste. Il fit appeler le maréchal Ney et lui serra la main en disant : — C'est fini, les vieux soldats s'en vont; toi, reste toujours à l'arrière-garde, car si tu passais devant, tout le reste se sauverait dans les champs comme une volée de perdreaux, à commencer par le Corse : il déserterait comme en Égypte. Ney l'embrassa et lui dit : — Compte sur moi, vieux! Tant qu'il y aura une escouade à l'arrière-garde, j'en serai; adieu.

Et le lendemain, quarante mille hommes passèrent le pont. Les autres, hommes, femmes, enfants, sont morts ou en Sibérie.

André s'arrêta un instant, but un bon coup et dit :

— Vous jugez si j'étais content quand le Polonais m'eut raconté ça...

— Et après? demanda la Pauline, qui ne mangeait ni ne buvait plus, tant elle avait de bonheur à voir son André, et de regret en pensant qu'il allait repartir.

Avant qu'il eût le temps de répondre, mon père, le vieux, lui dit :

— André, ton empereur, c'est un gueux.

Et comme mon frère allait répliquer, le vieux ajouta :

— Assez causé! Mange et bois. Tu nous diras le reste plus tard... Présentement, il faut manger d'abord et dormir ensuite.

— Ce n'est pas de refus, dit mon frère, car je tombe de sommeil.

Alors la Pauline lui coupa un dernier morceau de lard, le mit de force dans son assiette, et comme il n'en voulait plus, elle alla chercher un petit sac rempli de graines, les vida sur la table, enfonça dans le sac le morceau de lard, une livre de pain, deux bouteilles de vin, et resta debout un instant, comme si elle cherchait encore quelque chose.

Ma femme, qui la regardait faire et qui était économe, nous dit alors :

— André, allez-vous-en. Si vous restiez une heure de plus, elle fourrerait toute la maison dans vos poches.

Alors elles se mirent à rire toutes deux, parce que tout le monde savait, dans la famille, que la Pauline et André s'étaient promis de se marier ensemble, et qu'ils n'attendaient que la fin de la guerre. André m'en avait parlé, il y avait longtemps, ainsi qu'au vieux, et nous en étions tous bien contents d'avance. J'avais déjà cherché une ferme dans le pays pour leur établissement, tout près de Craonne, du côté de Corbeny, et j'avais trouvé. Nous aurions été à une demi-lieue les uns des autres. Tous frères, sœurs, enfants, cousins, cousines; au bout de vingt ans nous aurions été trente ou quarante ensemble, et, comme disait André, nous aurions pu faire un bataillon. Le vieux aurait été le commandant.

Mais pour ça il fallait attendre la fin des guerres ou la mort de Napoléon. Et, ma foi, nous n'étions pas près de voir l'une ou l'autre, car, pour les guerres, nous en avions de tous les côtés, sur terre et sur mer. Quant à Napoléon, c'était pire encore. Comme le préfet, l'évêque, le garde champêtre et toutes les autorités payées disaient qu'il était immortel, on avait fini par croire qu'il nous enterrerait tous, nos enfants, nos petits-enfants et nos arrière-petits-enfants.

Par bonheur ça se trouva faux. C'est ce qui fait qu'il y a encore des Français en France. Si ce grand empereur avait duré, notre race aurait disparu. Les hommes seraient aujourd'hui plus rares que les loups.

Pour revenir à mon histoire, au moment où ma femme disait pour rire à André de s'en aller et à la Pauline de ne pas tant bourrer ses poches, voilà qu'un colonel de dragons sort de la cuisine où nous avions laissé Napoléon et les autres, par respect d'abord, et ensuite pour causer plus librement entre nous de nos affaires de famille, comme il causait, lui, de ses affaires de guerre. Le colonel s'avança vers nous et dit :

— Maréchal des logis?

Mon frère, toujours prêt, répond :

— Voilà, mon colonel.

Et il se prépare à le suivre.

— L'empereur vous demande.

— Ah! dit la Pauline, c'est fini! Il va repartir; on va nous le tuer!

Moi, j'avais le cœur serré.

André entra dans la cuisine et referma la porte.

Le vieux se tourna vers moi et me souffla à voix basse pour n'être pas entendu des femmes :

— C'est à ça que ça sert, les empereurs : à prendre aux pères leurs fils et aux filles leurs maris. Tiens, ce Corse, je voudrais l'étrangler.

Je lui dis tout bas aussi :

— Père, prenez garde ! S'il vous entendait, l'homme, il vous ferait fusiller.

Et c'était vrai. Il en avait fait fusiller des centaines pour moins que ça en France et à l'étranger, à ce que je me suis laissé dire par des gens qui l'avaient connu.

Le vieux répliqua tout haut :

— Fusiller ! Qu'est ce que ça me fait ? Un vieux comme moi ne peut plus servir à rien. Et si l'on me fusillait, qu'est-ce que le bon Dieu pourrait me reprocher ? D'avoir crié contre celui qui a fait tuer un de mes fils et qui va faire tuer l'autre ! Va, va, Celui qui est là-haut sait bien à quoi s'en tenir sur nous tous, et s'il ne nous rendait pas justice, c'est donc qu'il ne ferait pas ce que les prêtres nous disent ; c'est donc qu'il ne vaudrait pas mieux qu'un empereur !

Il était dans une telle colère, le vieux, qu'à la fin il criait.

Pour le calmer, je lui dis encore :

— Père, du temps de la République, on se battait aussi !

Alors il se leva et me dit d'une voix terrible :

— Peux-tu comparer ! En ce temps-là, c'est pour la France qu'on se battait. A présent, c'est pour un gueux qui n'avait pas de souliers quand il est venu chez nous, qui même ne savait pas le français ; c'est pour ses frères, gueux comme lui, c'est pour faire de toute cette famille de la graine de rois et d'empereurs...

Il aurait bien crié plus fort, et ma foi je n'osais pas l'en empêcher, car d'abord c'était mon père, et il avait passé sa vie à travailler pour nous, à manger du pain noir et à boire de l'eau, afin de nous laisser quelque chose en mourant et de faire souche d'honnêtes gens. De plus, il avait tout à fait raison, et je le sentais bien.

Heureusement André entra et dit :

— Père, et toi Jean, venez, l'empereur veut vous parler aussi.

— Ah! mon Dieu! dit ma femme, il ne nous manquait plus que ça. Voilà qu'on va emmener Jean, lui aussi. Qu'est-ce que mes pauvres enfants vont devenir? Est-ce qu'ils vont mendier leur pain devant les portes, en attendant qu'il les fasse tuer, comme leur père et leur oncle, quand ils auront l'âge?

La Pauline ne disait rien. Les mains sur la table et la tête dans ses mains, elle pleurait; et les petits, la voyant pleurer et entendant que leur mère disait qu'on allait les tuer bientôt, se cachèrent dans les jupons des deux femmes.

Ça, vois-tu, c'est la joie que l'empereur Napoléon apportait partout. Ceux qui ont dit le contraire plus tard ont menti comme des chiens. Je m'en souviens, moi!

X

Quand nous fûmes devant l'empereur et les généraux, voici ce qui arriva. Mais d'abord que je te dise ce qu'ils faisaient.

L'empereur avait soupé. Il était assis au coin de la cheminée et buvait son café, comme nous pourrions faire toi et moi si nous étions ensemble à Noël ou à Pâques dans le cabaret de la mère Patu, à Craonne. Un bel homme, grand et fort, habillé comme un Turc, avec un sabre et une paire de pistolets à la ceinture, se tenait derrière lui tout prêt à obéir. J'ai su plus tard que c'était le fameux Roustan, un mameluck qu'il avait rapporté d'Égypte dans ses bagages et qui n'avait pas plus de souci de tuer un chrétien qu'une mouche. Ce Turc était là pour sa sûreté personnelle, et je me suis laissé dire qu'il ne quittait pas l'autre d'une minute ni d'un pas, — excepté, bien entendu, quand l'empereur allait se coucher. Et encore le Turc, chien fidèle, couchait en travers de la porte. C'est bien particulier, et ça me gênerait, moi, d'avoir toute la journée un compagnon pareil derrière le dos ; mais les empereurs ne font rien comme tout le monde. Sans quoi ils ne seraient pas empereurs. Du reste, le Turc n'était point bavard. Il ne disait jamais rien. Même on croyait qu'il avait eu la langue coupée dans son pays. Mais ce n'est pas sûr.

Maintenant, si tu me demandais comment il était fait,

ce grand Napoléon, je ne peux pas trop te le dire. Je ne l'ai pas beaucoup regardé. Tu comprends qu'on ne regarde pas en face un homme qui n'a qu'à dire deux mots pour vous faire fusiller comme on regarde Pierre, Paul ou Jacques. Tout ce que je me rappelle, c'est qu'il était petit, — cinq pieds, pas davantage et peut-être moins, que son ventre, quand il était assis, allait jusqu'à ses genoux, qu'il avait la tête ronde comme le ventre, pas beaucoup de cheveux et des yeux fixes qui faisaient froid quand il vous regardait. Histoire de penser qu'on va être fusillé. Ça vous fait toujours une impression.

En face de lui, de l'autre côté de la cheminée (tu sais comme elle est grande et comme on peut se chauffer à l'aise), il y en avait trois autres. J'ai su leurs noms plus tard. L'un tout à fait dans le coin, pelotonné contre le mur, couvert de suie comme un chat qui se frotte sur la cendre chaude, avait l'air si fatigué que sans son uniforme on l'aurait pris pour un de ces pauvres vieux qui vont demander l'aumône faute de pouvoir travailler. Il avait les yeux ouverts et regardait le feu, mais on aurait cru qu'il ne voyait rien et qu'il dormait : ses favoris étaient blancs comme la neige.

Celui-là, c'était Berthier, prince de Wagram, le chef d'état-major général de la grande armée. Il ne quittait pas plus Napoléon que son ombre. Quand l'empereur lui parlait, il levait lentement la tête, sans rien dire, le menton appuyé sur la poitrine.

Un autre, à côté de lui, c'était le maréchal Ney. Celui-là ne dormait pas. Un bel homme, je t'en réponds, avec des épaules larges comme la croupe d'un cheval boulonnais, des yeux verts, des favoris roux, un nez relevé, un air hardi et vaillant, un teint rouge comme les garçons bouchers, des bras et des jambes à faire envie aux hercules de la foire. Un fort gaillard, je t'en réponds. Je ne m'étonne pas que Napoléon l'ait fait duc et prince. S'ils avaient été tous les deux sur le champ de foire, habillés de la même manière, sans être connus de personne, et si quelqu'un avait dit : « Regardez ces deux là, le grand rouge et le petit si gros et si jaune : l'un des deux est l'empereur; lequel est-ce? » tout le monde aurait pris Ney pour l'autre. C'est un don de nature.

Le troisième, c'était le général Charpentier, un brave que tu n'as pas connu, il est mort depuis longtemps; mais tu as dû en entendre parler. Il était né dans le pays et commandait une division de la jeune garde. Celui-là n'était pas non plus de ceux à qui l'on marche sur le pied, et il le montra bien aux Prussiens deux jours après. Je l'ai vu travailler comme un bon ouvrier dans le faubourg d'Ardon, près de Laon, quand il menait ses hommes à la bataille, le premier en tête, montant dans le faubourg au milieu des balles qui venaient de l'autre bout de la rue, en face, et qui partaient de toutes les maisons. Ah! celui-là faisait plaisir à regarder, je t'en réponds.

Pour les autres, je ne les connaissais pas. Je sais qu'ils avaient de grosses épaulettes de généraux ou de colonels. C'est tout ce que je me rappelle d'eux. Un seul, grand et maigre, avec une figure longue, des yeux terribles et des moustaches noires, me fit l'effet d'un long sabre de cavalerie. C'est celui qui avait appelé André un instant auparavant. André me poussa le coude pour m'avertir de le regarder, et me dit tout bas :

— C'est le colonel Toinet Buchamor, du 5ᵉ dragons. Mon colonel, à moi.

Il n'eut pas le temps de m'en dire plus long. Mais je ne tardai pas à en savoir davantage.

Napoléon posa sa tasse de café sur la table, une tasse d'argent doré que je vois encore, car il avait des provisions de tout dans sa voiture. Il nous regarda, le vieux et moi, et demanda :

— Qui est le propriétaire de la ferme ?

Je répondis :

— Sire, c'est mon père.

Mais le vieux, levant la tête :

— Il dit ça parce que lui et moi, c'est tout un ; mais c'est lui qui a payé de son argent.

L'empereur alors continua :

— Êtes-vous né dans le pays ?

— Non, Sire. Nous sommes des environs de Soissons. Nous sommes venus ici parce que l'ancien fermier est mort de chagrin avec sa femme. Ses trois fils avaient été tués à la guerre.

Napoléon fronça le sourcil comme s'il avait voulu dire : Qu'est-ce que ça me fait, cette histoire ? Il continua :

— Mais vous êtes ici depuis longtemps ?

— Depuis sept ans.

— Vous connaissez les chemins d'ici à Laon ?

— J'y passe une fois par semaine. Le meilleur, c'est la grande route de Reims à Laon.

Le général Charpentier me coupa la parole et dit :

— Sire, j'en étais sûr. Je connais le pays. J'y suis né. Partout ailleurs que sur la grande route l'artillerie ne pourra pas passer, ni peut-être la cavalerie.

L'empereur ne le regarda même pas. Le général eut peur qu'il ne fût pas content et s'arrêta net. Ce petit homme, vois-tu, avait fait enterrer tant de gens que rien qu'à le voir remuer les sourcils on avait peur d'être enterré soi-même.

Il revint à moi et demanda :

— Où sont les Prussiens et les Russes?

Je répondis :

— Sire, il y en avait partout ce matin. Vers Berry-au-Bac, d'où vous venez...

— Comment sais-tu d'où nous venons?

J'étais embarrassé pour répondre. Avec des pèlerins comme celui-là on a toujours peur de dire une sottise. Heureusement André, qui se tenait derrière moi, répondit :

— Sire, c'est moi qui l'ai raconté à mon frère. J'étais à Berry-au-Bac ce matin.

— Et, surajouta le colonel Buchamor, c'est le maréchal des logis Leborgne qui a passé le troisième sur le pont. Les deux premiers ont été tués. Lui, c'est un brave. Il a fait des merveilles à Montmirail et à Champaubert.

Là, je vis bien que je n'avais pas dit de sottise comme j'en avais eu peur un instant. L'empereur regarda André, qui était un beau garçon, ma foi, fier et bien bâti. Sa figure, qui était sombre comme un ciel plein de nuages, s'éclaircit tout à coup, et il lui dit :

— C'est bien. C'est très-bien. Votre nom?

— André Leborgne.

L'empereur se tourna vers le prince de Wagram :

— Berthier, puisque c'est un brave, je le fais sous-lieutenant. Écrivez.

L'autre écrivit. Écrire, c'était sa partie générale et particulière.

Si tu avais vu la mine d'André, tu aurais bien ri. Il aurait voulu remercier l'empereur, mais l'autre ne le regardait déjà plus. Il avait l'air d'étouffer de joie. Il remerciait des yeux le colonel Buchamor, qui lui fit signe de se taire. Pour se soulager, il embrassa le vieux, qui avait presque envie de pleurer, tant il était content d'avoir entendu dire par le colonel Buchamor que son fils était un brave, et de l'avoir vu nommer sous-lieutenant.

Ah! ce Corse, il n'avait que ça pour lui, mais il l'avait : il se connaissait en braves. Il en avait tant vu!

Et moi, s'il faut tout dire, j'en étais fier pour la famille. Sous-lieutenant à vingt-cinq ans. Et bientôt colonel à côté de Toinet Buchamor, qui était fils et frère de paysans comme nous. Dans ce temps-là, vois-tu, on avançait vite quand on n'était pas tué.

Mais je n'eus pas le temps d'y penser beaucoup. Napoléon me demanda :

— Outre ceux de Berry-au-Bac, où sont les autres?

— Partout, Sire. La ville de Craonne en est pleine, et les environs. Je les ai vus ce matin de la hauteur. Les gens du pays m'ont dit que c'était une fourmilière depuis Craonne jusqu'à Laon. En posant l'oreille à terre, on n'entendait partout que le bruit des chevaux et des voitures d'artillerie sur toutes les routes.

L'empereur baissa le menton en silence. Les généraux et les maréchaux le regardaient sans remuer pieds ni pattes, pas plus que s'ils avaient été de bois. Il se fit apporter la carte et regarda. J'allais me retirer, croyant que tout était fini; mais il me fit signe de la main qu'il fallait rester là et attendre.

Enfin il se leva et dit :

— C'est clair. Blücher va se cacher à Laon. C'est là qu'il faut le chercher. Ils sont là tous. D'un coup de filet on peut les prendre.

Alors le vieux fatigué qui était presque endormi dans le coin, celui qu'on appelait Berthier, leva la tête et dit :

— Sire, les Russes sont avec les Prussiens. Plus de cent mille. Cent vingt mille, peut-être ! Et nous, combien ? Quarante mille. Pas davantage, en comptant les blessés qui restent dans les rangs.

L'empereur le regarda comme un petit garçon qu'on va fouetter :

— Ils seraient douze cent mille, qu'il faudrait encore les attaquer. Est-ce que nous en sommes à les compter, maintenant ? Eux et nous ne sommes-nous plus les soldats d'Iéna ? Vous, Charpentier, vous êtes de Laon ? Est-ce que l'entrée est difficile ?

L'autre répondit :

— Sire, c'est une longue montagne à huit cents pieds au-dessus de la plaine. La ville couvre toute la montagne comme un toit.

— A-t-elle des murs ?

— Partout. Il faudra donner un assaut terrible.

L'empereur reprit :

— On le donnera. Nous en avons bien donné d'autres. D'abord Blücher ne nous attendra peut-être pas. En faisant le tour par Clacy, Ardon, Athies, la Fère, nous l'aurons en plaine.

Il regarda encore la carte et demanda :

— La route de Soissons est-elle bonne ?

C'est à moi qu'il demandait ça. Je répondis :

— Sire, elle est pavée partout.

— A quelle distance d'ici ?

— Cinq lieues à peu près.

— En plaine ?

— En montée et en descente presque partout.

— Et, dit le général Charpentier, les Prussiens sont sur les hauteurs.

L'empereur dit au maréchal Ney :

— Qu'est-ce qu'il raconte, ce prisonnier?

Il montrait le Prussien qui avait la patte cassée.

Le maréchal Ney répondit :

— Sire, si l'homme n'a pas menti, il dit qu'une partie de leur armée est là-bas, entre une abbaye et une ferme, et le reste du côté de Laon.

L'empereur me demanda :

— Qu'est-ce que cette abbaye?

— Sire, c'est Vaucelles.

— Et la ferme?

— C'est Heurtebise.

Il regarda encore la carte et dit :

— C'est bien ça. Vous, Ney, vous marcherez sur Heurtebise, et Victor sur Vaucelles. Quand vous serez sur le plateau, nous verrons ce qu'il faut faire. Vous, Leborgne, vous servirez de guide.

Je voulus répliquer :

— Roustan, va chercher un rouleau dans la poche de la voiture.

Le Turc sortit et revint tout de suite. Napoléon le déchira lui-même. C'étaient vingt pièces d'or. Il les mit sur la table devant moi et dit :

— Voici pour toi. Prépare-toi à partir dans trois heures.

Je voulais lui répliquer : « Mais, Sire, je ne peux pas. J'ai une femme, un père, des enfants, une belle-sœur, une ferme, des bestiaux. Je ne peux pas quitter tout pour vous suivre. »

Mais lui, qui vit ça dans mes yeux, répéta :

— Dans trois heures, tu m'entends. Tu iras avec le

maréchal Ney. Fais tes adieux à ta famille. Tu reviendras dans cinq ou six jours.

Je pensai en moi-même :

— Oui, si je reviens !

Mais il n'y avait pas à dire : Mon bel ami... Si je n'avais pas obéi de bon gré, j'aurais obéi de force. Autant valait suivre les autres. D'ailleurs, s'il faut tout dire, les vingt napoléons que je voyais là sur la table me tentaient terriblement. Je ne pouvais pas emporter ma récolte, ma maison, mes bestiaux ; mais l'or, la femme et les enfants pouvaient me suivre.

Je mis donc mes napoléons dans la main de mon père et je lui dis :

— Vieux, si je ne reviens pas, c'est pour vous, pour la femme et pour les petits... Pour la Pauline aussi, car c'est une bonne fille et bien attachée à toute la famille.

L'empereur se coucha dans un grand manteau, regarda sa montre et dit :

— Je vais dormir. Vous m'éveillerez à quatre heures du matin, au moment du départ.

Tous les autres en firent autant, excepté le Turc Roustan, et je retournai avec mon père et André dire adieu à la famille.

XI

Il était à peu près minuit. Nous n'avions plus, les uns et les autres, que quelques heures à passer ensemble. Et qui pouvait savoir quand nous nous reverrions, ou même si nous nous reverrions jamais !

La femme et Pauline nous attendaient, sans bouger, comme si elles avaient cru que nous étions déjà morts. On aurait dit de ces saintes en pierre qu'on voit collées sur les murs de la cathédrale, et qui sont à genoux pour prier Dieu.

De fait, elles étaient à genoux aussi et récitaient leur chapelet.

Ma femme surtout, qui était la meilleure que l'on eût jamais vue aux foires de Crouy, de Venizel, de Buzancy et de Soissons. C'est bien pour ça que je l'avais prise de préférence à quiconque. Pour ça et parce qu'elle travaillait aux champs comme un homme. Pour labourer mieux il n'y avait que sa sœur, la Pauline. Mais pour soigner les enfants, les laver, les torcher, leur faire manger la soupe, ma femme valait mieux, quoique la Pauline, il faut tout dire, fût plus forte pour balayer et laver la maison, pour soigner les bestiaux et les chevaux.

Qu'est-ce que vous voulez? Chacun a ses petits talents particuliers. Si tout le monde avait le même, ça serait ennuyeux. Si tout le monde faisait des chapeaux, tout le monde serait bien coiffé, c'est vrai; mais qui est-ce qui mangerait? Excepté les pommes des arbres et encore dans la courte saison où elles sont mûres, nous n'aurions rien à nous mettre sous la dent.

Fin finale, c'étaient les deux sœurs, deux femmes comme on n'en voit guère. On en a vu sur les trônes de France et d'Angleterre des demi-douzaines qui ne les valaient pas. Quant aux reines d'Allemagne, si elles ne valent pas mieux que leurs maris, j'en donnerais volontiers trente-six à la douzaine. Ce n'est pas que j'en aie connu beaucoup, mais, comme dit l'autre, c'est au mâle qu'on connaît la femelle, et, ma foi, les mâles allemands, les princes ou les autres, c'étaient presque tous des pas-grand'chose ou bien des rien-du-tout, ou même des brigands finis. Mais, pour être juste, ce n'est pas la meilleure société de leur pays qui vint chez nous en 1814. J'en ai connu qui buvaient comme des trous et qui se roulaient sous la table comme des cochons, révérence parler. Chez nous on les aurait poussés avec le pied dans le ruisseau ou balayés dans les rues; mais à l'auberge on les relevait en les appelant herr colonel, herr conseiller, ou bien excellence, altesse, et l'on mettait ça sur la note de l'aubergiste en se moquant d'eux.

Chaque pays a sa coutume.

Pour vous revenir, quand nous entrâmes, les femmes priaient et mes quatre petits dormaient. Vous savez, les enfants, ça remue, ça crie, ça pleure, ça rit, ça mange, ça boit, ça dort, tout comme les autres petits animaux. Le bon Dieu leur a donné ça pour les consoler de vivre, « qu'est un fichu métier », comme disait Cascaron, le maréchal-ferrant de Corbeny.

Et si tu savais comme ils étaient jolis en chemises et en culottes, tous quatre blonds comme père et mère avec des yeux bleus, des cheveux frisés comme la laine des agneaux, étendus à terre, la tête sur les bras, la bouche ouverte. C'est dommage qu'ils ne soient pas toujours comme ça. Ils auraient plus de joie dans la vie, et nous n'aurions pas tant d'inquiétudes. Sans compter qu'ils iraient au paradis tout droit.

Ma femme laissa sa prière et demanda :

— Qu'est-ce qu'il voulait de toi, l'empereur?

Pour ne pas l'effrayer, je répondis :

— Rien, presque rien. Il veut que je le conduise à Vaucelles et à Heurtebise.

— Les Prussiens y sont.

— C'est pour ça. L'empereur veut les voir de près.

Je faisais semblant d'être content; mais comme elle me connaissait bien, elle regarda mon père, et, voyant que le vieux avait l'air triste, elle dit :

— Tu me caches quelque chose?

— Mais non, mais non!

— N'est-ce pas, père, qu'il me cache quelque chose?

Le vieux répliqua :

— Marianne, votre mari n'est pas homme à vous cacher rien, et si par hasard il vous cachait quelque chose cette nuit, ça serait pour votre bien, soyez-en sûre!

Alors elle se mit à crier :

— Ah! pauvre! Je savais bien que ça finirait par là et que nous serions tous tués comme mon pauvre frère qui est mort en Espagne et tant d'autres qui ne sont jamais revenus.

Le vieux dit :

— Marianne, tenez-vous tranquille. Votre homme va faire son devoir.

Elle cria encore plus fort :

— Ah! pauvre! on va me tuer mon mari! Et qui est-ce qui tiendra la maison quand il n'y sera plus? Qui est-ce qui nous donnera à manger?

Elle pleurait et m'embrassait comme si j'étais déjà mort.

Alors le vieux montra les napoléons d'or que l'empereur m'avait remis et dit :

— Marianne, le bon Dieu prendra soin de vous. Pour votre homme, il reviendra dans trois jours. Embrassez-le et n'ayez peur de rien. Je réponds de tout... Quand je vous dis que je réponds de tout! L'empereur va battre les Prussiens comme il a fait tous les jours depuis quinze ans. Mais, pour battre ces gueux, il a besoin de savoir où ils se cachent; c'est pour ça que votre homme s'en va cette nuit. En attendant, voici les napoléons qu'il a reçus; il faut bien qu'il les gagne.

Le pauvre vieux faisait semblant d'être rassuré.

Je menai ma femme dans le coin, près de la fenêtre, et je lui dis :

— Marianne, n'aie pas peur. Je vais avec l'empereur, et l'empereur ne va pas sans sa garde. Tu comprends bien que nous ne risquons rien, lui et moi. Qui est-ce qui oserait attaquer la garde? Ce serait pour se faire tuer comme des mouches. Tu penses bien que si l'on risquait quelque chose des Prussiens ou des Russes au milieu de la garde, ça serait comme si le bon Dieu avait peur du diable, quand il est au milieu des anges et des saints. C'est comme qui dirait le renversement de la nature.

Alors elle me crut.

Puis, comme c'était une femme pleine de sagesse et de prudence, elle me demanda :

— Qu'est-ce qu'il faut faire quand tu seras parti? Nos poules, nos moutons, nos cochons, nos chevaux, nos pauvres bœufs, tout le monde va venir nous les prendre. Où les cacher? Si l'empereur voulait nous les acheter?

André, qui l'entendait et qui causait tout bas avec la pauvre Pauline, nous dit alors :

— L'empereur! l'empereur! Il a bien autre chose à faire. Est-ce que c'est lui qui peut les conduire?

— Mais enfin, vous mangez bien, vous autres?

André répliqua :

— Oui, nous mangeons, mais est-ce que nous pouvons conduire les troupeaux par les chemins? Savez-vous,

Marianne, que depuis six semaines nous faisons dix lieues par jour, quelquefois quinze, excepté les jours de bataille qui sont nos jours de repos, à nous? Savez-vous que quand ça presse (et ça presse presque toujours), les grenadiers et les voltigeurs de la garde font vingt lieues dans la journée, moitié à pied, moitié en voiture, et que sans ça nous n'arriverions jamais à rencontrer les ennemis, qui tantôt courent sur nous et tantôt galopent de l'autre côté? Que voulez-vous? Ils sont presque toujours trois ou quatre contre un. C'est terrible. Si nous ne courions pas comme nous courons, est-ce que nous pourrions abonder assez pour les poursuivre? Est-ce que vos bœufs et vos moutons peuvent galoper comme nous, les pauvres bêtes? Et pourquoi faire galoperaient-ils? Pour se faire manger plus vite. Ce n'est pas la peine. Demandez-leur plutôt. Ils ne sont pas forcés d'être patriotes, ceux-là! Leur ennemi, c'est le boucher.

— Alors nous sommes perdus, dit ma femme. Nous n'avons plus qu'à les lâcher dans les bois. C'est là qu'ils trouveront leur nourriture dans la neige et dans la boue. Ah! pauvre! Ah! pauvre! Ah! pauvre! Pauvre homme! Pauvres bestiaux!

Elle se mit à pleurer.

André, qui n'avait pas de temps à perdre, me prit par le bras, me conduisit vers la Pauline avec mon père et nous dit:

— Père, et toi, Jean, vous êtes témoins que si je reviens jamais de la guerre, c'est la Pauline qui sera ma ménagère et ma femme!

Le vieux dit:

— Je suis témoin et je donne mon consentement. Mais elle?

Elle embrassa le vieux de toutes ses forces.

— Vous savez bien, père, que nous y avions toujours pensé, lui et moi.

— Moi! Je n'en savais rien, dit le vieux qui était quelquefois malin sans en avoir l'air. Est-ce que ça me regarde? Est-ce que vous m'en avez parlé? Est-ce que je n'avais pas assez d'une bru pour me faire enrager matin et soir? Est-ce que j'en demandais une autre? Est-ce que j'avais envie d'une autre graine de petits-enfants morveux qui vont monter sur mes genoux, me tirer la barbe et les cheveux, m'appeler grand-père et frotter leurs museaux sur mes joues? Allons donc, vous ne me connaissez pas, la Pauline... Mais, après tout, si ça vous convient, si ça convient à votre André, allez chez le maire et le curé, allez-y. Ce n'est pas moi qui vous en empêcherai.

Tout ça, c'était pour rire. Le vieux était rayonnant comme un soleil.

Alors André embrassa la Pauline à son tour et dit :
— C'est convenu?

Elle le regarda de ses yeux bleus et doux, et répondit :
— Quand vous voudrez.

— Alors, à la fin de la campagne !

Tout à coup une idée lui vint :

— Mais si je perdais un bras, Pauline?... Est-ce que vous me voudriez encore ?

— Oui.

— Et une jambe?

— Une jambe aussi. Je voudrais.

— Et un œil ?

— Quand il ne vous resterait plus que votre cœur pour m'aimer, André! Moi, je vous aimerai toujours!

Il se tourna vers moi :

— Frère, tu l'entends! Elle est de la famille maintenant. Et si je suis tué, tu me promets de la garder toujours avec toi?

— Je te le jure.

— Alors, c'est fait, dit André.

Et il se retira avec elle dans le coin pour causer sous nos yeux, mais sans être entendus.

Retenez bien ce qui fut dit cette nuit-là. Moi, je m'en suis souvenu plus tard.

XII

C'était vers midi. Nous trottions depuis le matin, car j'étais à cheval comme un général à côté de l'empereur. Il me faisait mille questions. Comment s'appelle ce village?

— Craonnelle.

— Ce clocher là-bas?

— Corbeny.

— L'autre sur la gauche?

— C'est Craonne.

— Combien d'habitants?

— Sept ou huit cents.

— Le nom du maire?

— Je ne sais pas.

Il me regarda d'un air mécontent et dit :

— Comment ne savez-vous pas ce nom-là? C'est le maire du chef-lieu de votre canton.

Je répondis :

— Sire, ce n'est pas ma faute. Vous l'avez changé trois fois depuis dix ans.

Il me regarda sans parler pendant le temps qu'on récite un *Ave Maria*, et me dit :

— Est-ce que vous en êtes contents, au moins?

Je répliquai :

— Ça, c'est l'affaire des gens de Craonne. Je n'ai jamais eu de querelle avec lui.

— Mais si tu avais eu querelle?

— Est-ce qu'on peut avoir querelle avec un maire? Il me ferait empoigner par les gendarmes et conduire en prison tout de suite. Ça ne traînerait pas, allez!

— Tu pourrais lui faire un procès?

— Oui, si j'étais assez riche pour le perdre.

— Il est donc riche, lui?

— Il a des mille et des cents. D'ailleurs, les juges lui donneront toujours raison.

— Pourquoi?

— Parce que c'est un ancien marquis, et que le président du tribunal de Laon faisait ses affaires comme procureur avant la Révolution. Alors, vous comprenez, ils s'entendent.

L'empereur me regarda d'un air grognon. Je pensai en moi-même : « Claude, tu viens de lâcher une bêtise! »

Mais, ma foi, j'étais lancé. D'ailleurs, pourquoi est-ce qu'il avait amené les Allemands et les Russes et tous les autres en France? Et pourquoi me faisait-il des questions sur ci et sur ça? On ne fait pas la question quand on ne veut pas entendre la réponse. Pas vrai, camarade?

Napoléon me dit encore :

— Est-ce qu'il avait émigré pendant la Révolution, ce marquis dont tu ne sais pas le nom ?

Je répondis :

— Certainement, il avait émigré, avec toute sa bande, encore ! Ils ont tous émigré, les gueux, et quand vous êtes venu, vous, ils sont venus derrière vous, après que nous les avions chassés à coups de fusil, et vous...

Je m'arrêtai de peur de mal parler et de me faire fusiller peut-être. C'est qu'en ce temps-là il n'y faisait pas bon de se frotter au grand empereur.

Mais lui, pour m'encourager, me dit :

— Va, va ! Je suis bien aise de savoir ça. Eh bien, qu'est-ce que j'ai fait, moi ?

— Vous, Sire, vous leur avez rendu tout ce que la République avait confisqué et peut-être davantage.

— Qu'est-ce que tu veux dire ?... Que je leur ai donné des places, de l'argent ?

— Ça d'abord. Oui. Et autre chose encore. La Révolution avait gardé le bien et payé les dettes. Et vous leur avez rendu le bien sans leur demander ce qu'on avait payé pour eux.

Napoléon se tourna vers le maréchal Ney et lui dit quelque chose que je n'entendis pas. Mais le grand rougeot lui répliqua :

— Sire, vous voulez connaître la vérité ? La voilà. Ce que l'homme vous dit, c'est ce que tous les paysans pensent.

L'empereur fit semblant de rire et lui répliqua :

— Jacobin !

— N'empêche, surajouta l'autre, que nous avons vu ça partout depuis six semaines. Tous les nobles sont avec l'ennemi, tous les paysans et les ouvriers sont avec nous.

Souvenez-vous de ces émigrés de Troyes, qui sont allés au-devant des Russes et des Prussiens avec la cocarde blanche !

— Eh bien ! j'en ai fait fusiller deux. Qu'est-ce que je pouvais faire de plus ?

Ney répliqua :

— Il ne fallait pas les ramener.

Napoléon le regarda comme s'il avait voulu le faire rentrer sous terre.

L'autre comprit et partit au galop comme s'il avait oublié sa tabatière quelque part ou comme s'il allait donner des ordres à quelqu'un. Moi, je ne bougeai pas. Je n'étais pas là pour parler, mais pour montrer le chemin. Je répondais aux questions. Voilà tout.

Nous courûmes encore une demi-heure au petit trot sans rien dire, excepté de temps en temps le nom de quelque village ou de quelque montagne.

A la fin l'empereur me demanda :

— Toi, Leborgne, es-tu content de ton sort ?

Je répondis :

— Sire, je suis content et pas content.

— Ah !

— Je suis content quand la récolte est bonne, et pas content quand la récolte ne vaut rien.

— Sera-t-elle bonne, cette année ?

— Est-ce qu'on peut savoir ? Les Allemands, les Russes, toute la canaille sont chez nous. S'ils y restent, ils mangeront tout.

— Eh bien, tu vois, je vais les chasser.

— Oui, vous les chassez aujourd'hui, mais ils reviendront demain.

Napoléon me dit :

— Si tous les paysans m'aidaient, ça serait bientôt fait.

Je pensai en moi-même : « Nous ne demanderions pas mieux; mais lui qui ne peut pas rester tranquille, il va nous les ramener avec les Espagnols, les Anglais et les Turcs. » Je lui dis encore :

— Si vous voulez nous donner des fusils?...

— Je vous en donnerai si vous voulez entrer dans l'armée.

Ah! si!... Mais est-ce que nous pouvions tous quitter nos femmes et nos enfants pour le suivre? Il nous aurait menés jusqu'en Russie, pour geler encore, comme les autres. Est-ce que je pouvais quitter comme ça ma famille et mon bien? S'il fallait se faire tuer, est-ce qu'il ne valait pas mieux être tué dans sa maison, comme j'avais manqué de l'être la veille? Mais voilà, ces empereurs ne pensent qu'à leur affaire.

Comme je ne répliquais rien, le grand rougeot revint. Il pensait sans doute que la bourrasque était passée et que l'empereur aurait oublié ce qu'il avait dit.

Si l'autre avait oublié ou non, c'est ce qu'on ne saura jamais. Mais quand le maréchal fut revenu, il lui dit :

— Eh bien, les reconnaissances sont-elles faites? Où est l'ennemi?

L'autre répondit je ne sais plus quoi, mais qu'il était prêt à commencer.

— Attendez encore, dit l'empereur. Schulzmann va revenir. Je l'ai envoyé hier du côté de Laon.

Schulzmann? Qu'est-ce que c'était que celui-là? Un Allemand ou un Turc?

Tout à coup je vis venir une espèce de curé, long et maigre comme un peuplier, qui vint tout droit à l'empereur sans saluer personne et qui se mit tout droit devant lui, attendant ses ordres.

C'était Schulzmann.

Napoléon lui dit :

— Tu viens de Laon?

— Oui, Sire.

— Où est Blücher?

— A Laon.

— Tout seul?

— Avec la moitié de l'armée. Les Russes sont à Craonne, les Prussiens à Laon.

— Et Wintzingerode?

— Avec la cavalerie, entre les deux et partout.

— Est-ce qu'ils attendent la bataille?

— Oui, Sire, du côté de Festieux et de Laon, dans la plaine.

L'empereur dit :

— J'en étais sûr. Raison de plus pour les prendre du côté de Craonne.

Je demandai à mon voisin :

— Qu'est-ce que c'est que ce pèlerin-là?

Et je lui montrai Schulzmann.

Le voisin me répondit :

— C'est l'espion en chef de Napoléon. Il est curé ce matin. Demain il sera notaire, épicier, jeune, vieux, tout ce qu'il voudra. C'est le bras droit de l'empereur. Il entre chez Blücher et chez les autres comme chez lui, et jamais on ne le reconnaît. A la Rothière, on le prit pour une jolie fille, et le général des Cosaques voulut l'embrasser; mais Schulzmann se sauva et alla se plaindre au czar Alexandre, qui, voyant l'autre en jupons, crut ce qui n'était pas, et mit le Cosaque aux arrêts. Ah! Schulzmann a bien ri en nous racontant cette histoire.

XIII

À la fin, on entendit un coup de canon. André, qui était prêt de moi, me dit :

— Attention, frère, ça va commencer.

En même temps, le maréchal Ney me fit signe de venir avec son escorte, et nous partîmes au galop, moi à la droite pour lui montrer les chemins et lui dire le nom des villages. Trois ou quatre généraux ou aides de camp nous suivaient. Si tu les avais vus, tu aurais cru qu'ils voulaient me faire honneur. Mais je ne pensais pas à ça, ce jour-là.

Le fils aîné de mon père avait bien d'autres pensées.

Ne crois pas pourtant que j'avais plus peur qu'un autre. Si j'avais peur, ce n'est pas pour moi. Je savais bien qu'on n'est pas pour longtemps sur la terre, et qu'après tout, mourir pour mourir, il vaut mieux mourir d'un boulet de canon que d'une fièvre de six mois. Comme on ne guérit pas d'un boulet, on n'a pas le regret de faire la fortune du médecin et du pharmacien. Quand vous avez la tête emportée, personne ne cherche à la recoller et ne vient vous présenter la note à payer à la fin du mois.

Non, je n'avais pas peur, excepté pour ma femme et mes enfants. Qui est-ce qui prendrait soin d'eux si je venais à mourir ? C'est terrible, ça. Mon père était là, mais déjà bien vieux. André, qui se battait le sabre à la main, trois fois par semaine, ne serait-il pas tué avant moi ? Et alors...

Pour n'y plus penser, je profitai d'un moment où le maréchal Ney regardait le pays pour boire un coup d'eau-de-vie que l'on m'avait donnée avant de partir. Ça et un morceau de pain noir que j'avais mis dans une des fontes à côté d'un pistolet chargé, ça me remit l'âme à l'endroit.

Il n'était que temps.

Après le premier coup de canon, les autres avaient suivi, par quatre, par six, par dix, par douze. Les uns partaient de notre côté, les autres venaient de Vaucelles et d'Heurtebise. Un d'eux passa par-dessus ma tête, et coupa une branche de chêne qui tomba sur nous.

Je baissai la tête, comme tu peux croire, sans savoir pourquoi, car on n'a pas le temps de réfléchir.

Le maréchal me dit :

— Ça n'est rien, tout ça. Dans un moment, nous en verrons davantage. En avant! en avant! Où est Heurtebise?

— C'est là-haut, sur le plateau.

— Dans les bois?

— Non, au-dessus des bois.

— Je ne vois pas la ferme.

— Elle est dans un petit fond, à l'entrée des bois, presque sur la hauteur.

Il prit la lorgnette et regarda.

— Je ne vois rien.

Je la pris à mon tour, je ne vis rien et je lui dis :

— Mon maréchal, je sais qu'elle est là. J'en suis sûr. Je l'ai vue cent fois quand j'allais de Craonne à Laon. C'est le brouillard qui nous ferme les yeux.

Au même instant les coups de fusil commencèrent à partir en avant de nous. On entendait le clic-clac du chien qu'on arme et ensuite le sifflement des balles. Deux dragons de l'escorte, qui trottaient à la droite et à la gauche de nous, le pistolet à la main, un peu en avant, tombèrent du haut de leurs chevaux, et je vis revenir quelques jeunes soldats (des nôtres) qui descendaient en courant.

— Ah! ah! dit le maréchal, voilà des blancs-becs qui se sauvent déjà!

En effet, c'étaient de tout jeunes gens, dix-huit ou dix-neuf ans à peine, et pas plus de barbe que sur la main, de pauvres petits conscrits qu'on avait pris dans leurs familles et qu'on avait traînés là avant qu'ils fussent des hommes et qu'ils eussent la force de porter un fusil. Ils ne savaient même pas la manière de s'en servir. En leur pressant le nez avec les doigts, comme dit l'autre, on en aurait tiré du lait.

Le maréchal poussa son cheval en travers pour les empêcher de passer, et leur cria :

— D'où venez-vous?

L'un d'eux, tout petit, sans moustaches, mais brun, lui répondit assez hardiment :

— Mon général, nous venons de là-haut. Il y fait trop chaud.

— Saint nom de Dieu! cria Ney, est-ce que nous sommes ici pour nous amuser?

Il se tourna du côté des dragons qui le suivaient :

— Marchef!

C'est à mon frère André, qui était tout près de lui, qu'il parlait.

— ..... Si quelqu'un de ceux-là essaye de passer, brûlez-le d'un coup de pistolet!

André et quatre ou cinq autres dragons s'avancèrent pour obéir, mais ils n'en eurent pas besoin.

A la première vue des pistolets, les pauvres conscrits s'arrêtèrent net.

Qu'est-ce que tu veux? Mourir pour mourir, autant vaut mourir pour la patrie, n'est-ce pas?

Ney se mit à rire et leur cria :

— Allons, blancs-becs, est-ce que vous avez peur des Prussiens, par hasard, ou des Russes ou de n'importe qui?... Je vais passer devant. Si vous restez en arrière, les dragons vous pousseront avec leurs sabres. Si vous allez devant avec moi, vous aurez la croix. C'est moi qui vous le garantis. Tonnerre de Dieu! En avant!

Et, ma foi, les conscrits le suivirent. Même j'en ai vu un à la fin de la journée qu'on avait porté à l'ambulance et qui me disait :

— Qu'est-ce que vous voulez qu'on fasse quand on ne sait pas charger un fusil? Je suis arrivé mercredi dernier au régiment. Depuis ce temps-là nous avons fait dix lieues par jour, le sac sur le dos, le fusil sur l'épaule, mangeant à moitié faim. Hier matin, pendant une halte, on nous a remis des cartouches, et le sergent nous a montré la manière de s'en servir. Il faut être juste, pourtant! On n'apprend pas de naissance à charger un fusil de munition et à déchirer la cartouche. Alors aux premiers coups de fusil dans les bois, comme on ne voyait pas l'ennemi, on s'est sauvé. Quand nous l'avons vu, nous l'avons égorgé à la baïonnette... C'est que, voyez-vous, la baïonnette, c'est un plaisir. A la bonne heure, on voit son homme et on le pique comme un morceau de veau avec la fourchette.

Il avait raison, le petit. La baïonnette, c'est quelque chose de bon, de propre et d'honnête. Avec elle on sait ce qu'on fait, du moins. C'est pour ça que les Allemands ne l'aiment pas. Ils préfèrent se cacher dans les bois et vous tirer dessus quand on ne les voit pas. C'est ce que tous les vieux troupiers vous diront.

XIV

Pour vous revenir, le maréchal montait toujours, et moi avec lui, l'état-major et les dragons. Les balles sifflaient de tous les côtés sans qu'on pût savoir d'où elles venaient. Pendant ce temps les coups de canon partaient en avant de nous, sur la hauteur. Les bois nous couvraient un peu. Sans ça, nous aurions été exterminés.

Ney me demandait de temps en temps :

— Ce petit clocher sur la gauche, après Craonne, qu'est-ce que c'est?

— Craonnelle, monsieur le maréchal!

— Et de l'autre côté, ce vallon?

— C'est Oulches.

— Et plus loin qu'Oulches?

— C'est Paissy.

— Et derrière Paissy?

— C'est la ferme d'Heurtebise.

En même temps les officiers d'état-major allaient et venaient. J'entendis que l'un d'eux disait : « Le maréchal Victor approche de Vaucelles. Entendez le canon. »

En effet, les coups venaient tantôt l'un après l'autre, tantôt dix ou douze ensemble, comme de grands coups de tonnerre, et le brouillard se dissipait. Quoiqu'il fût déjà tard, le ciel devenait clair. Le temps était froid à souffler dans ses doigts depuis le matin. Un bon temps pour se battre, ça réchauffe.

Pour moi, je ne me réchauffais pas. Je suivais le maréchal, et je regardais. Son cheval fut tué sous lui. Il tomba debout, car c'était un cavalier fini, et moi, vous savez, par respect, j'offris le mien.

Il ne m'écouta seulement pas, monta sur un autre et me fit signe de le suivre.

Enfin, que te dirai-je, mon garçon? Que j'allais toujours à un pas derrière lui, à droite, à gauche, en avant, en arrière, tantôt marchant, tantôt courant, avançant, reculant, puisque c'était la consigne, de sorte qu'à la fin la journée je n'en pouvais plus, et mon pauvre cheval était fourbu.

Heureusement, mon frère André, qui avait fait le même métier que moi, et pire encore, vint me chercher pour m'amener au bivouac des dragons et m'offrir de souper avec eux.

Souper! Ah! certes j'avais plus envie de ça que de faire n'importe quoi dans la nature.

Les dragons étaient devant le feu, dans la ferme d'Heurtebise. Ils étaient couverts de boue et se couchaient en étendant les jambes de tout leur long pour se reposer, car ils avaient bien travaillé depuis midi, à ce que me dit André.

Ils avaient couru de tous côtés, le matin, pour savoir où était l'ennemi. Le soir, ils avaient chargé les Russes et les Prussiens cinq ou six fois. A neuf heures du soir, c'était à peine fini.

Pour souper, on mit en commun tout ce qu'on avait : le pain, le vin, la viande et l'eau-de-vie. André était un des plus riches. La Pauline l'avait chargé de provisions. On lui faisait des politesses à cause d'un jambon qu'avant de partir elle avait fourré dans une de ses fontes.

Ah! les gens riches, partout c'est les rois de la terre. Oui, partout, même au 5ᵉ dragons.

Quand on eut mangé comme des loups et bu comme des trous, on raconta ce qui s'était passé dans la journée. André demanda :

— Toi, frère, qu'est-ce que tu as vu?

Je répondis tout naturellement :

— Du brouillard. Des hommes qui tombaient. Des chevaux qui s'abattaient et qui se roulaient dans la boue. Ça, c'était le commencement.

— Et après?

— Après? J'ai vu à trente pas devant moi qu'on se battait à la baïonnette; mais ça n'a pas duré longtemps. Trois ou quatre rangs sont tombés en cinq minutes. Les sergents et les officiers ont crié : En avant, et vive l'empereur! Alors on a couru pendant trois cents pas. Puis, quand nous avons été tout en haut, les Russes sont revenus... C'étaient des Russes, je crois?

— Oui, oui, dit André, c'étaient des Russes, et de la plus forte espèce, des gaillards comme on n'en voit guère. Qu'est-ce qu'ils ont fait, tes Russes?

— Eh bien, ils sont revenus sur nous comme je vous dis, mais trois ou quatre fois plus nombreux qu'auparavant et en poussant des cris épouvantables. Mes cheveux s'en dressaient sur la tête. Je n'avais jamais vu de pareils sauvages. Alors qu'est-ce que vous voulez? On les a encore attendus un moment à la pointe des piques. Mais comme il en venait encore d'autres et encore d'autres (on aurait dit une rivière qui coulait toujours), alors nos conscrits ont reculé un peu, puis davantage, et à la fin nous avons tous descendu la côte en courant.

— Toi aussi.

— Moi aussi. Voudrais-tu pas que je fusse resté seul quand tous les amis s'en allaient?

Les autres se mirent à rire.

André me demanda :

— Et le maréchal?

— Eh bien, le maréchal a fait comme eux et comme moi. Il a même descendu la côte plus vite parce qu'il était à cheval et que les conscrits étaient à pied. Quand nous avons été en bas, il a dit à un officier d'état-major quelque chose que je n'ai pas entendu, et l'autre est parti au galop. Je crois que c'était un ordre pour la cavalerie, parce que les Russes se sont arrêtés tout à coup, et un moment après j'ai entendu un grand bruit de chevaux qui montaient sur la droite de notre côté. Alors l'affaire a recommencé. Mais il ne faisait déjà plus clair. Je ne voyais plus rien du tout.

— Enfin, reprit André, vous êtes remontés ici, le maréchal et toi, puisque te voilà.

— Ah! certes, oui, nous sommes remontés, au bout d'une demi-heure. Avec un enragé comme ce maréchal, est-ce qu'on peut demeurer tranquille un instant? Est-ce qu'on sait ce qu'il va faire? Nous avons couru à droite, à gauche, devant, derrière... A la fin, quand les conscrits ont été un peu reposés, car ils soufflaient pour avoir tant couru, il a entendu le canon qui commençait à rouler comme un tonnerre, et il leur a dit :

— Allons, les enfants, en avant! C'est l'empereur et la garde qui montent. Est-ce que vous allez rester les derniers? Tonnerre de Dieu!

Il est descendu de cheval. Ça n'a pas fait de peine à la pauvre bête, et il est monté le premier, l'épée à la main.

Ma foi, je l'ai suivi. Les autres l'ont suivi. Les tambours ont battu. C'était un vacarme épouvantable. On criait pour s'étourdir : Vive la France ! Vive l'empereur !

Ran tan plan, tan plan, tan plan. A la fin on aurait cru que nous devenions fous.

Quand nous avons été sur le haut... boum! boum! boum! C'était l'artillerie de la garde. Quatre-vingts canons qui tiraient à mitraille sur les Russes. On voyait tomber des rangs entiers, fauchés comme des blés. Comme il n'y a pas d'arbres sur le plateau, ils recevaient les coups sans que rien pût les garantir. Leur cavalerie a voulu venir sur nous à son tour. Ils se lançaient au galop ; mais, dans les terres labourées, les chevaux s'embourbaient. Pourtant ils sont arrivés à trente pas des canons. Je pensais entre moi : « S'ils arrivent aux canons, nous sommes fichus. » Les canonniers chargeaient leurs pièces sans rien dire.

Mais là, un petit homme, maigre, tranquille, que je n'avais pas remarqué encore, les attendait, les Russes et les Prussiens. Tout à coup, il a levé son épée en l'air en criant :

— Feu !

Alors tous les canons ont éclaté à la fois, comme quatre-vingts tonnerres. Pendant une minute je n'ai rien vu à cause de la fumée. Ensuite j'ai entendu les camarades qui riaient et qui criaient :

— Vive l'empereur ! vive l'empereur !

Et j'ai vu les cavaliers qui se sauvaient au galop, ceux du moins qui avaient encore des chevaux, des bras et des jambes. Car, pour les autres, il y en avait au moins deux ou trois cents par terre.

Alors Ney s'est avancé vers le petit homme et lui a dit :

— Merci, Drouot ! Ça vient à propos pour soulager mes pauvres conscrits, qui n'en pouvaient plus.

Le petit homme lui a dit :

— Va, l'affaire est faite pour aujourd'hui. Nous allons les reconduire jusqu'à Laon. Toi, soutiens-moi avec l'infanterie.

Et alors nous avons marché tous ensemble, les canonniers et l'infanterie. Voilà.

André me dit alors :

— Voilà ce que tu as vu, frère. Eh bien, voici ce que nous avons fait, nous autres, du 5ᵉ dragons.

XV

RÉCIT D'ANDRÉ.

— D'abord, on le sait, la cavalerie, ce n'est pas l'infanterie, comme disait le roi Murat à Dresde. De son côté (il faut lui rendre justice), l'infanterie, ce n'est pas la cavalerie. Les fantassins vont à pied. C'est des pauvres diables. Les cavaliers vont à cheval. C'est des chevaliers. La preuve que les cavaliers sont supérieurs, c'est qu'ils tombent de plus haut quand ils tombent. Ça, c'est dans l'Évangile. Marque qu'il n'y a rien de plus certain et même de plus assuré. Buvons un coup; quand on a le gosier sec, on est altéré la plupart du temps. Quand on le mouille, ça fait pousser les paroles dans la gorge comme l'herbe dans les prés. Est-ce vrai, ça, camarades?

Comme l'eau-de-vie ne manquait pas dans sa gourde qu'il fit passer à la ronde, tout le monde trouva qu'il avait raison, et moi-même je riais avec eux, ou plutôt je faisais semblant de rire.

Je pensais entre moi :

— Pauvre André! tu fais bien de rire. Qui sait si tu riras demain?

Et encore :

— Qu'est-ce qu'ils font là-bas, Marianne et les petits? Il peut arriver tant de choses quand je n'y suis pas! Si les Prussiens revenaient!... Le père y est, c'est vrai; mais il est vieux, et qu'est-ce qu'il ferait tout seul contre ces coquins qui ne vont que par bandes comme ceux d'hier?

Je pensais ça et bien d'autres choses encore. La ferme pouvait brûler. Nos bestiaux pouvaient être volés. Le travail de dix ans pouvait périr en un jour. Ah! grand Dieu! Travaillez donc, labourez, sarclez, plantez, récoltez pendant dix ans pour que des brigands venus de là-bas, de tant de pays qu'on n'en sait même pas le nom, vous pillent, vous volent, vous massacrent et vous brûlent tout d'un coup! Est-ce juste, ça? Est-ce honnête? S'il y avait de la justice dans le monde, est-ce que ça pourrait arriver, dites?

Pendant ce temps les dragons continuaient à causer et à rire. André, plus fort que les autres. Vous comprenez. Il était content, lui. Sous-lieutenant de la veille, il payait l'eau-de-vie aux camarades.

Il recommença :

Comme la cavalerie, ça n'est pas l'infanterie, et même c'est tout à fait supérie——, les dragons, c'est tout ce qu'il y a de plus fort dans la cavalerie. A preuve qu'ils vont à cheval et à pied, à volonté. Est-ce vrai, ça?

Tous les dragons dirent que c'était vrai.

— Écoutez bien. Un cuirassier, par exemple, ça vaut un autre cuirassier, et même un cuirassier français en vaut trois de tous les autres pays. Un dragon vaut bien un cuirassier. Est-ce encore vrai?

Si c'était vrai! Il en valait deux, du moins c'est les dragons qui le crièrent.

— Mais de plus, dit André, le dragon est aussi bon à pied qu'à cheval. C'est même pour ça qu'on l'a nommé dragon. Car, autrement, on l'aurait appelé cuirassier, hussard, ou quelque chose de pareil et même d'inférieur. Mais quand il est à pied, c'est bien autre chose qu'un grenadier ou qu'un voltigeur. N'est-ce pas vrai? Puisqu'il peut monter à cheval et que les autres ne peuvent pas. Monter à cheval, voyez-vous, c'est ça qui distingue l'homme des autres bêtes.

Pour vous revenir, qui est-ce qui a gagné la bataille aujourd'hui?

Les autres crièrent :

— C'est les dragons!

— Qui est-ce qui est arrivé quand les tourlourous descendaient la côte?

— C'est les dragons!

— Qui est-ce qui a poussé les Russes jusqu'ici?

— C'est les dragons!

— Qui est-ce qui les tenait d'un côté pendant que les artilleurs les ont canardés si terriblement?

— C'est les dragons !

— Qui est-ce qui commandait les dragons pendant ce temps-là ?

— C'est le colonel Toinet-Buchamor, du 5ᵉ dragons !

— Qui est-ce qui sabre comme un empereur, quand on charge ?

— C'est Buchamor !

— Alors, les amis, buvons tous à la santé du colonel Toinet-Buchamor, du 5ᵉ dragons, qui n'a pas son pareil non plus que son régiment chez les cuirassiers, les hussards, les lanciers et les autres troupiers de toute espèce.

Alors on but. Nous bûmes. Et, pour dire la vérité, nous avions plus à boire qu'à manger ce jour-là, parce qu'on n'avait pas eu le temps de faire la soupe, qui est une affaire bien nécessaire, mais si longue, qu'après la bataille, quand on veut souper, on n'a pas toujours le temps. Alors on boit plus qu'on ne mange. Les vieux soldats te diront ça.

Les jeunes aussi, pourvu qu'ils aient fait campagne.

Vers la fin, car on s'ennuie de boire comme de manger, et même de dormir, on se mit à raconter des histoires.

Un vieux sous-officier qui revenait d'Espagne nous en dit deux ou trois.

Voici la première.

XVI

C'était un vieux à chevrons qui avait peut-être quarante ans. On aurait cru à le voir, soixante. André me dit tout bas qu'il était au 5ᵉ dragons depuis le commencement de la Révolution. On l'avait fait maréchal des logis en 1793. Depuis ce temps, il n'avait pas avancé, parce qu'il ne savait pas écrire et qu'il lisait en épelant. Alors ça l'avait rendu comme enragé de rester toujours à la même place pendant que les camarades lui marchaient sur le corps pour avancer. Il grognait matin et soir comme un ours.

Malgré ça, pas bête et qui se souciait d'un coup de sabre comme un chien d'une puce.

Voici donc ce qu'il nous dit, le vieux. Tu verras comme ils étaient faits, les soldats du grand empereur, et s'ils étaient assez agréables en société.

André lui avait demandé une histoire d'Allemagne.

— Oh! ça, dit le vieux, c'est toujours la même chose. Quand on est le plus fort, le Prussien est doux comme un petit mouton, et même on croirait qu'il est votre ami, surtout si vous lui payez la goutte. Mais quand on est blessé ou qu'on sort de l'hôpital en s'appuyant sur un bâton, il vous assommerait volontiers pourvu qu'on ne le vît pas.

— Ça ne fait rien, dit André. Raconte-nous tout de même.

Alors l'autre but un bon coup d'eau-de-vie, s'essuya la moustache et dit :

— Voulez-vous que je vous dise mon histoire de Berlin?

— Celle que tu voudras. Pour dormir, ça sera toujours assez bon.

— Silence alors, mes enfants. Je vais vous dire du terrible. Ça fera frémir les cheveux de ceux qui en ont et tomber les moustaches de ceux qui n'en ont pas.

C'était donc après Auerstaedt. Vous savez, l'empereur prononce Iéna; mais au fond, c'est à Auerstaedt qu'on s'est battu. Après ça, comme il faut se tordre la langue pour dire Auerstaedt, il a préféré l'autre. C'est une raison si vous voulez ; mais moi, qui étais à Auerstaedt, je peux vous dire que là nous étions un contre trois Prussiens, et que lui, Bonaparte, pas bête, était de l'autre côté, vers Iéna avec la garde et les deux tiers de l'armée, de sorte que les Prussiens, qui ne s'y attendaient pas et qui n'étaient qu'un contre deux, furent poussés comme un troupeau de moutons suivi par des loups. Vous comprenez. Pas grand mérite à ça.

Enfin, ça ne fait rien. Puisque l'empereur aime mieux dire Iéna, je dirai comme lui. Faut pas contrarier l'empereur. Ça ne servirait à rien, puisque tout le monde lui donne raison.

Fin finale, quand nous eûmes battu à Auerstaedt le roi de Prusse, Brunswick et un tas d'autres dont j'ai oublié les noms (je crois que ce gredin de Blücher en était), voilà que nous étions fatigués. Vous le croirez sans peine. La garde prussienne, la cavalerie, tout ce qu'il y avait de meilleur nous était tombé sur le dos et nous avait assassinés pendant toute une journée, au point que nous n'en pouvions plus. Trois contre un, pensez donc !

Quand on fit l'appel, le soir, il y avait un Français par terre sur quatre. Vous me direz qu'il y avait encore plus de Prussiens ; c'est possible. Mais on s'embête en pensant aux camarades qu'on ne reverra plus excepté, là-haut, là-haut, si haut et si loin dans les étoiles qu'on ne sait pas si on les retrouvera jamais.

Ça fait que nous n'étions pas contents. Qu'est-ce que vous voulez ? C'est bon d'être vainqueurs, mais c'est terrible quand on a perdu ses meilleurs amis, surtout quand on n'a plus de famille qu'au régiment. C'est mon cas. Je suis enfant trouvé,

Pour vous revenir, le maréchal Davoust, qui était avec nous à Auerstaedt et qui nous commandait, fit savoir par l'ordre du jour qu'on allait marcher sur Berlin et qu'on y tiendrait garnison.

Tout le monde cria : Bravo !

On disait entre soi :

« Berlin, bonne ville. Une capitale, ça doit être agréable à voir comme une jolie fille. » On se figurait quelque chose de tout à fait fameux. Pas tout à fait Paris, oh! non, mais approchant. Des monuments, des palais, des cathédrales, de belles églises, enfin tout ce qu'il y a de mieux dans la nature. Sans ça, Davoust, qui s'y connaissait, ne nous aurait pas promis d'y tenir garnison comme si c'était une récompense.

Ah bien, oui!

Nous marchons donc par étapes dans une grande plaine qui n'en finissait pas, sur de bonnes routes pourtant (au reste, vous les connaissez); nous traversons une grande rivière plus large que la Seine à Rouen et profonde comme un puits sous le pont de Magdebourg. Ça, c'est le nom de la ville. La rivière, c'est l'Elbe.

Nous allons plus loin, toujours tout droit. Des collines de rien du tout. Des prés, des bois de chênes, des champs de pommes de terre, ensuite des bois de pins plantés dans le sable; enfin nous entrons dans un grand tas de maisons qui ressemblaient à tout ce que vous avez vu de laid dans tous les pays. Beaucoup de gens sur les portes avec l'air de chiens fâchés, et qui se disaient entre eux je ne sais pas quoi. Vous auriez cru qu'ils hachaient de la paille entre leurs dents.

C'est ça qui était Berlin.

Ils appellent ça une capitale. On voit bien que c'est des

Prussiens qui n'y connaissent rien. Ça ressemble plutôt à une grande caserne où l'on aurait enfermé tout un peuple. J'allai voir la rivière. Ah bah! ils n'ont pas même de rivière. Ils ont mis à la place deux grands tas d'eaux qui sont faits comme des étangs. C'est laid, c'est sale, ça ne sert à rien ; on ne sait pas de quel côté ça coule, ni même si ça coule. Ça sent mauvais. C'est comme empoisonné. Pas de truites, pas de poissons, excepté quelques gros barbeaux et des brochets. Des rues qui se ressemblent toutes. Rien à voir dans la campagne. Des docteurs à lunettes dans la ville. Enfin tout ce qu'il y a d'horreurs dans la nature.

Mais attendez, vous allez voir. Il y a des roses partout, comme dit l'autre. Suffit de savoir les trouver.

Les casernes étaient pleines à déborder, de sorte qu'on ne savait où nous mettre. On nous mit donc chez les habitants.

Moi, je lis sur mon billet ou plutôt je me fais lire, parce que, vous savez, j'ai perdu mes lunettes en naissant ; je lis donc :

Chez le docteur Truchendorff.

Et je vais sonner à la porte du docteur.

Je me figurais, comme vous pensez bien, un homme vieux, savant, une grande casquette, un gros ventre, une grosse barbe blanche, lavée tous les jours par cinq ou six bouteilles de vin ou de bière, enfin quelque chose comme un notaire de chez nous, avec une longue pipe et un air bon enfant.

Pas du tout.

La porte s'ouvre, et je vois... Devinez... Une jolie fille de dix-huit ans, blonde comme tout ce qu'il y a de plus joli, avec des yeux bleus, un petit air riant comme si elle attendait un ami, enfin un bijou, mes enfants, un vrai bijou.

Je la regardai si longtemps et avec tant de plaisir que je ne disais rien du tout. Ma parole, si j'avais osé, je lui aurais sauté au cou. Mais à première vue, vous sentez, ce n'était pas raisonnable.

Je demandai :

— Mademoiselle, est-ce ici chez le docteur Truchendorff?

Elle me répondit :

— Oui, monsieur l'officier, entrez.

Monsieur l'officier, ça fait toujours plaisir à un maréchal des logis.

Et comme je tenais mon billet de logement à la main, elle me dit en bon français :

— N'ayez pas peur, M. le docteur Truchendorff n'y est pas.

Ah! certes, je n'avais pas peur, je m'en flatte; ce n'est pas ma coutume. D'ailleurs, j'avais mon sabre au côté, Truchendorff ne pouvait guère avoir que ses lunettes sur le nez. Ce n'était pas pour livrer bataille.

Mais je suppose qu'elle me disait cela pour rire ou parce qu'il lui faisait peur à elle. Au reste, vous allez voir.

Je mets mon manteau sur une chaise et je dis :

— Puisque c'est comme ça, mademoiselle, c'est vous qui allez me recevoir?

Franchement, ça me réjouissait. Une jolie fille toute seule, pas de docteur, un bon lit, car la maison était bien meublée, quoique petite. La bière et la viande ne pouvaient pas manquer, ni le schnick.

Je pose donc mon manteau, je le plie soigneusement comme si j'avais dû le reprendre un moment après pour aller à la parade, et je lui dis :

— Maintenant, mademoiselle, à vos ordres. Moi, je suis Louis Berry, maréchal des logis au 5e dragons de la grande armée, né à Saint-Amand-Montrond, département du Cher, on ne sait ni comment ni de qui, par le moyen que je fus trouvé sur la grande route...

Voilà qu'elle me répond en riant :

Ce n'est pas la naissance,
C'est la seule vertu qui fait la différence,

comme dit M. de Voltaire.

Car elle connaissait M. de Voltaire, un particulier fameux que je n'ai jamais lu, mais qui valait tous ceux des temps passés et des temps à venir, à ce que je me suis laissé raconter par Chose, vous savez bien, le grand Chose qui fut six mois mon camarade de lit et qu'on fit capitaine parce qu'il avait passé trois ans au collége et qu'il savait lire et écrire comme père et mère.

Moi, donc, voyant qu'elle était si savante, je lui surajoute :

— Mademoiselle, puisque vous connaissez Voltaire, ça va bien. C'était un pays à moi.

Oh! qu'elle ouvre la bouche d'un air d'admiration. Vous comprenez, ça lui faisait de l'effet de voir un pays de Voltaire. Alors je fus fâché d'avoir dit que je n'avais ni père ni mère. Sans ça j'aurais glissé que c'était mon oncle. Mais c'était trop tard.

Je pensai encore : Pour parler si bien français et pour être si savante, il faut qu'elle ait reçu une fameuse éducation. Je l'ai prise pour une servante à cause de son bonnet; mais ça doit être la fille du docteur. Soyons respectueux.

Malgré ça, je ne voyais que des compliments. Ce n'est pas de cette nourriture qu'on rassasie un maréchal des logis qui a fait dix lieues à cheval le matin avec un morceau de pain bis, une pinte de bière aigre et une saucisse de Francfort, qui est l'endroit du monde où l'on mange les plus mauvaises saucisses et les plus dures. D'un autre côté, dire à une aussi jolie fille, qui parlait si bien, qui savait si bien son Voltaire par cœur et qui était si aimable : « Hé! la bourgeoise, est-ce qu'on ne dîne pas ici? » ce n'était pas une chose à faire.

Un Prussien pouvait se permettre ça; mais un Français, oh! non. Ça aurait fait honte au 5e dragons, dont auquel j'avais comme j'ai encore l'honneur d'appartenir et qui sera toujours, je m'en flatte, l'ornement de l'armée française et la fleur de la galanterie.

Cependant il fallait dîner, pas vrai?

Parole d'honneur, un moment je fus tenté d'aller chez un gargotier de la rue. Mais voilà que la petite, qui me regardait du coin de l'œil sans en avoir l'air (vous savez, c'est leur manière en France et ailleurs), devine mon embarras et me dit tout à coup :

— Monsieur l'officier...

— Mademoiselle?

— Est-ce que vous avez dîné aujourd'hui?

Je lui réponds :

— Moi, mademoiselle! Certainement! certainement! Pourquoi donc que je n'aurais pas dîné, s'il vous plaît?

Elle me rétorqua avec sa voix flûtée, si douce que je crois l'entendre encore :

— Excusez-moi si j'ai mal parlé, monsieur l'officier. C'est que je n'ai pas dîné, moi, et alors...

— Et alors?

— Eh bien, je voudrais dîner un peu, moi aussi, si c'était un effet de votre bonté.

Un effet de ma bonté!... Je crois qu'elle m'avait deviné, la petite masque, et qu'elle me disait ça moitié par amitié, moitié pour se moquer de moi.

Alors je prends ma voix terrible, ma voix de commandement, et je lui crie :

— Tonnerre de Dieu! mademoiselle, est-ce que vous croyez que je suis venu pour vous couper l'appétit?

Mais elle voyait bien dans mes yeux que je n'avais pas envie de lui faire peur. Alors elle ouvre le buffet. Qu'est-ce que je vois, mes amis? Un jambon de Westphalie, un pâté de perdreaux, des poires, de la bière, de l'eau-de-vie, du café, enfin tout ce qui peut faire le bonheur des hommes.

Je lui dis :

— Sapristi! mademoiselle, M. le docteur Truchendorff se soigne bien, à ce que je vois.

— Oui, oui, assez bien, qu'elle me réplique en riant toujours.

Ma foi, je n'avais plus envie d'aller chez le gargotier.

Et voilà qu'elle met la nappe sur la table avec deux assiettes, deux fourchettes, deux verres, tout deux par deux. Est-ce que c'était pour le docteur et pour elle? Bombe et mitraille! Pour en éclaircir, je lui demande :

— Est-ce que M. votre père va revenir bientôt?

— Mon père! dit-elle. Ah! le pauvre vieux est bien loin d'ici, à plus de cent lieues, en Silésie, avec ma mère, mes quatre sœurs et mes frères.

— Ce n'est donc pas M. Truchendorff qui est votre père !

— M. le docteur! Oh! non. Lui, c'est mon maître.

Je pensai entre moi.

— Sabre de bois! Ça n'est pas moi qui voudrais être son maître. J'aimerais mieux qu'elle fût ma maîtresse !

Je reprends :

— Alors il va revenir pour dîner !

— Lui? M. le docteur? Il est bien trop loin pour ça. Il est parti ce matin, en voiture, au galop, et ne reviendra, il l'a juré, que quand tous les Français seront exterminés. Il s'est même sauvé si vite, quand on a dit qu'on voyait votre avant-garde, qu'il a oublié ses provisions.

— Alors, que je lui dis, c'est le dîner du docteur que vous mettez sur la table? Alors, ce couvert, c'est pour moi?

— Et pour qui donc? qu'elle me demande de son petit air innocent et en riant toujours. Mais si vous aimez mieux dîner seul?

Dîner seul au lieu de dîner avec une jolie fille! Ah! oui, elle connaissait bien le maréchal des logis Berry, du 5ᵉ dragons!

Je lui dis :

— Puisque c'est comme ça, mademoiselle, et que vous voulez bien dîner avec moi, nous allons mettre le couvert ensemble. Comment que vous vous appelez?

— Lisbeth, qu'elle me dit.

Moi, je pose le jambon, le pâté et les poires sur la table; je la fais asseoir à côté de moi, parce que la table était petite, mais ronde, et je commence à découper le pâté. J'en mets une forte part dans son assiette, j'en prends pour moi une pareille, et je commence à manger comme un loup. Il faisait faim, ce jour-là.

Elle, voyant ça, se met à travailler à son tour, et de bon appétit, je vous en réponds. Sans compter que son pâté était bon. Oh! mais, bon comme je n'en avais pas goûté depuis sept ans et demi.

Manger n'est pas tout, comme vous savez. Je remplissais mon verre et le sien, et je lui dis en trinquant, comme on fait dans la bonne société :

— A votre santé, mademoiselle Lisbeth !

Elle se laissait faire assez bien.

Je lui demande encore :

— Sans vous commander, mademoiselle, pourquoi donc le docteur Truchendorff s'est-il sauvé si vite? Car enfin nous mangeons le pâté, nous autres dragons, mais nous ne mangeons pas le monde, comme vous pouvez voir.

Elle me dit :

— Écoutez-moi, monsieur l'officier, si vous voulez me promettre de n'en parler à personne tant que les Français seront en Prusse...

Je lève la main en l'air, et je dis :

— Je le jure!

Et, ma foi, j'aurais bien fait d'autres serments si elle avait voulu!

— Eh bien, voici : M. le docteur Truchendorff a peur d'être fusillé... C'est un homme très-savant...

— Quel âge a-t-il?

— Quarante ans à peu près.

— De la barbe?

— Comme saint Pierre, saint Jacques et saint Paul.

— Blonde ou brune?

— Noire. Et il est plus noir encore que sa barbe, et bossu. C'est un juif!

Alors elle me raconta un tas de choses : qu'il savait la médecine, l'histoire des hommes, des choses, des rochers, des herbes, des bois, des mots, et qu'il parlait l'allemand, d'abord (chose que je n'ai jamais pu faire), ensuite le français, l'anglais, l'italien, le latin, le grec, le russe... On pouvait lui arracher sa langue naturelle, ça ne l'aurait pas empêché de parler; il en avait encore dix ou douze autres de rechange. Ça, je ne l'ai pas vu; mais Lisbeth me l'a dit, et c'était une bonne fille, comme vous allez voir tout à l'heure, qui ne mentait même presque jamais, excepté, bien entendu, quand ça lui aurait fait tort de dire la vérité.

Moi, je lui dis :

— Mais vous, Lisbeth, comment savez-vous si bien le français, que moi-même, Louis Berry, maréchal des logis au 5ᵉ dragons, j'en suis tout étonné et que vous pourriez donner des leçons à tout le régiment, sans compter le colonel et les chefs d'escadron?

Voilà qu'elle me répond :

— Monsieur l'officier, je vais tout vous raconter de fil en aiguille... Mais d'abord, trouvez-vous mon pâté bon? C'est moi qui l'ai fait.

— Si je le trouve bon! que je lui réplique; mais il faudrait que je fusse un pékin, un Chinois, un Tartare si je n'aimais pas un si bon pâté, et où vous avez mis les deux mains !

Ma parole, je crois que je l'aurais trouvé presque aussi bon si elle y avait mis les deux pieds, tant elle était jolie.

Pour preuve j'en pris encore une autre tranche, et je voulus la servir aussi; mais elle me dit :

— Oh! non. Il n'y aurait plus de place pour le jambon! Mais vous ne buvez presque pas, vous? Pourquoi donc? Vous ne trouvez pas la bière bonne?

Je fis signe que dans mon pays on buvait quelque chose de meilleur.

Alors elle se leva et me dit :

— Ah! ma foi, tant pis pour la cave de M. le docteur! Attendez-moi, je reviens.

Fectivement, elle revint au bout d'un moment avec deux bonnes bouteilles de vin de France, toutes couvertes de toiles d'araignée. Du bourgogne, mes chéris! Car il se rinçait le gosier avec des choses de choix, je vous en réponds, comme fait le curé avec son calice et son saint ciboire. C'est ce que la petite m'expliqua le lendemain matin.

Alors, vous comprenez, quand les deux fioles furent débouchées et que je vis le goulot d'une autre fine bouteille de champagne qu'elle avait cachée derrière sa chaise, nous devînmes si contents l'un de l'autre que nous n'avions presque plus rien à nous refuser, et que je l'embrassai plus de six fois sans qu'elle pût rien faire pour m'en empêcher, excepté de dire de temps en temps :

— Oh! finissez donc, monsieur l'officier! Si l'on nous voyait, ça serait pour me déshonorer dans le quartier et pour faire dire de moi des choses...

Alors, pour me faire finir, comme elle disait, elle me raconta son histoire avec le docteur, et vous verrez, vous autres, qu'on n'a jamais tout vu.

Voici :

Son père était cordonnier à Breslau, en Silésie. Cordonnier, savetier, bottier, tout ce que vous voudrez, et il avait plus d'enfants que d'argent. Elle, c'était la cinquième et la plus jolie (je le crois bien, je la trouvais faite comme un amour), mais il y avait encore cinq garçons et trois filles après elle.

Un matin, elle voit entrer dans la boutique un docteur avec une barbe noire, assez jeune encore et déjà très-savant. C'était M. Truchendorff qui venait prendre mesure pour une paire de belles bottes.

Son père lui dit :

— Monsieur le docteur, parce que, dans ce pays-là, quand un homme est docteur (et ça ne coûte pas cher, puisqu'il y en a plus de soixante-cinq mille à Berlin seulement), il pose ça comme une cocarde sur son chapeau pour se faire saluer dans la rue, — monsieur le docteur, qu'il dit, le cordonnier, quelle est votre pointure?

L'autre fait mesurer son pied, qui était d'une belle longueur, je vous en réponds — Lisbeth m'a montré une de ses vieilles bottes : on aurait mis dedans un sabre de cavalerie — et de plus, au moment de sortir, il surajouta :

— Il faut me les donner demain. Je vais au bal de la cour, chez Son Altesse héréditaire, avec M. le conseiller et madame la conseillère, sa dame et son épouse. Vous comprenez, je veux avoir de belles bottes !

Le cordonnier, ça, c'était de son métier, lui promet des bottes comme le grand Napoléon lui-même n'aurait pas pu en avoir. Et c'est vrai, s'il en avait eu de pareilles, il aurait dansé dedans, car il y avait de la place pour lui et pour deux autres.

Au moment où le docteur sortait en faisant jabot comme un homme d'importance et de capacité, voilà que Lisbeth entre en riant comme une petite folle. Elle revenait de l'école.

Le docteur la regarde, la trouve jolie comme un petit amour, la prend dans ses bras (elle avait huit ans) et lui demande ce qui la fait rire.

La petite répond que les jeunes garçons du quartier viennent d'attacher une casserole à la queue d'un chien, que le chien s'est sauvé, qu'il court par la ville et qu'un cheval s'est emporté, qu'il a couru à son tour au triple galop, que tout le monde s'est sauvé, elle la première, et que la vieille mère Bruchner a roulé sous les pieds du gros M. Ranspach, le brasseur, qu'il est tombé sur elle, qu'on les a relevés tous deux couverts de boue, que le gros brasseur a donné un coup de pied à la vieille, disant qu'elle l'avait fait tomber exprès, que la vieille a crié : Au secours ! au secours ! que M. le bourgmestre est arrivé, qu'il les a fait conduire tous les deux à l'hôtel de ville par des soldats, et enfin qu'elle ne s'était jamais tant amusée de sa vie.

Là-dessus, le petit docteur noir et bossu se met à rire à son tour et dit au cordonnier :

— Mon brave homme, avez-vous d'autres enfants ?

— Pour le moment, monsieur le docteur, j'en ai onze. Plus tard, on verra. Ma femme se porte bien jusqu'à présent, et moi aussi.

— Pour lors, que lui rétorque M. Truchendorff, si je vous priais de m'en prêter un (et j'en aurai bien soin, je vous jure), il vous en resterait encore assez ?

— C'est selon, dit le cordonnier. Pourquoi faire ?

L'autre lui explique qu'il est garçon, qu'il a trente ans et vingt mille livres de rente, qu'il est savant, qu'il est bossu (ça se voyait assez), qu'il est neveu de Jésus-Christ par le moyen de son père qui est un coquin de juif ; qu'il n'a pas encore trouvé de femme à sa taille ou que celles qui étaient bossues ne lui convenaient pas, qu'il veut se marier pourtant, parce qu'il est fils unique sans frère ni sœur et qu'il n'a pas d'héritiers; que les Truchendorff sont d'une bonne et honnête famille, pas jolis, jolis si l'on veut, mais qui ont l'habitude de rendre leurs femmes heureuses; qu'enfin, si l'on veut lui vendre Lisbeth, il en donnera mille écus et s'engage à l'élever comme une princesse, à lui apprendre le latin, le français, le grec, l'anglais et tout le reste, même la philologie, la philosophie et trois ou quatre autres philo..., et à l'épouser en légitime mariage quand elle sera d'âge à ça.

Le père appela la mère, qui dit bonnement :

— Ça sera toujours une soupe de moins dans la famille, et si la petite est heureuse...

Là-dessus, Lisbeth dit :

— Si c'est pour m'envoyer à l'école chez ce monsieur si savant, je ne veux pas, moi!

Elle se mit à le griffer, à l'égratigner et à lui donner des coups de pied dans les jambes. La mère veut la fouetter, la petite se sauve. On la rattrape. Le docteur la prend dans ses bras et lui dit :

— N'aie pas peur, je te promets que tu n'iras pas à l'école et que tu mangeras tant que tu voudras.

Il sort, il revient avec une douzaine de gâteaux et des bonbons.

Elle, voyant ça, lui fait risette, mange ses gâteaux, ses bonbons, et s'en va avec lui, dix jours après, quand il a payé ses mille écus à la famille, avec deux habillements complets, un d'hiver et un d'été, pour le père, la mère, les grandes sœurs et les petits frères.

Et voilà!

Vous croyez que le docteur Truchendorff avait menti pour attraper la petite fille?

Pas du tout. Il ne l'envoya pas à l'école. Il lui fit la classe lui-même. Ses parents la prenaient par l'oreille. Il la prit par la douceur. Chaque fois qu'il voulait lui apprendre quelque chose, il lui promettait de la mener à la promenade, et il la menait, de sorte qu'elle était bien contente. Pourvu qu'elle le fît rire (c'était difficile, ça, parce qu'il était sérieux comme un dromadaire), il faisait toutes ses volontés. Il lui achetait de belles robes. Il la menait au spectacle. Enfin il lui disait : « Je veux que tu sois parfaitement élevée, parce que je t'élève pour moi. »

Une idée d'homme riche et de savant, quoi! D'élever les filles comme on engraisse les dindes pour les manger à son souper.

En même temps il lui répétait soir et matin : « Quand tu seras grande, nous nous marierons, et tu seras seule maîtresse à la maison. »

Être maîtresse! Ah! c'est de ça surtout qu'elle avait envie!

En même temps il lui apprenait tout ce qu'il savait, le français surtout, l'italien et la musique, parce qu'elle ne voulut jamais apprendre autre chose. C'est elle-même qui me l'a raconté. Les grandes dames et les altesses n'en savent pas davantage, à ce que je me suis laissé dire.

Avec tout ça, l'âge venait. La petite avait dix-huit ans, et le docteur en avait quarante. Elle était blanche, rose, bien faite, jolie comme un ange, enfin tout à fait à point.

Alors un soir, après souper, voilà qu'il la prend sur ses genoux (vous savez, tout ça, c'est authentique, c'est d'elle que je le tiens) et lui demande :

— M'aimes-tu, Lisbeth?

— Oh! monsieur le docteur, qu'elle lui répond, je vous respecte bien trop pour ça!

Ça voulait dire, comme elle l'a expliqué :

— Vous êtes bien trop laid. Quand on est laid comme ça, on va se montrer au Jardin des plantes avec les autres singes, ou bien à la foire de Leipzig, et l'on y gagne beaucoup de florins et de kreutzers.

L'autre, qui était savant, mais qui n'était pas bête, comprit bien la chose, ou, s'il ne comprit pas tout, il en devina une bonne moitié. Alors il lui rétorqua :

— C'est bien comme ça que je l'entends, ma Lisbeth. Je veux être respecté quand je serai ton mari.

Et il prit l'air d'un homme qui veut être respecté, leva le nez vers le plafond — un nez barbouillé de tabac — et se carra dans son fauteuil comme un préfet.

Là-dessus, l'autre se leva debout et lui dit de son petit air innocent :

— Oh! monsieur le docteur, je n'oserai jamais...

— Tu n'oseras jamais... quoi?

— Être madame la doctoresse et aller à l'autel avec vous.

Il lui dit :

— Qu'est-ce que ça te fait? Puisque je te trouve bonne pour ça!

Ah! oui, mais c'est qu'elle ne le trouvait pas bon, lui, pour être son mari.

Voilà qu'elle lui répond :

— Eh bien, il faudra écrire à mes parents. Moi, d'abord, je ne veux pas me marier sans la permission de papa et de maman. Vous savez, Dieu maudit les enfants qui désobéissent à leurs parents. C'est dans la Bible.

Tout ça, c'était des frimes pour gagner trois semaines et avoir le temps de chercher autre chose.

Mon Truchendorff lui dit encore :

— Alors tu m'aimeras quand tu auras la permission de tes parents?

— Avec ivresse, qu'elle lui répond en le regardant d'un air à faire fondre la glace.

Ces coquines, c'est les mêmes partout, je vous le dis, foi de maréchal des logis qui en a beaucoup vu.

Le docteur prend sa plume, sa plus belle plume, écrit sa lettre, sa plus belle lettre, et demande la permission de se marier, aux parents de Lisbeth.

Elle, de son côté, sans lui en parler, écrit en même temps :

« Monsieur Truchendorff veut m'épouser. Moi, je ne veux pas. C'est un brave homme, mais c'est un vieux singe. Si vous donnez la permission, je suis perdue, et je me jette à l'eau... »

Le même courrier emporta les deux lettres et, douze jours après, rapporta la réponse du cordonnier qu'il avait fait écrire par M. le pasteur de l'église évangélique de Breslau.

« Monsieur le docteur,

« Nous avons senti, ma femme et moi, l'honneur que vous voulez nous faire, et nous vous envoyons bien volontiers la permission que vous demandez, avec notre bénédiction pour vous et pour toute la famille à venir. »

« Ma chère fille,

« On n'est pas pour son plaisir en ce monde. Si tu refuses le docteur, je serai forcé de lui rendre les mille écus qu'il m'a donnés pour t'emmener il y a dix ans. Et comment veux-tu que je les rende? Il ne m'en reste pas la moitié. J'ai acheté une maison avec. Marie-toi donc. Si tu refuses, je te donne ma malédiction. Mais tu n'auras pas d'autre dot. Au contraire, si tu te maries, tu auras ma bénédiction. »

Le docteur lut les deux lettres et ne fut pas trop content. Mais il était amoureux. Il dit à Lisbeth :

— Eh bien! qu'as-tu à dire à présent?

Elle répondit :

— Monsieur le docteur, presque rien, excepté que je veux avoir deux mois de répit pour pleurer ma virginité, comme la fille de Jephté.

L'autre lui donna les deux mois, car c'était un bon homme au fond, quoiqu'il eût un nez noir de tabac.

Et voilà que les deux mois allaient finir dans huit jours, quand nous arrivâmes à Berlin avec Davoust, Napoléon, la garde, le 5ᵉ dragons et tout le tremblement.

Voyant ça, le docteur Truchendorff, qui avait écrit l'année précédente des choses imprimées terribles contre les Français et contre Napoléon (même que son libraire, un nommé Palm, en avait été fusillé pour ça), mon Truchendorff, donc, voyant venir les Français et Napoléon qui avait fait fusiller Palm, eut peur pour lui-même. C'est bien naturel.

Alors il partit le matin de notre entrée dans une voiture à deux chevaux pour aller plus vite. Il voulait emmener Lisbeth, mais elle ne voulut pas, de peur d'être forcée de se marier en route.

Et c'est comme ça qu'elle me tenait compagnie ce jour-là.

Mais vous comprenez qu'elle ne m'a pas tout raconté le même jour.

Alors les autres dragons se mirent à rire. Un brigadier lui dit :

— Comme ça, marchef, il ne s'est pas passé autre chose entre la petite particulière et toi?

L'autre se frisa la moustache et lui rétorqua :

— Tu veux savoir le reste, blanc-bec? Eh bien, voici :

XVII

Je lui dis donc :

— Puisque c'est comme ça, mademoiselle, c'est donc, révérence parler, que vous êtes libre comme un oiseau dans l'air.

— Et comme un poisson dans l'eau, qu'elle me riposte en riant.

— Alors, vous n'êtes pas mariée? Oh! mais là, pas pour deux sous?

— Ni pour deux swanzigs! qu'elle me répond en me regardant du coin de l'œil pour me donner du courage.

— Alors si un bon maréchal des logis, pas docteur du tout, oh! pas pour un liard! mais bon enfant comme la nature et garçon depuis trente-deux ans qu'il est au monde, s'offrait pour faire votre bonheur et pour vous emmener en France, qui est le pays des jolies filles et des bons enfants, est-ce que vous ne voudriez pas le suivre?

En parlant, comme vous pensez bien, pour être mieux entendu, j'avais mis ma joue sur la sienne.

Elle, assez fine, mais pas méchante du tout, me dit :

6

— Monsieur l'officier, on ne peut jamais savoir. Il faudrait d'abord connaître ce bon enfant... Après, on verrait.

Ça, c'était naturel et juste. Alors je lui explique un tas de choses : que je pouvais devenir maréchal de France (qui est encore plus fort que maréchal des logis), que j'avais promesse de la croix avec pension à la première bataille, que je l'aimais comme mes yeux, que les femmes de France faisaient leur volonté toute la journée et la nuit aussi, enfin un tas de choses flatteuses et péremptoires, tellement qu'elle me dit :

— Eh bien, oui. Mais nous nous marierons après.

Je lui rétorque :

— Lisbeth, dans trois ou quatre mois au plus, quand j'aurai fini la conquête de l'Europe.

Et c'était vrai. Ce soir-là, je le pensais, et même j'en pensais encore davantage.

Alors, qu'est-ce que vous voulez? Elle ne fit pas la méchante. Au contraire. Fin finale, je fus heureux comme un empereur pendant plus de trois semaines. Je l'aimais, elle m'aimait. Ça faisait notre bonheur commun et réciproque.

— Trois semaines seulement, dit le brigadier. Ce n'est guère.

— Ah! voilà! lui rétorqua le maréchal des logis. Ça aurait duré bien plus longtemps, mais l'empereur avait besoin de moi pour aller en Pologne et faire le tour du monde. Elle, voyant ça, se mit à pleurer comme une velle qui a fini de teter sa mère. Moi, je ne pleurais pas, mais je pensais entre moi qu'on était mieux à Berlin qu'en Pologne... Et après? On ne peut pas déserter, pourtant. Il faut bien suivre le régiment. Et j'ai suivi... Tu aurais déserté, toi, blanc-bec?... Alors la petite se jeta à mon cou, se mit à pleurer, à crier qu'elle me serait toujours fidèle, qu'elle m'aimerait toujours, et qu'elle m'attendrait jusqu'à ce que Napoléon eût galopé à travers l'Europe, le sabre à la main comme un brave. Je m'en allai en emportant ses serments dans mon sac. Et voilà!

Le brigadier demanda :

— Comme ça, vous ne l'avez jamais revue, la petite Lisbeth?

L'autre répondit :

— Si, je l'ai revue.

— Elle vous attendait!

— Elle m'attendait... sans m'attendre. Vous savez... ces Allemandes, c'est comme toutes les autres. Ça vous attend pendant trois jours, dix jours, quinze jours peut-être, et après, ça file comme du macaroni.

— Alors elle a filé?

— Elle a filé sans filer... Vous allez voir. Elle m'attend pendant un mois, la main sur le loquet de la porte, en pensant (c'est elle qui me l'a dit plus tard) : « Mon maréchal des logis va revenir. » Pas du tout. Je reste en Pologne, à Eylau, à Friedland, dans un tas de pays pleins de pommes de terre et de Cosaques. Rien d'agréable, je vous assure. Tout à coup, elle se sent engraisser, vous m'entendez bien, et pourtant elle ne mangeait pas plus qu'auparavant. Elle consulte une vieille qui lui dit : « Lisbeth, c'est donc que vous vous êtes mariée sans le savoir. »

Ça l'épouvante, cette petite. Elle dit : « Qu'est-ce que M. le docteur Truchendorff va dire de ça quand il le saura? Et papa? Et maman? Et mes sept frères? Et mes oncles? Et mes tantes? Et mes cousins? Et mes cousines? Et les voisins? »

En même temps, je n'écrivais pas. Vous comprenez. La poste ne va pas dans ces pays-là comme chez nous, surtout en temps de guerre. D'ailleurs, au bivouac, en Pologne, dans un pays où la boue est la récolte principale et particulière, le courrier ne vient pas tous les matins rendre visite au vaguemestre. Et s'il venait, est-ce qu'on a toujours de l'encre, du papier, des plumes d'oie et tout ce qu'il faut pour écrire? Ça serait trop beau. C'est tout ce qu'on pourrait faire pour S. M. l'empereur des Français et pour les autres majestés qui l'accompagnent.

Outre ça, voilà qu'en lisant tous les journaux, car elle était savante comme tout, elle voit qu'on s'est battu comme des chiens à Eylau, qu'on a tué plus de soixante mille hommes, Français, Russes ou Prussiens, que le 5ᵉ dragons a fait des siennes comme un brave qu'il a été et qu'il sera de tout temps, et qu'il en est resté une moitié dans la neige.

« Alors, qu'elle dit, mon chéri est là-bas enterré. C'est sûr. Il n'y faut plus penser. » Elle va retrouver son Truchendorff et elle lui coule ça en douceur :

— Monsieur le docteur, quand je faisais des façons pour vous épouser, j'avais tort. Je n'y connaissais rien. A présent, je m'y connais, et si vous voulez...

L'autre mit ses lunettes, la regarda longtemps et lui dit :

— Lisbeth, si tu veux me jurer de m'être toujours fidèle et que nous ferons élever ton premier enfant à soixante lieues d'ici, sans qu'il connaisse son père et sa mère et sans que je sois obligé à rien, excepté à le nourrir jusqu'à l'âge de quinze ans, nous allons nous marier tout de suite. Je t'aime assez pour ça. Je ferai semblant de croire que tu es veuve.

Elle lui répond :

— Monsieur le docteur, je suis sur cette terre pour faire votre volonté.

Et le mariage se fit, et fut même si heureux qu'elle avait du docteur (à ma connaissance) cinq petits juifs qui ressemblent tous à leur père, étant presque bossus comme lui, quoique madame Lisbeth soit droite comme un sapin. C'est une preuve, ça.

— Mais, demanda le brigadier, qui était un peu taquin, comment le savez-vous, marchef?

L'autre leva la main en l'air et dit :

— D'abord par mon génie naturel, et ça pourrait suffire, si tu n'étais pas le blanc-bec qui ne connaît rien de rien... Ensuite par le moyen de ce qui arriva plus tard.

L'an dernier donc, en revenant de Russie, à pied et mal fichu comme tous ceux qui avaient fait la campagne de Moscou, voilà qu'on s'arrête à Berlin, qui nous détestait en ce moment-là comme on déteste les chiens galeux. Quand on n'est pas le plus riche ou le plus fort, voyez-vous, on est mal reçu par tout pays, mais surtout en Allemagne.

Moi, je demande un billet de logement pour la maison du docteur Truchendorff. J'arrive en pensant entre moi : « Qu'est-ce que va dire ma petite Lisbeth en me voyant revenir vaincu, ce qui n'est pas naturel? » C'est égal. J'étais content tout de même. Je pensais qu'elle me sauterait au cou.

Une grande servante m'ouvre la porte, pareille à un carabinier et suivie de cinq petits Allemands qui me regardaient comme un phénomène.

— M. le docteur Truchendorff n'y est pas, répond la bonne.

— Et mademoiselle Lisbeth?

— Ah! madame? Elle est là-haut.

— Dites-lui que le maréchal des logis Berry, du 5ᵉ dragons, est là.

Elle monte, descend et me rétorque :

— Voici madame.

Alors je vois ma petite Lisbeth, grosse comme une barrique et grasse comme un jambon, qui me fait entrer et me dit, quand nous sommes seuls, tout ce que je viens de vous raconter là, qu'elle a épousé le docteur, qu'elle en a cinq enfants, qu'il va rentrer, et qu'enfin elle me prie d'aller loger ailleurs. Vous savez, elle me priait de l'air dont elle aurait pu dire : « Fichez-moi le camp! »

Je veux la prendre par la taille. Elle me rétorque :

— Ah! monsieur! Et mon mari! Et mes enfants!

Finalement elle m'envoie loger à l'auberge. Et voilà ce que c'est de n'être pas toujours vainqueur et de revenir de Moscou au lieu de revenir d'Iéna!

Quand le marchef eut fini son histoire, le brigadier lui dit :

— Eh bien! c'était une pas grand'chose, votre Lisbeth! J'ai connu en Espagne, à l'assaut de Malaga, une jolie fille qui était brune, mais qui valait mieux que ça, quoiqu'elle s'appelât Dolorès.

— Oh! oh! dit le marchef. Pourquoi valait-elle mieux, ta Dolorès? Est-ce qu'elle était brune?

— Oui, elle était brune, marchef, et brune au point d'en avoir presque des moustaches. Mais du moins elle ne m'a pas trompé.

— Ah! ah! Comment peux-tu le savoir?

— Ne dites pas : « Ah! ah! » Je suis sûr qu'elle ne m'a pas trompé.

— Comment le sais-tu ?

— Ah ! voilà ! Elle me dit, quand je voulus l'approcher : « Toi, si tu me touches, je t'éventre ! »

Elle tenait son couteau de la main droite comme un garçon boucher qui va saigner un mouton. Moi, je ne la crois pas. Je veux lui arracher le couteau. Elle me l'enfonce dans la cuisse et me met pour six semaines à l'hôpital.

Au moins elle ne m'a pas trompé, celle-là.

Tous les autres se mirent à rire.

XVIII

D'autres encore racontèrent leurs histoires ; il y en avait de drôles, de terribles, d'horribles même, mais on ne les écoutait plus. Tout le monde dormait. La journée avait été fatigante et dure. Le lendemain devait l'être autant, et le surlendemain encore plus. Et qui pouvait savoir comment ça finirait ? car avec ce Juif errant de Napoléon, est-ce qu'on pouvait coucher deux nuits de suite dans le même lit ? Il ne s'usait pas les pattes, lui, étant toujours à cheval ou en voiture ; mais les pauvres fantassins, si tu avais vu ça ! Ceux de la campagne de France, surtout, dont les trois quarts n'avaient pas de barbe, de petits jeunes gens de dix-huit ans qui n'avaient jamais quitté père et mère, excepté depuis deux mois, et qui pliaient sous le sac et sous le fusil. Excepté au moment de la bataille, tu aurais cru qu'ils ne demandaient qu'à se coucher et à boire de la tisane, tant ils étaient pâles, éreintés, épuisés. Mais quand le tambour battait la charge... Ah! les gaillards! Ils n'avaient pas la goutte aux pieds ni aux mains, ils tiraient mal, je l'ai vu, et trop vite; mais pour la baïonnette, ils s'en servaient comme un bon bourgeois, le dimanche, à table avec ses amis, se sert de sa fourchette. La baïonnette, vois-tu, c'est l'arme des honnêtes gens, et c'est à cause de ça que les petits la poussaient d'une façon surnaturelle, principalement contre les Prussiens, dont le ventre était fait par le bon Dieu pour servir de gaîne à cet instrument.

Le jour de la bataille de Laon, qui fut le surlendemain de cette nuit-là, j'ai vu ces conscrits fonctionner avec leurs longues baïonnettes tout comme je te vois; mais je n'ai pas ri autant que tu pourrais croire, parce que j'étais, pour mon propre compte, comme tu l'apprendras bientôt, dans une position terrible. Ah! cette semaine-là, je m'en souviendrai éternellement.

On dormait donc de tous les côtés, et moi-même j'étais couché à côté des autres, sur une botte de paille qui me gardait de la boue, car il avait tombé pendant toute la journée de la neige à demi fondue ou de la pluie.

Tout à coup, voilà qu'un officier d'état-major me frappe sur l'épaule.

J'ouvre les yeux. Il me dit:

— Eh! l'homme!

Il aurait pu être plus poli, parce que, après tout, je n'étais pas à son service, et je n'aurais pas mieux demandé que de rester chez moi avec ma femme et mes enfants; mais il était pressé, je suppose. Moi, je lui réponds en grognant un peu.

— Qu'est-ce qu'il y a?

Et je me retourne sur ma paille pour dormir encore. Mais l'autre, comme un enragé, me secoue et dit :

— L'empereur vous demande.

Cette fois il fallut se lever. L'empereur n'était pas de ceux qu'on fait attendre. Il m'aurait fait fusiller, lui, comme un chien. Je vais donc avec l'officier dans la ferme d'Heurtebise, où il avait soupé et couché après la bataille.

La ferme était pleine de gens, les uns en casque et en shako, comme des cavaliers et des fantassins, les autres en chapeau rond comme des bourgeois et des ouvriers des villes ou de la campagne, mais ceux-là avec des fusils de chasse ou de vieux fusils de munition.

Napoléon était assis sur une vieille chaise de paille. Je le vois encore, pâle, presque jaune, couleur de cire, l'air fatigué, les yeux fixes et ternes comme quelqu'un qui n'a guère dormi depuis six semaines. Il y avait de quoi, vu le métier qu'il faisait et les ennuis qu'il avait. C'est dans ces moments-là qu'on ne regrette plus de n'être pas empereur.

Autour de lui étaient les généraux, tous debout, appuyés contre le mur parce qu'ils avaient passé la journée à pied ou à cheval, crottés, abîmés, avec des habits usés. Un seul était assis en face de l'empereur. C'était Berthier. Celui-là tenait la plume comme toujours. On aurait dit un greffier. Il en avait la figure et la tournure, malgré son uniforme de maréchal et ses épaulettes.

Napoléon me dit :

— Viens ici, Leborgne.

Il savait mon nom. Il savait tout, cet homme. Ou, ce qu'il ne savait pas, il le devinait. C'est pour ça qu'il était Napoléon et non pas Louis XVIII, ou curé de campagne.

Il me dit donc :

— Combien de lieues d'ici à Laon?

Moi, je lui réponds :

— Sire, ça dépend. Par le chemin des oiseaux, trois lieues et demie. Par la route de Reims à Laon, plus de cinq lieues. Par les autres chemins, tant que vous voudrez, suivant les détours qu'il faudra faire.

— Par la route de Soissons?

— Sire, c'est la plus longue et la plus difficile : six ou sept lieues au moins dans les bois et les montagnes.

Il dit à Berthier :

— C'est celle-là qu'il faut prendre si elle est libre. Il faut couper avant tout à Blücher le chemin de Paris.

L'autre ne répondit rien. Il continuait d'écrire je ne sais quoi. Peut-être ne le savait-il pas lui-même.

Alors un bourgeois en chapeau rond, qui tenait à la main un fusil de chasse (j'aurais bien voulu en avoir un pareil pour chasser le sanglier), s'avança vers l'empereur et lui dit :

— Sire, mes camarades et moi nous ferons tout ce qu'il faudra faire, mais les chemins sont affreux. L'artillerie ne passera pas. Je le sais, car nous arrivons de Soissons.

Napoléon le regarda et demanda de son air impérieux :

— Qui êtes-vous?

— Je suis Charles Debray, ancien officier de la République, aujourd'hui propriétaire à Vailly.

L'autre fronça le sourcil.

— Depuis quand avez-vous quitté l'armée?

Le bourgeois répondit d'une voix ferme :

— Depuis 1804.

— Pourquoi?

— Parce que vous vous êtes fait empereur.

Napoléon le regarda d'un air moitié figue et moitié raisin, comme on dit. Je suppose qu'il n'était pas content.

— Sous qui avez-vous servi?

— Sire, sous Hoche d'abord, ensuite sous Kléber et Moreau.

Faut croire que ceux-là n'étaient pas les amis de l'empereur, car il ne dit rien, excepté :

— Depuis quand avez-vous repris les armes?

— Depuis trois semaines, deux jours avant que ma maison fût brûlée par les Prussiens. Quand j'ai vu qu'ils approchaient, j'ai envoyé ma femme et mes trois filles à Paris, j'ai vendu tout ce que j'avais de vin, de blé et de bestiaux, j'ai conseillé à mes voisins d'en faire autant, j'ai pris mon fusil avec mes deux garçons qui n'ont pas voulu me quitter, et voilà.

— Où sont-ils, ces jeunes gens?

Le père fit un signe, et je vis deux blancs-becs, l'un de dix-sept ans à peu près, l'autre de quinze, qui s'avançaient le fusil en bandoulière et qui se rangèrent à gauche et à droite du vieux. Je t'assure, c'était joli à voir. Le père les caressait des yeux. Il avait l'air de dire : « Voilà! C'est mes fils, ça, et l'on n'en voit pas comme ça tous les jours. »

Pour ne pas mentir, c'étaient de jolis garçons, ma foi, grands, minces, découplés comme des lévriers, avec un petit air fier qui était, je pense, la marque de fabrique du père, car il avait la mine, lui, d'un homme solide et bien constitué qui ne craignait ni Dieu ni diable.

Bon enfant et assez gai, quoique ça. Derrière lui

venaient les autres en chapeau rond et en blouse, tous ouvriers, bourgeois ou paysans.

Napoléon demanda :

— Combien sont-ils ?

— Quarante. Tous voisins et amis.

Il les regarda de plus près et dit :

— Je vous ferai donner des uniformes et je vous mettrai dans ma garde.

— Si c'est comme ça, je m'en vais, dit l'un des blousards.

Tous les autres crièrent :

— Et moi aussi !

Le capitaine Debray, en blouse comme les autres, leur fit signe de se taire et dit à l'empereur :

— Sire, vous l'entendez !

L'autre se mordit les lèvres.

— Est-ce que vous ne trouvez pas la vieille garde assez bonne pour vous ?

— Sire, répliqua l'autre, nous sommes tous pères de famille. Nous nous battrons jusqu'à la mort tant que l'ennemi sera en France ; mais après, nous voulons rentrer chez nous et rebâtir nos maisons qu'on brûle.

— Mais vos fils à vous, ces jeunes gens, donnez-les-moi. Je ferai l'aîné, sous-lieutenant tout de suite et je mettrai l'autre dans les gardes d'honneur.

Le père secoua la tête.

— Quand ils auront l'âge, Sire, ils feront ce qu'il faudra faire ; à présent, ils ne me quitteront pas.

Les deux garçons lui serrèrent la main, en disant :

— Oh ! père...

Le plus jeune lui sauta au cou et l'embrassa comme un petit enfant.

Napoléon, voyant ça, demanda :

— Puisque vous venez de Soissons, la r[oute] est libre sans doute?

— Oui, Sire, jusqu'à Anizy. Les Cosaques courent la campagne de tous les côtés, et nous en avons tué plusieurs ; mais le gros des Prussiens et des Russes s'en va vers Laon. Les Prussiens surtout, qui remplissent la ville et couvrent la hauteur.

— Combien sont-ils?

— Cent mille, peut-être davantage, dont un cinquième de cavalerie.

Napoléon ne dit rien. On aurait cru qu'il grondait du fond de la gorge. Pourtant les yeux ne remuèrent pas plus que s'ils avaient été taillés dans le rocher. Mais sans doute il trouva qu'il y avait trop de monde là, car il les fit tous sortir d'un signe, même les généraux. Il ne garda que le maréchal Ney, Berthier, M. Debray, le commandant des chapeaux ronds, et moi qu'il avait fait appeler exprès pour me donner un ordre. Tu vas voir lequel.

Quand nous fûmes seuls, il dit à M. Debray :

— Vous êtes un homme de cœur et de tête, monsieur. On peut parler devant vous et devant ce brave Leborgne...

(Il dit : ce brave Leborgne !...)

...que j'ai trouvé, il y a trente-six heures, occupé à défendre sa ferme contre les Prussiens dont il avait tué quatre...

M. Debray me serra la main. Puisque j'avais tué des Prussiens, j'étais son camarade et son ami.

L'empereur, qui s'était remis à regarder la carte, continua :

— Vous avez été du métier, et vous connaissez à peu

près le pays, puisque vous êtes de Soissons. Quel est l'endroit le plus abordable?

L'autre répondit :

— Sire, il n'y en a pas. La ville couvre la montagne tout entière. Elle a de vieux remparts que le canon n'entamerait pas. Ils sont, de bas en haut, appuyés sur le roc. Vous n'avez pas d'artillerie de siége, vous n'avez pas le temps d'assiéger, et si j'ai bien vu en venant ici, vous n'avez pas plus de trente-cinq ou quarante mille hommes, c'est-à-dire le tiers de l'ennemi.

Napoléon lui dit :

— J'en ai d'autres dont je ne parle pas.

— Oui, Sire, vous avez Marmont, avec douze ou quinze mille hommes, là-bas, sur la droite. Mais l'ennemi en connaît le nombre comme vous-même. A trois lieues d'ici, dans une embuscade, nous avons pris douze ou quinze Cosaques, dont un officier blessé. C'est lui qui m'a donné ces détails et qui m'a dit d'un air de triomphe que vous alliez, vous et notre armée, vous briser la tête contre une montagne. Un contre trois, Sire!

L'empereur le regarda fixement et lui dit :

— Il y a des jours où l'on doit enfoncer les rochers avec sa tête; ne le pensez-vous pas, monsieur Debray?

L'autre lui répliqua fièrement :

— Sire, nous l'aurions fait du temps de la République! En Hollande, nos cavaliers prenaient des flottes sur la mer.

— Eh bien, faisons tous ensemble comme en 1792!

— Ah! dit le bourgeois, ceux de 92 sont morts, et ceux d'aujourd'hui sont trop jeunes. Vous ne nous avez laissé que des enfants.

Là, Napoléon fronça les sourcils et reprit :

— Il ne s'agit plus de ce qui est fait, mais de ce qu'il faut faire. Vous, Debray, si vous avez pris les armes, si vous avez renvoyé votre femme et vos filles à Paris et emmené avec vous vos fils, enfin si vous avez laissé brûler votre maison pour combattre, vous êtes prêt à tout, sans doute?

— A tout, oui, Sire. Ma vie et celle de mes fils sont à la patrie.

— Ah! si j'avais cent mille bourgeois ou paysans comme vous et comme cet intrépide Leborgne!

— Sire, donnez des fusils à tout le monde, et vous en aurez trois cent mille avant dix jours. Nous n'étions pas mieux préparés en 92, et nous avons repoussé l'Europe.

— C'est bien, dit Napoléon; tenez-vous prêts, vous et votre petite troupe. Vous recevrez mes ordres tout à l'heure.

Le bourgeois salua et sortit.

Alors le maréchal Ney dit à l'empereur :

— Vous voyez, Sire. Tout le monde vous donne le même conseil. Donnez des fusils et proclamez la patrie en danger!

L'empereur leva les épaules et lui dit à demi-voix, croyant sans doute que je ne l'entendais pas ou que je ne comprendrais pas :

— Si j'armais la nation tout entière, toi et moi, Ney, nous ne resterions pas en place une semaine.

Alors le vieux Berthier dit plus bas encore, pour n'être pas entendu de lui :

— Ni la vraie guerre, ni la paix! Il est fou! Il y restera! Et ce qu'il y a de pire, nous y resterons, nous!

En effet, c'était bien là le pire.

XIX

Mon tour était venu. Napoléon me dit :

— Leborgne, êtes-vous homme à vous faire tuer, si c'est nécessaire?

A des questions pareilles, tu sais qu'un Français doit toujours répondre « oui ». Quelquefois pourtant on pense à sa famille. Et, ma foi, j'y pensais plus que personne, car j'étais bien inquiet de ce qui pouvait se passer à la ferme en mon absence. Deux femmes, mon père déjà vieux, mes quatre petits enfants. Trois ou quatre coquins pouvaient entrer en mon absence, tuer et brûler tout.

L'homme vit ça dans mes yeux. Il voyait tout !

Il me dit :

— Tu as peur...

— Non, Sire, non!

J'étais indigné.

— Ce n'est pas pour toi, mais pour ta femme et tes enfants. Eh bien, je veux assurer leur avenir et le tien. Si l'on te tue, ils seront riches : je donnerai quarante mille francs à ta veuve, et si tu vis, tu auras une pension de quinze cents francs et la croix de la Légion d'honneur.

Je pensai :

— Moi, passe encore. Mais les petits! Et s'il est tué, lui qui parle, car enfin les boulets vont partout, quoiqu'ils aient plus peur des empereurs que des autres hommes, qui est-ce qui payera les quarante mille francs ou la pension ?

Cependant je ne répondais rien. Après tout, il fallait marcher. Si ce n'était pour lui, c'était pour la France. Et s'il ne chassait pas les Prussiens et les Cosaques, qui est-ce qui les chasserait ?

Je fis donc signe que j'étais prêt.

Il dicta un billet à son greffier. Qu'est-ce qu'il disait ? Je ne me rappelle pas les mots. Mais voici le sens :

« Que le maréchal Ney allait rejoindre Marmont avec tout son corps d'armée, une division du maréchal Victor et la garde ; que les autres demeureraient avec deux régiments de cavalerie de la garde pour faire croire que Napoléon venait par la route de Soissons, tandis qu'il viendrait en effet par la route de Reims avec Marmont ; qu'on enlèverait Laon en passant par Festieux, Athies et le faubourg de Vaux, et qu'on ferait descendre les Prussiens et les Russes plus vite que le pas dans la plaine. »

Je me souviens à peu près de ça comme si j'y étais, quoique je ne puisse pas te rapporter tous les mots de Napoléon un par un, vu qu'il parlait comme un empereur et moi comme un fermier. Mais j'entendis très-bien ce qu'il dictait à son greffier, et d'ailleurs il me fit lire tout haut trois ou quatre fois, me le fit réciter pour être bien sûr que si son petit papier se perdait, je pourrais le répéter, et me dit :

— Maintenant, tu vas porter ça aux Cosaques.....

Comme j'étais étonné, il ajouta :

— .....ou aux Prussiens. Tu comprends, tu vas mettre ça dans une de tes bottes, et tu vas te faire prendre. Ça ne tardera guère. Aux avant-postes de l'ennemi on t'arrêtera, on te fouillera, tu ne diras rien, tu auras l'air effrayé. Si ceux qui te prennent sont des Prussiens, en voyant tes bottes, ils en auront envie, ils te déchausseront, ils trouveront le billet, ils t'interrogeront, ils menaceront de te fusiller. Alors tu offriras d'avouer tout. Tu avoueras en effet tout ce qui est dans le billet et même, si tu veux, quelque chose de plus. Si tu n'es pas fusillé, tu sais ce que je t'ai promis. Dans tous les cas, j'aurai soin de ta famille, et quant aux quarante mille francs, je les ferai déposer chez un notaire, celui que tu voudras. Lequel veux-tu?

Je dis :

— Sire, chez M. Robertin de Soissons. C'est le plus honnête... Maintenant, où faut-il aller?

— A Laon. Mais ne va pas par la grande route, on se douterait que je te suis de près. Prends un sentier de traverse, et souviens-toi bien de ne pas dire autre chose que ce que je te recommande. Tu peux encore ajouter que j'attends trente ou quarante mille hommes, outre Marmont et ce que j'amène avec moi, et qu'ils arrivent par la route de Reims et des Ardennes. Va maintenant. Si tu réussis, tu auras peut-être sauvé la France.

Je pensai :

— Mais si je suis fusillé?

C'est égal. Je partis. Au dernier moment l'empereur me demanda :

— Quand tu seras pris, qu'est-ce que tu leur diras, car enfin il faut que tu aies l'air de leur expliquer pourquoi tu vas à Laon, quand on se bat?

Je répondis :

— Mon empereur, ce n'est pas bien difficile. J'ai un oncle qui était bourrelier dans le faubourg de Vaux et qui est vieux comme la terre et la mer. Je dirai qu'on m'a raconté qu'il venait de mourir et qu'il m'avait fait son héritier, qu'alors j'allais là pour veiller au grain et empêcher qu'on ne prît le magot.

— Est-ce que tu as un oncle, en effet?

— J'en ai cinq, mon empereur; mais celui-là est le plus vieux des cinq. C'est un frère de ma mère, et il a un autre frère qui est curé et qui voudrait bien hériter, de sorte que si les Prussiens font des questions, comme ça ne manquera pas, j'aurai dit la vérité.

— Mais si ton oncle se fâche?

— Oh! quand les Prussiens seront partis, je lui raconterai tout. Ça le fera bien rire.

Alors le maréchal Berthier me fit signe que je pouvais m'en aller. Comme je fis, car l'empereur n'avait plus besoin de moi.

Et tu vas voir si j'ai bien servi la France ce jour-là et jusqu'à la fin de la semaine. Ce n'est pas ma faute, je t'en réponds, si les affaires n'ont pas mieux tourné!

XX

En sortant, je rencontrai le capitaine des chapeaux ronds, assis sur une botte de paille avec ses fils. Il attendait des ordres.

Il demanda :

— Leborgne, où allez-vous?

— Me faire fusiller pour la France, mon capitaine.

Je faisais semblant de rire, mais on ne rit qu'à moitié dans ces occasions, même quand on est de la famille Leborgne.

Le bourgeois lut ça dans mes yeux et me dit :

— Nous aussi. C'est le devoir. Tant que l'ennemi sera en France, il ne faut pas marchander. Mais quand il n'y era plus, ah! le brigand! nous le passerons par les armes!

Je demandai :

— Quel brigand?

— L'empereur, parbleu! Quand je pense qu'avant lui nous avions la liberté, la République jusqu'au Rhin, et que nous étions les premiers de l'Europe, et qu'aujourd'hui nous avons l'ennemi chez nous, que les Espagnols et les Anglais entrent en France par Bayonne, les Autrichiens par Lyon et par la Suisse, les Russes, les Prussiens et un tas d'autres Allemands par Bâle, Mayence, la Hollande et la Belgique, tout ça parce que ce Corse a voulu être maître partout et donner des royaumes à ses frères et ses sœurs, qui se sauvent de tous côtés, au premier coup de fusil!... Ah! tenez, Leborgne, je pense aussi qu'après que nous aurons mis les étrangers dehors, il faudra balayer la maison et chasser tous les gredins qui ont fourré la France dans ce pétrin.

Je lui dis :

— Monsieur Debray, vous parlez comme mon père.

— Qu'est-ce qu'il dit, votre père?

— Qu'il y a vingt ans nous étions maîtres chez nous, et qu'aussitôt que l'empereur est venu, il a voulu être maître chez les autres, et que ça nous a conduits à perdre, moi, mes deux frères aînés qui ont été tués à la guerre, à ne plus voir le troisième qui est là-bas, à cent pas d'ici, sous-lieutenant dans le 5ᵉ dragons, et qui voudrait bien rentrer à la maison, travailler et se marier aussi avec une belle et honnête fille qui l'attend.

Le bourgeois répondit :

— C'est comme ça presque partout. Ce brigand, si on le laisse faire, ne laissera plus en France que des veuves et des filles. Mais quand nous aurons jeté les autres dans le Rhin, son temps sera venu, à lui, et il faudra l'y jeter avec les Allemands. Jusque-là il faut aller au plus pressé et lui obéir. Au revoir, Leborgne.

— Au revoir, monsieur Debray !

Nous nous serrâmes les main comme si nous avions été des amis de vingt ans. Les braves gens, vois-tu, ça se reconnaît au premier coup d'œil. J'ai vu plus tard madame Debray quand la paix fut faite, et quand je lui racontai ce qu'il m'avait dit et ce que je leur vis faire le lendemain, à lui et à ses fils, elle se jeta à mon cou en pleurant avec ses filles. Je n'étais qu'un paysan, et je n'aurais jamais cru être embrassé comme je le fus ce jour-là par des bourgeoises. Mais dans les familles honnêtes, en haut ou en bas, la mère et les sœurs sont fières de leurs hommes et non de leurs robes ou de leurs chapeaux. C'est à ça qu'on connaît leur honnêteté.

Un peu plus loin j'allai retrouver André. Il dormait, le pauvre garçon, en m'attendant, étendu sur la paille comme les autres. Ça me faisait de la peine de l'éveiller, parce que je savais bien qu'il aurait à travailler durement ce jour-là et les jours suivants. Mais que veux-tu ? Je ne savais pas si je le reverrais jamais, et je voulais l'embrasser une dernière fois et lui faire mes recommandations pour la femme et les enfants, si je ne devais pas revenir. Peut-être aussi avait-il quelque chose à me dire pour Pauline si je revenais seul.

Il ouvrit les yeux comme un soldat toujours prêt et me dit :

— Eh bien, frère, est-ce qu'on va partir?

— Les autres, non, mais moi.

Et je lui expliquai mon affaire en gros, c'est-à-dire que je serais peut-être fusillé dans la journée, mais qu'il fallait ça pour sauver la France.

Il secoua la tête.

Alors je lui dis ce qu'il fallait faire si j'étais tué. Je lui expliquai toutes mes affaires, où j'avais de l'argent placé, les quarante mille francs que l'empereur devait déposer chez M. Robertin, le notaire de Soissons, pour la femme et les enfants, mon procès avec Jean Tripaubleu, de Craonne, qui avait déplacé mes bornes pendant la nuit pour allonger son champ et raccourcir le mien, ma créance de douze cents francs sur François Trognon, le marchand de bœufs, qui datait de six mois, tout ce que j'avais et tout ce que je savais. Le père connaissait tout ça comme moi ; mais s'il venait à mourir ! Il était déjà bien vieux, et d'ailleurs avec ces gueux de Prussiens...

Il promit de penser à tout et me dit :

— Toi, pense à ma pauvre Pauline si je ne reviens pas.

Alors nous nous embrassâmes encore, et je partis.

XXI

Comme il faisait nuit, malgré quelques étoiles, je ne me rappelle plus bien où j'ai passé pour aller aux Prussiens et aux Cosaques. Je marchai à travers les bois vers Etouvelles qui est sur la route de Soissons à Laon; et si j'entendis quelque bruit, ce fut sans doute celui des lièvres et des écureuils qui se sauvaient ou de quelques sangliers qui grognaient.

Le matin, vers onze heures, je fus en vue du village d'Etouvelles, dans une clairière, et je continuais d'avancer dans une prairie couverte de deux pieds d'eau à peu près, quand cinq ou six Cosaques, qui se promenaient à cheval sur le bord du marais, m'aperçurent en même temps et vinrent, la lance en arrêt, pour me saisir.

Tu n'as jamais vu de Cosaques, et moi je n'en ai pas vu davantage depuis ce temps-là. Voici comment ils étaient faits.

Imagine-toi des gaillards avec des barbes sales et terribles, des bonnets de peau d'ours, des nez camards, des yeux à faire frémir, des lances longues de dix pieds, des pistolets qui rataient presque à tout coup, et montés sur de petits chevaux aussi maigres que leurs maîtres, mais qui galopaient partout, sur la montagne comme dans la plaine, tantôt pour nous attaquer, tantôt pour se sauver. Enfin une horreur de la nature.

En me voyant, ceux-là poussèrent de grands cris : « Hourra ! hourra ! » Si je voulais en faire autant, ça me déchirerait la gorge. Mais c'est la voix de leur pays. On dirait un loup et un ours qui veulent chanter en même temps le même air. Tu comprends quelle musique ça doit faire dans les bois.

Ceux-là donc en criant toujours : « Hourra ! hourra ! » coururent sur moi pendant que d'autres faisaient le tour du marais pour me pincer au demi-cercle, si je sortais de l'eau. Te dire que j'étais content dans cette position, ce serait mentir ; mais je n'essayai pas de me sauver, puisque j'étais là pour être pris.

Trois entrèrent dans l'eau à cheval, arrivèrent sur moi, et le plus avancé me tira un coup de pistolet, ou du moins j'entendis que le pistolet faisait « chak », parce que, comme je te l'ai dit, excepté leurs lances dont ils se servaient très-adroitement, ils étaient armés comme des petits enfants et faisaient plus de bruit que de mal dans la bataille.

Moi, cependant, entendant le chak, je pensai que j'avais assez fait pour la gloire, et je les attendis en faisant signe que je me rendais. Alors mes coquins me prirent, deux par les cheveux à droite et à gauche, pendant que l'autre me piquait par derrière avec la pointe de sa lance pour me faire avancer vers le bord.

Il y a des jours où l'on n'est pas heureux.

Là, en deux minutes, ils me déshabillèrent et me mirent tout nu comme un petit saint Jean. Tu vois que j'étais à mon aise par un jour de brouillard le 9 mars, dans un pays où il fait chaud trois mois plus tard.

L'officier arriva. C'était un assez joli garçon. Il regarda mes habits, vit que j'avais cinquante francs dans ma poche, les mit dans la sienne, et me demanda d'un air de croquemitaine, mais en bon français :

— Qui es-tu ? où vas-tu ?

Je dis mon nom et que j'allais à Laon pour voir mon oncle le bourrelier, pour recueillir son héritage, parce qu'on m'avait écrit qu'il était mort et que j'avais peur que mon autre oncle le curé...

Enfin, toute l'histoire que j'avais préparée d'avance.

Quand je parlai du curé, ça le fit rire. Il me répliqua :

— Tiens, vos curés, c'est comme nos popes. Il faut toujours mettre les mains sur ses poches quand on les voit venir. Eh bien, va-t'en, et prends garde d'être fusillé.

Je demandai alors qu'on me rendît mes habits. Franchement, j'en avais bon besoin, car je grelottais, et mes dents claquaient de froid.

Il dit quelques mots dans sa langue aux Cosaques qui m'avaient pris. Ils grognèrent un peu, car le plus clair du butin, c'est-à-dire mes cinquante francs, restait dans sa sacoche ; cependant ils allaient obéir, lorsque voilà le Cosaque qui m'avait tiré un coup de pistolet qui m'avait manqué et qui pour sa peine était en train de mettre ses pieds dans mes bottes, qui se met à crier :

« Hourra ! hourra ! »

Le gueux avait senti qu'il y avait du papier au fond de celle de droite ; il ôte le papier et le donne à l'officier.

— Tu mens ! scélérat ! Je vais te faire fusiller comme espion.

Je pensai entre moi :

— C'est toi, le scélérat ! Et si nous étions tous les deux dans le bois, toi avec ton pistolet et ta lance, moi avec ma carabine, tu passerais un mauvais quart d'heure.

Mais ce n'était pas le moment de faire le fier. Au contraire! Je fis donc l'innocent. Je lui dis :

— Monsieur, ce n'est pas ma faute. On m'a mis ça dans mes bottes malgré moi. Je ne voulais pas. J'ai une femme et des enfants...

Enfin tout ce qui me vint à l'esprit, et ça n'est pas fait pour être imprimé, je t'assure, car il ne faut imprimer que de belles choses, et, ma foi, j'étais trop troublé pour parler comme un général à la parade.

L'officier me dit encore :

— Si tu mens, ton affaire est claire. Si tu avoues tout, je te ferai grâce. D'où viens-tu?

— Monseigneur, que voulez-vous que j'avoue? Je ne sais rien.

Il appuya son pistolet sur ma tempe et demanda :

— D'où viens-tu?

— De Soissons.

— Tu nous as dit tout à l'heure que tu venais de ton village?

— J'ai dit, monseigneur, ce qu'on m'avait dit de dire. Je ne suis qu'un pauvre paysan, moi. Les Français m'auraient fusillé si je n'avais pas obéi. Vous voulez me fusiller aussi parce que j'obéis. Que voulez-vous que je fasse?

— As-tu vu Napoléon?

— L'empereur? oui, monsieur. Mais tenez, si vous jurez de me faire grâce, je vous raconterai tout. Autrement, tuez-moi tout de suite. J'aime mieux ça.

Il se mit à réfléchir et me rétorqua :

— Si tu dis tout, je te ferai grâce, mais ne mens pas d'un mot. D'ailleurs, je te garde comme prisonnier, et au premier faux pas, tu seras tué comme un chien... C'est Napoléon qui t'a chargé de cette commission?

— Oui, monseigneur.

— Où est-il maintenant?

— Je crois qu'il allait partir pour Festieux.

Il regarda le billet, puis une carte qu'il avait dans sa poche, et dit :

— C'est peut-être vrai..... Est-ce qu'il part tout seul?

— La vieille garde commençait à passer devant. Elle allait du même côté.

Il se mit à rire.

— Ah! ah! c'est bien ça. Napoléon et la garde vont nous surprendre par la route de Reims... As-tu vu le maréchal Ney?

Je fis semblant de ne pas vouloir répondre; mais c'était pour me faire croire plus sûrement. Alors il appuya encore son pistolet sur mon front. Ah! le misérable! Au premier mot, il m'aurait fait sauter la cervelle!

Alors je lui dis :

— Monseigneur, le maréchal Ney était déjà parti.

— De quel côté?

— Du même côté.

— Tout seul?

— Je ne sais pas. Il y avait de l'infanterie, de la cavalerie, de l'artillerie. Comment voulez-vous que je sache toutes ces choses?

Le Cosaque me répliqua :

— C'est bien; tu vas venir avec nous et répéter tout ça à Blücher. N'espère pas te sauver. Je t'accompagne, et si tu vas de travers, tu es mort!

Alors il fit un signe, dit quelques mots à ses hommes, me fit rendre mes habits et même mes bottes, me fit attacher sur un cheval de Cosaque, les mains liées derrière le dos, et dans cet équipage me conduisit à Laon par la route de Soissons.

C'est là que j'ai vu le fameux Blücher pour la première et la dernière fois. Mais je m'en souviendrai toute ma vie.

Ah! le vilain merle! le mauvais gueux! l'affreux coquin! la vieille canaille!

XXII

Tu connais la préfecture de Laon. C'est un grand bâtiment qui ressemble à toutes les préfectures et à toutes les sous-préfectures, excepté qu'elle touche au rempart et que des fenêtres on peut voir toute la plaine en face, du côté de Reims, et à droite, du côté de Soissons.

En été, quand M. le préfet a bien dîné avec ses amis et avec des dames, et qu'il fume sa pipe sur la terrasse, la tête à l'ombre et les pieds au soleil, il doit avoir un joli coup d'œil. Mais le 9 mars, sabre de bois! comme disait Pierre Trognon, de l'armée d'Égypte, et mon ami particulier, j'aimerais autant être au siége de Saint-Jean-d'Acre, où l'on n'avait ni pain, ni vin, ni eau-de-vie avant de monter à l'assaut, et seulement un soleil à faire cuire le pain, des tas de Turcs dans la figure avec deux pistolets et deux yatagans dans chaque main, et des tas d'Arabes dans le dos qui vous cueillaient la tête comme une prune pendant que vous étiez accroupi et réflexionnant derrière un lentisque.

Brrr! brrr! brrr! qu'il y fait froid dans cette préfecture, même avant que les fenêtres soient ouvertes! Sans compter qu'on n'y voit rien du tout quand il y a du brouillard, ce qui est la coutume des trois quarts de l'année jusqu'à midi. Le dernier quart, le brouillard s'en va; mais alors la pluie vient, qui n'est meilleure ni pire. Elle est de la famille.

C'est par un jour pareil qu'on me mena voir ce vieux gueux qu'on appelait Blücher. Tu peux juger du plaisir que j'avais à faire cette promenade, les mains liées derrière le dos, tous les os secoués comme un sac de noix par le trot du petit cheval maigre et sans selle dont deux Cosaques tenaient la bride en trottant comme moi. Deux autres allaient devant pour m'annoncer comme un grand seigneur, et cinq ou six venaient par derrière avec l'officier, qui ne me perdait pas de vue. Il croyait sans doute avoir fait une capture, le bon garçon, et en avoir de l'avancement.

Il essaya même de me faire parler; mais moi qui le donnais au diable et qui pensais d'ailleurs à me tirer de là n'importe comment, après avoir rempli ma mission, je ne répondais que par des grognements : « Oui! non! je ne sais pas! » Enfin je faisais la bête.

Quand nous fûmes arrivés dans le jardin de la préfecture, on me déballa comme un colis et l'on me poussa (je n'avais de libres que les pieds) à l'intérieur, dans une pièce où l'on ne voyait rien que quatre factionnaires allemands qui se promenaient l'arme au bras, et faisaient trois pas en avant, trois pas en arrière, avec la consigne d'empêcher qu'on dérangeât leurs supérieurs qui étaient en train de dîner depuis midi.

J'ai remarqué ça, parce qu'un jour comme celui-là on remarque tout, comme tu peux croire, et aussi parce que l'horloge de Laon sonna cinq heures du soir pendant que j'entrais.

Je restai là une demi-heure, assis sur un banc garni de cuir qui servait sans doute, en temps ordinaire, aux maires des communes pour attendre que M. le préfet les fît appeler, si c'était sa fantaisie. Je voyais entrer et sortir des officiers d'état-major qui paraissaient tous pressés comme s'ils avaient eu le feu aux culottes, et comme si les pompiers avaient été dans la chambre à côté avec leurs pompes à incendie.

Quand la porte s'ouvrait, je voyais aussi trois ou quatre vieux grognons à épaulettes qui interrogeaient comme des juges et qui écrivaient comme des greffiers avec des casques pointus sur la tête, de longues moustaches grises sous le nez et un air de massacreurs de petits enfants.

Ça, comme je l'ai su plus tard, c'était l'état-major de Blücher. Pas les plus gros et les plus hauts en grade, « ceux-là dînaient avec leur chef », mais les petits, ceux qui faisaient l'ouvage et qui étaient les plus mal payés, comme partout. Tu comprends, dans tous les métiers, les uns ont la peine, les autres ont l'honneur et l'argent. C'est le bon Dieu qui l'a voulu.

La chambre des greffiers était donc à gauche, et la salle à manger des gros épaulettiers goulus était à droite. Remarque bien cet alignement. Entre les deux était le vestibule.

C'est là (dans la salle à manger) qu'on faisait un vacarme à étourdir les gens d'Ardon qui habitent le faubourg au bas de la montagne. J'entendais le bruit des verres, des couteaux, des bouteilles, des fourchettes, et des gens qui criaient comme au cabaret en frappant sur la table et beuglant de toutes leurs forces. Quand on est des seigneurs, et ils l'étaient dans leur pays, quand on a bu et mangé depuis midi jusqu'à cinq heures du soir, tu comprends qu'on a besoin de crier, et ceux-là s'en donnaient comme on fait chez la mère Pitou, les jours de foire, après que les bestiaux sont vendus, qu'on a touché l'argent et qu'on ne pense plus qu'à se réjouir.

Pendant ce temps je pensais :

— Où est le père? Où est la Marianne? Où sont les petits? Où est la Pauline? Ma ferme brûle peut-être à présent avec tout ce qui est dedans.

Et je grinçais des dents comme tu peux croire. Oh! j'aurais voulu les tenir, un par un, un contre un, ces Prussiens et ces Cosaques! Mais pas du tout. J'étais un contre cent mille. C'est le cas de se taire, sans obtempérer pourtant, comme dit le brigadier de gendarmerie.

Pendant que j'attendais, on amena quatre ou cinq malheureux comme moi, les mains liées, avec des coups de crosse dans le dos et des soldats allemands tout autour. L'un d'eux, le plus rapproché de moi, avait le visage couvert de sang et le bras droit cassé, qui pendait à son côté.

Je lui demandai :

— D'où viens-tu, toi?

Il leva la tête avec peine, car il était tombé par terre en entrant, et aucun de ces gueux n'avait eu la compassion de l'asseoir et de l'appuyer contre le mur :

— Je viens de Craonnelle. Est-ce que tu ne me reconnais pas?

Je le regardai de plus près et je lui dis :

— Comment! c'est toi, mon pauvre Tripaubleu?

Je l'avais reconnu tout de suite. C'était mon voisin Tripaubleu, celui qui m'avait déplacé mes bornes pendant la nuit. Ça nous faisait depuis six mois un fameux procès et qui faisait le bonheur de nos deux avoués et de nos deux huissiers, sans compter nos deux avocats. Mais, ma foi, quand on pense être fusillé dans une demi-heure par les Prussiens, on se moque bien des avoués et des huissiers, et l'on se réconcilierait avec toutes les canailles de la commune.

Il pensa comme moi, sans doute, car il me dit :

— Oui, c'est moi, Tripaubleu. Et c'est toi, Leborgne? Qui est-ce qui t'a conduit là? C'est ces brigands de Prussiens?

Je répondis :

— Non, c'est ces gueux de Cosaques. Mais ça doit être de la même famille. Tous bons pour être pendus.

Il me rétorqua :

— Moi, c'est les Prussiens. Avant-hier ils sont entrés dans ma maison, ils ont tout pris; il n'y avait pas grand'chose, mais ça ne fait rien. Ce qu'il y avait, j'y tenais. Après ça, ils ont vu ma fille, tu sais, la petite, qui est si jolie et douce comme un agneau. Ils ont voulu la prendre. Elle a crié. La mère a crié. Ils ont éventré la mère à coups de baïonnette. Et la petite..... Ah! tiens, j'aimerais mieux qu'ils l'eussent tuée aussi... Une enfant de quinze ans! Je l'ai rencontrée dans les bois en revenant de Craonne. Elle m'a crié : « Père, je voudrais être morte! » Et elle m'a tout dit. Alors j'ai couru chez nous. Elle me suivait. J'ai trouvé ces brigands à table qui riaient et criaient comme des diables. J'ai sauté sur eux, j'ai tiré un sabre qui était sur la table, j'en ai tué deux, j'en ai blessé un autre. Ils se sont tous mis contre moi et m'ont arrangé comme tu vois. Ils allaient me tuer, quand un officier est entré. Ils ont dit je ne sais pas quoi en allemand, sans doute que j'avais résisté et qu'ils avaient voulu me tuer. Alors l'autre, qui avait l'air d'un seigneur et qui portait des lunettes sur le nez, m'a demandé en français pourquoi j'avais osé... J'ai crié à mon tour ce qui s'était passé.

L'officier m'a dit en français :

— On vérifiera. Si vous avez menti, vous serez fusillé.

J'ai crié encore :

— Et si je n'ai pas menti?

— Ah! ça regarde le maréchal Blücher.

Alors il leur a donné l'ordre de m'emmener.

Je lui dis :

— Pauvre Tripaubleu! Et ta fille?

— Eh bien, on l'a laissée aller. Je crois qu'elle nous a suivis. Ah! je voudrais qu'elle fût morte, la pauvre petite, et moi aussi!

Alors je pensai :

— Pauvre Tripaubleu! que nous étions bêtes, lui et moi! Nous plaidions depuis six mois, lui contre moi, et moi contre lui, tout ça pour un terrain qui ne vaut pas deux cents francs, et nous nous détestions, et si nous nous étions rencontrés dans la foire, nous nous serions battus comme des chiens, à coups de poing et à coups de bâton!... Ah! c'est bien autre chose maintenant que des déplacements de bornes! C'est nos femmes et nos filles qu'on déshonore et qu'on tue!

Je crois qu'il pensait la même chose de son côté.

Je lui dis :

— Tripaubleu, tu seras peut-être fusillé; moi, c'est encore plus sûr et plus certain. Mais si nous en sortons tous les deux, je jure que nous serons toujours amis, moi du moins. Pour les bornes, nous ferons taire les huissiers et les avoués. Nous tirerons au sort pour savoir si elles sont bien ou mal plantées. Celui qui gagnera, l'autre n'aura rien à lui dire.

Il me répliqua :

— Bien parlé, Leborgne ! Et si nous avons jamais un fusil dans les mains, toi et moi, et si tu veux tuer des Prussiens à l'affût, ça me va ! Oh ! les gueux !

Je lui dis à voix basse :

— Tais-toi ! les factionnaires nous écoutent !

Et l'un des factionnaires nous rétorqua en français :

— Oui, je vous entends. Mais n'ayez pas peur. J'ai servi dans l'armée française depuis sept ans, et ce n'est pas moi qui vais trahir des amis. Ces Prussiens, j'en donnerais quarante pour un sou !

Je demandai :

— De quel pays es-tu ?

Il me répondit :

— De Rauchenheim, en Bavière. J'étais à Wagram avec vous, en Espagne et à Bautzen.

— Et tu es maintenant avec les Russes et les Prussiens ?

Le factionnaire me répondit :

— Qu'est-ce que vous voulez ? C'est le roi qui l'a dit. Vous avez l'air de croire qu'on est dans ce monde pour faire sa volonté. Pas du tout. Il faut faire celle du roi. Un jour il nous envoie nous battre pour les Français ; un autre jour, contre. Ça, c'est le métier. Le roi sait bien ce qu'il faut faire, puisqu'il est roi...

Il en aurait dit davantage. Tout à coup la porte de la salle à manger s'ouvrit, et l'officier de Cosaques me fit signe d'entrer.

XXIII

Je pensai

— Attention, Claude Leborgne ! Dans cinq minutes, tu sauras si tu dois être fusillé ou si tu peux rentrer dans ta maison !

Et j'entrai au hasard, en renversant deux ou trois chaises que je ne voyais pas. Il y a des moments où l'on est un peu troublé. D'ailleurs, il y avait quarante ou cinquante bougies allumées sur la table, et ça me faisait mal aux yeux.

— Je pensais en moi-même : Grand saint bon Dieu, si vous me tirez de là, vous et la bonne sainte Vierge, je je ne vous promets rien, à vous. Qu'est-ce que je pourrais vous offrir puisque vous avez tout ? Mais pour la sainte Vierge, votre épouse légitime, je lui promets trois grands cierges de trois livres chacun, comme ceux qu'on voit dans la cathédrale de Laon.

Mais je n'osai pas lui promettre de ne pas essayer de tuer un Prussien. Pour ça, j'aurais menti ! D'ailleurs, j'avais donné ma parole du contraire au pauvre Tripaubleu, et un Français n'a que sa parole.

Pour te revenir, trois hommes du poste me suivaient, deux sur les côtés, le troisième par derrière, et me menèrent devant un vieux à moustaches blanches et à cheveux blancs, avec de gros sourcils féroces comme ceux des ours blancs que je me suis laissé dire qu'on voyait au Jardin des plantes, à Paris.

A la manière de saluer et de se tenir qu'avaient les autres, je vis que le vieux, c'était le chef.

Pour un vieil ours, il aurait été joli; pour un vieux brigand, il était magnifique. Il était long, sec, maigre et crotté, avec une rouge trogne, comme un homme qui boit plus d'eau-de-vie que de vin et qui connaît l'eau pour avoir entendu dire qu'il y a des fainéants qui se lavent ou qui se baignent.

Ce vieux-là, c'était Blücher.

Il était assis à table, tourné de mon côté, avec deux verres pleins, l'un de vin de Champagne, l'autre d'eau-de-vie, et il vidait tantôt l'un, tantôt l'autre.

A côté de lui et derrière il y avait des généraux, des Prussiens, des Russes, des Wurtembergeois, et un habillé de rouge, tout seul de son espèce, et qui n'était pas le chef; mais quand il parlait, tout le monde l'écoutait. Un peu plus tard on me dit qui c'était. Mais je ne pourrais jamais te prononcer son nom. C'était un Anglais qu'on appelait milord Quatre Cartes [1]. Son emploi était principal, et même je crois que sans lui les autres seraient rentrés dans leur pays au pas accéléré. On m'a dit qu'il était le payeur général de la société, et que sans son argent les associés se seraient battus ensemble trois fois par jour.

Avec ça, grand, robuste. De longues jambes maigres allongées à droite et à gauche pendant qu'il était assis, et un air de maître d'école qui surveille ses écoliers. Ou bien, si tu préfères, un homme riche à qui l'on veut emprunter de l'argent et qui cherche des hypothèques et des sûretés.

L'officier de Cosaques qui m'avait pris s'avança et dit

---

[1] Sans doute Cathcar. (Note de l'auteur.)

en français (il ne savait pas l'allemand, et Blücher ne savait pas le russe) :

— Monsieur le maréchal, voici l'homme dont je vous ai parlé et que nous avons pris dans le marais près d'Etouvelles.

Le vieux fronça les sourcils en me regardant et répliqua :

— Avance, coquin !...

(C'est à moi qu'il parlait, à moi Leborgne, le premier de ma famille qui ait jamais été appelé coquin.)

J'avançai donc. D'ailleurs, si j'avais voulu reculer, il y avait là de quoi me faire avancer, surtout pendant que j'avais les bras liés.

Blücher vida un grand verre d'eau-de-vie, comme tu viderais, toi, un verre de vin, et me dit :

— Tu sais, si tu mens, tu seras fusillé.

(C'est ce qu'ils disaient tous. Une fichue litanie, je t'en réponds !)

— Où est Napoléon ?

Je répondis :

— Je ne sais pas.

C'était bien vrai. Est-ce qu'on pouvait savoir où il irait, lui ? Il changeait de place tous les jours.

Le vieux me rétorqua :

— Où l'as-tu laissé ?

Alors je me souviens de ma mission, et je dis hardiment :

— A Craonne.

— Pourquoi as-tu raconté autre chose à l'officier ?

Le Russe dit :

— Monsieur le maréchal, l'homme m'a dit que Napoléon était à Craonne, mais qu'il allait partir.

Le vieux tira une bouffée de sa pipe et reprit :

— De quel côté allait-il?

— Vers Corbeny.

Un général blond, assez vieux, qui regardait la carte, mit le doigt dessus et dit tout haut en français, sans doute pour être entendu des Russes :

— Corbeny. C'est ça. C'est la route de Reims à Laon. Il a fait semblant de nous attaquer par Craonne et la route de Soissons, mais c'est de l'autre côté qu'il va venir. D'ailleurs, la route est bien meilleure dans la plaine.

Je pensai :

— Oh! si je pouvais les fourrer dedans!

Le vieux Blücher fumait sa pipe en vidant et remplissant ses deux verres.

Tout à coup il me demanda :

— Mais toi? D'où viens-tu? Où vas-tu? Où est la garde impériale?

Je lui répondis la même chose qu'à l'officier russe, que Napoléon allait à Corbeny, que la garde le suivait avec le maréchal Ney, que j'étais chargé d'avertir le maréchal Marmont, que je m'étais un peu égaré dans les bois pendant la nuit, et qu'enfin je n'en savais pas davantage.

Je me fis arracher tous les mots comme si c'avaient été des dents. Tous ces gens-là se mirent à parler entre eux en se disputant, pendant que le vieux Blücher continuait à boire et à fumer.

Le vieux blond qui regardait la carte criait plus fort que tous les autres. Il mettait son doigt tantôt à un endroit, tantôt à un autre, d'un air de maître d'école qui explique sa leçon. Je pense que c'était le chef d'état-major, un nommé je ne sais pas comment [1]. C'était sans

---

[1] C'est Gneisenau, sans doute, que Leborgne a voulu désigner et dont il n'a pas pu connaître ou retenir le nom.

doute le plus savant de la troupe. Il me demandait tantôt à quelle distance était Craonne, à quelle distance étaient Corbeny, Festieux, Etouvelle, Clivy, Clacy et tous les pays d'alentour. Je répondais exactement la vérité. A quoi ça pouvait-il servir de lui répondre autre chose? Au contraire, c'était le meilleur moyen de les attraper et de leur faire croire que je ne cherchais pas à les tromper sur ce que faisait Napoléon.

A la fin, le vieux Blücher cria :

— On verra ça demain matin. En attendant, gardez l'homme !

Je compris ça plutôt que je ne l'entendis, car il parla en allemand ; mais je me doutai de ce qu'il disait quand je vis qu'on me déliait les mains et qu'on m'empêchait de sortir de la salle à manger.

Marque certaine qu'on avait confiance, mais qu'on voulait me garder à portée.

Moi, voyant ça et que j'étais moins surveillé, je m'approchai de la fenêtre sans faire semblant et je regardai la plaine. Ah! si la fenêtre avait été ouverte et s'il n'y avait eu que quinze ou vingt pieds à sauter, comme j'aurais sauté avec plaisir !

Mais la fenêtre était fermée à cause du froid, et j'aurais été repris ou tué avant de l'avoir ouverte ; sans compter qu'il y avait des factionnaires tout autour du bâtiment de la préfecture.

Qu'est-ce que vous voulez ? Il y a de mauvais moments dans la vie.

Je croyais qu'on me laisserait sortir de la salle. Pas du tout. On l'oublia ou bien l'on crut avoir besoin de moi, et l'on me garda. L'officier de Cosaques lui-même, qui avait l'air d'un bon enfant, se mit à boire avec moi et à trinquer, comme si nous avions été du même pays et de la même famille. On aurait dit qu'il était si content de m'avoir pris, qu'il ne voulait plus me lâcher. Il me racontait des histoires de princes et de princesses, de ducs et de duchesses, et d'un vieux roi dont je n'avais jamais entendu parler et qu'il appelait Louis XIV. Paraît que ce vieux avait fait du bruit en Europe, dans son temps. Je l'ai demandé au curé de Craonne, qui m'a répondu que c'était quelqu'un de très-grand et très-puissant, qui avait donné autrefois beaucoup de scandales, parce qu'il courait après les femmes et les filles comme un Turc en sortant de la messe, au lieu de présenter de l'eau bénite à la reine. Ça, c'est l'opinion du curé.

Quant au Cosaque, il me parlait de Versailles, qui est une belle ville que je n'ai jamais vue, et il était bien étonné de ce que je ne pouvais pas lui répondre.

Un bon enfant, malgré ça, et qui n'avait pas l'air d'aimer beaucoup les Allemands. Tu me diras : Qui est-ce qui les aime? A ça il n'y a rien à répondre. Leurs femmes peut-être, et encore ! C'est parce qu'il n'y a pas d'autres hommes dans leur pays, et que, comme dit la chanson :

> Quand on n'a pas ce que l'on aime,
> Il faut aimer ce que l'on a.

XXIV

C'est dans la salle à manger que tout se passait. Paraît sûr et certain que c'est leur salle de travail et de délibération. On parlait, on criait, on buvait, on fumait sa pipe, on crachait partout, et même dans les verres et les assiettes, comme feraient les cochons si les cochons avaient des assiettes et des verres. Le vieux Blücher principalement, qui mettait sa marque partout.

On m'a dit plus tard qu'en sortant de la préfecture, il avait fait, au beau milieu de la salle à manger, je n'oserai jamais te dire quoi... Enfin, il avait déboutonné sa culotte devant quatre de ses généraux et leur avait dit d'en faire autant, et qu'alors le Russe Woronzoff, qui était l'un des quatre, sortit en se bouchant le nez pendant que le Prussien lui criait :

— C'est encore trop bon pour les Français !

Ça, vois-tu, ce n'est pas une chose inventée, comme tu pourrais croire. Le garçon de la préfecture, qui fut chargé du balayage après leur départ, me l'a raconté lui-même. Ah ! nous avons été maîtres quelquefois chez les autres ; mais si un maréchal de chez nous s'était conduit comme ça, les soldats l'auraient suivi avec des seringues, et l'empereur l'aurait mis à la salle de police pour quarante ans trois mois et huit jours. Et jamais de sa vie il ne serait plus entré dans une maison honnête.

Mais qu'est-ce que tu veux ? C'était un Prussien. On

ne pouvait pas lui demander de se conduire comme un homme. Et même le roi de Prusse en fut si content, non pas peut-être pour ça, mais parce qu'il se battait bien quoiqu'il fût déjà vieux, qu'on le fit prince et qu'on lui donna des millions de francs, sans compter ceux qu'il vola lui-même dans notre pays quand il était le plus fort.

Preuve que si le bon Dieu est juste, c'est de temps en temps, quand ça lui fait plaisir ou peut-être là-bas, là-bas, bien loin dans les étoiles, ce pays où nous irons un jour et que nous ne connaissons pas.

Mais tout ça ne nous regarde pas. C'est des discours de prêtre.

Pour te revenir, je vis défiler dans la salle tant de gens que j'aurais peine à t'en dire le nombre. Les uns, c'étaient des officiers qui rendaient compte je ne sais de quoi, parce qu'ils parlaient en allemand, comme des gens trop mal élevés pour parler français naturellement et sans aller à l'école. Les autres, c'étaient des nôtres qu'on amenait là comme on m'avait amené moi-même, les mains liées derrière le dos, la crosse d'un fusil ou la lance dans le dos.

Parmi ceux-là était le maire de Laon avec ses deux adjoints. Franchement, ça faisait de la peine de voir un si un brave homme, décoré de la Légion d'honneur, ancien officier de cavalerie, avec un bras de moins qu'il avait perdu en Allemagne où il se battait contre les Autrichiens. Eh bien, tu me croiras si tu veux, ces gueux de Prussiens le traînaient là comme un scélérat qui a tué père et mère.

Je me rappelle ce qu'on lui demanda.

Blücher le regarda de travers et lui dit en fumant toujours sa pipe :

— La ville est taxée à un million. Où est le million ?

L'autre répondit :

— Monsieur le maréchal, on ne le trouverait pas quand même on fouillerait toutes les poches de Laon. Nous avons payé cinq cent mille francs. C'est tout ce qu'on pouvait faire. On nous a déjà pris le meilleur vin de nos caves, nos montres, nos bottes, nos pendules, nos manteaux, nos couvertures, et tout ce que nous avions de provisions...

Blücher se mit à rire avec deux ou trois autres.

— Alors, qu'il dit, on ne vous a donc pas pris tout votre vin, puisqu'on n'a pris que le meilleur ?

Le maire ne répondit rien. Je lisais dans ses yeux ce qu'il pensait, mais ce n'était pas le moment de parler. Quand on est en face de cent mille gueux armés et qu'on n'a qu'un bras, il faut se tenir tranquille.

Blücher recommença :

— Vous voyez bien qu'on vous ménage, puisqu'on n'a pas tout pris chez vous... Pour les cinq cent mille francs que vous devez, vous les payerez, ou vous aurez des coups de bâton, c'est moi qui vous le promets.

A ce mot, le maire ne dit rien. Ses yeux brillaient comme le feu dans la nuit. Le Russe, celui qu'on appelait Woronzoff, dit en français au Prussien :

— Monsieur le feld-maréchal, prenez garde. On peut prendre à ces gens-là leur argent. Ils en ont d'autre ou ils en gagneront d'autre en travaillant ; mais si vous leur prenez ce qu'ils appellent leur honneur, ça deviendra terrible. Ils se feront étrangler plutôt, et c'est dangereux. Napoléon est bien près ! Si nous battions en retraite, les paysans ne nous feraient pas grâce.

Le Prussien le rétorqua tout en colère comme un dindon :

— Woronzoff, mêlez-vous de vos affaires !

Je crois bien que si le Russe avait été sous ses ordres, il en aurait dit davantage; mais l'autre était prince aussi, ou comte, ou général, ou je ne sais pas quoi, et n'obéissait qu'autant qu'il voulait. C'est ça qui fit son salut.

Alors le vieux Blücher, toujours fumant sa pipe, cria en français pour être entendu du maire :

— Fourrez-moi cet homme-là dans le cachot avec ses deux adjoints, et donnez-leur du pain et de l'eau pour les régaler jusqu'à ce que la ville ait payé les cinq cent mille francs qu'ils nous doivent.

Alors on les emmena.

On en fit passer une demi-douzaine d'autres, — des maires, des adjoints, des riches propriétaires surtout. Les coups de bâton et les amendes tombaient comme la pluie sur eux, et Blücher d'une main tenait sa pipe et de l'autre tapait sur son ventre comme un joyeux gaillard. Ah ! le vieux bandit !

Enfin on amena le pauvre Tripaubleu, mon voisin.

Il ne se tenait debout qu'à peine, étant roué de coups comme un âne galeux qu'on mène à la foire.

Blücher lui dit :

— Qu'est-ce que tu as fait, drôle ?

Et comme l'autre cherchait sa réponse, l'officier qui l'avait amené raconta l'affaire en allemand. Je le crois du moins, car je n'y comprenais rien.

Blücher demanda :

— Est-ce vrai ?

Alors Tripaubleu cria :

— Monsieur, on m'a tué ma femme, on m'a violé

ma fille. J'en ai tué un, j'aurais voulu les tuer tous....

Là, il eut tort. Il fallait le faire et non le dire. On a toujours le temps de parler; mais la rage l'emportait. Il ne pouvait plus se retenir, et moi-même, quand je pense que ma femme et mes enfants auraient pu se trouver dans le même cas, Seigneur Dieu! Est-ce que j'aurais retenu ma langue!

Alors Blücher lui rétorqua :

— Toi, tu chantes trop haut, mon vieux coq. Ta femme! ta fille! Eh bien, c'est la guerre! Vous avez fait ça chez nous. Nous faisons ça chez vous. Et puisque tu veux tuer, tant pis pour toi... Qu'on le fusille!

Alors deux soldats emmenèrent Tripaubleu; mais lui, avant de passer la porte, cria au Prussien :

— Ah! brigand! Quand j'étais soldat, je n'ai pas violé les Allemandes, moi. Je n'en avais pas besoin. Au contraire, c'est elles qui...

Ça, tu sais, c'était vrai ou c'était faux, je ne peux pas le dire ; mais quand un homme va être fusillé, on peut bien lui passer quelque chose, n'est-ce pas?

Et ça ne tarda pas longtemps.

Comme j'étais près de la fenêtre en cherchant à regarder ce qui se passait dans la plaine et si Napoléon avec la garde était près de nous ou s'il était loin, voilà que j'aperçus un éclair dans la nuit, et j'entendis une décharge de plusieurs coups de fusil dans le chemin de ronde qui est près de la préfecture.

C'est mon voisin Tripaubleu qu'on fusillait.

Ce que j'ai pensé cette nuit-là, vois-tu, je ne pourrai jamais te le dire.

J'aurais égorgé tous ces gens-là si j'avais pu. Mais j'avais les mains liées. Quant à crier sans frapper, ça n'est pas mon caractère. Je regardais ce vieux gueux de Blücher qui continuait de boire et de fumer, comme si ce n'était rien que d'avoir tué un paysan, un honnête père de famille.

Car il était honnête, mon voisin Tripaubleu. Il reculait ses bornes dans le champ du voisin; voilà tout. Mais pour attaquer les gens sur la route, au coin des bois, il ne l'aurait jamais fait. Au contraire, il serait venu avec sa hache au secours du voyageur. Quand il reculait ses bornes, ce n'était pas pour lui. C'était pour donner une dot à sa fille.

Et il avait bien réussi, comme tu vois.

Veux-tu savoir la fin de son histoire? Eh bien, le père étant fusillé, la mère étant éventrée d'un coup de baïonnette, la pauvre petite, que les Prussiens avaient traitée comme tu vois, se mit à courir dans le pays en demandant partout son père et sa mère. Elle était devenue folle.

Moi, voyant ça, je me souvins de ce que j'avais promis à Pierre Tripaubleu une heure avant sa mort, je la pris chez nous (c'était trois mois après tous ces malheurs) et je la gardai cinq ans, la nourrissant sans rien faire, parce qu'elle avait perdu la tête.

Je peux dire qu'elle était bien nourrie, quoiqu'il n'y eût personne dans le pays pour payer ses gages, car il ne lui restait rien. Les huissiers et les avoués prirent tout l'avoir de Tripaubleu, et personne n'osa les empêcher. Il aurait fallu faire d'autres procès, payer d'autres huissiers, d'autres avocats, attendre sept ou huit ans et se ruiner soi-même.

Ma foi, j'y renonçai.

Mais je gardai la pauvre fille tant qu'elle voulut rester

chez nous. Un soir, comme on la laissait aller de ci, de là, cherchant toujours quelque chose, on ne savait pas quoi, elle ne revint pas.

Trois jours plus tard on la retrouva noyée dans l'Aisne.

Est-ce qu'elle était tombée là parce qu'il faisait noir? Est-ce qu'elle s'y était jetée exprès? On n'a jamais pu savoir.

Voilà comment a fini mon procès avec Tripaubleu.

XXV

Alors il arriva ceci :

Comme sept heures du soir venaient de sonner à la grande horloge de Laon (je m'en souviens, tu peux m'en croire, car les heures me paraissaient bien longues, et je les comptais l'une après l'autre avec une terrible envie de voir finir cette journée et les deux ou trois qui devaient suivre), voilà que tous ces goinfres, ayant assez mangé et assez bu, se levèrent en même temps sur un signe du vieux Blücher, qui se mit à leur donner ses ordres comme un empereur.

Ce qu'il dit aux Allemands, je n'en sais rien. Lui et eux parlaient du fond de la gorge en effaçant les épaules comme des dindons qui gloussent. Il ne faut pas les en blâmer. C'est un défaut de naissance qu'on ne pourrait jamais corriger quand bien même on leur donnerait cent mille coups de cravache. Je tiens ça du sergent Ratapoil de la 6ᵉ du 3ᵉ du fameux 11ᵉ de ligne, qui les connaissait considérablement pour s'être promené chez eux pendant sept ou huit ans à la suite de Napoléon, du côté d'Iéna et d'ailleurs.

Quant aux Russes, il se mit à leur parler français, comme il pouvait, car ce n'était pas son fort, et à leur expliquer l'endroit où ils devaient aller.

Mais tiens, autant que j'ai pu comprendre, voici :

Il leur dit d'abord qu'ils étaient un tas de braves qui s'étaient très-bien battus la veille contre Napoléon, et même qu'ils l'auraient battu à Craonne, lui Napoléon, s'il n'avait pas mieux aimé, lui Blücher, les laisser battre un peu pour l'attirer jusqu'à Laon, où c'était son affaire, à lui et à ses Prussiens, de rosser l'empereur de telle façon que lui et sa garde seraient mis en miettes, et ne pourraient plus servir à rien qu'au déjeuner des corbeaux.

Il leur dit ça d'abord, ou quelque chose d'approchant. Quant aux généraux russes, ils écoutaient debout, la main appuyée sur la poignée de leurs sabres, de l'air de gens qui pensent : « Est-ce qu'il se fiche de nous, le pèlerin? »

Mêmement, celui qu'on appelait Woronzoff lui dit :

— Monsieur le feld-maréchal, si vous nous aviez soutenus hier, nous aurions jeté Napoléon en bas de Craonne et de là dans la rivière d'Aisne avec toute son armée. Au lieu de ça, nous avons perdu douze mille hommes, presque tous Russes, monsieur le maréchal, car vous gardiez les vôtres.

Pour ça, il se flattait, car on ne jetait pas Napoléon comme ça où l'on voulait ; mais pour ce qui est d'avoir fait battre les Russes à la place et pour le compte des

Prussiens, qui se tenaient les pieds chauds à trois lieues plus loin, c'était vrai.

Le vieux Blücher lui dit de l'air d'un ours fâché...

— Monsieur le comte...

(Il paraît que c'était le titre du Russe, à moins qu'il ne fût prince, boyard ou n'importe quoi de fameux dans son pays.)

— ..... vous verrez demain que mes soldats vont à la bataille aussi bien que les vôtres. C'est eux qui soutiendront le premier choc, et je compte sur vous pour achever la victoire.

Vois-tu, il me semble que je l'entends encore et que je vois le Russe saluer poliment comme pour dire : Nous verrons bien, nous verrons bien.

Blücher ajouta :

— Et pour preuve, ce sont les Prussiens qui garderont demain la route de Reims par où Napoléon va venir, avec les trois quarts de sa bande. Vous, monsieur le comte, comme vos troupes se sont bravement battues hier, il faudra leur donner un repos qu'elles ont mérité. Elles garderont la route de Soissons, où l'on n'attend qu'une fausse attaque.

Woronzoff salua et dit :

— Fausse ou vraie, nous la recevrons comme il faut. Mais êtes-vous bien sûr, monsieur le feld-maréchal...?

L'autre lui répliqua :

— Tout à fait sûr. Outre les rapports des espions qui disent que Napoléon se cache dans les bois, et qu'on entend crier : Vive l'empereur! sur la route de Corbeny, du côté de Reims, j'ai mieux que ça. Lisez.

Et il lui donna la dépêche que les Cosaques avaient prise au fond de ma botte droite.

Le Russe la lut, la rendit et demanda :

— Mais êtes-vous bien sûr, monsieur le feld-maréchal, que ce n'est pas une ruse de Napoléon pour nous engager d'un côté pendant qu'il nous attaquerait de l'autre?

Blücher cligna de l'œil d'un air tout à fait rusé.

— J'en suis sûr, dit-il. Voilà le messager. Il est trop bête pour nous tromper, et d'ailleurs...... Je le ferais fusiller tout de suite s'il avait menti.

Woronzoff me regarda aussi et dit :

— Monsieur le feld-maréchal, on ne sait pas ce qui peut arriver. Gardez toujours une forte réserve pour la porter à droite ou à gauche, du côté de Laon.

— C'est bon, c'est bon, dit le Prussien. Je connais mon métier, je pense.

En effet, il devait le connaître, car il avait déjà, plus de soixante-douze ans, et malgré ça il courait à cheval comme un jeune homme. Fichu bandit, mais bon cavalier.

A preuve qu'il monta à cheval avec son état-major après avoir bu cinq fois plus d'eau-de-vie qu'un homme raisonnable ne voudrait faire, et qu'il ne s'en tint que mieux sur sa selle et descendit au grand trot la côte de Laon, qui est si dure, pour aller visiter ses avant-postes sur la route de Corbeny.

Vers minuit, j'entendis un nouveau tapage : c'était le vieux qui remontait la côte au galop. Je pense qu'il avait dû changer de cheval sur la route, car à ce train-là les meilleures bêtes ne durent pas longtemps.

Tu me demanderas sans doute ce que j'avais fait pendant ce temps-là.

Eh bien, j'avais pris patience. Voilà tout. Les domestiques de la préfecture m'avaient donné à boire et à manger, les Prussiens m'avaient gardé prisonnier, et moi j'avais regardé la plaine pour savoir de quel côté il fallait me sauver pour rentrer chez moi. Outre ça, j'avais dormi de temps en temps, car j'étais bien fatigué.

Mais le lendemain, ah! le lendemain! Ce que j'ai vu ce jour-là, c'est ça qui est terrible et qui ne me sortira pas de l'esprit jusqu'à mon dernier jour!

XXVI

Vers huit heures du matin, je me mis à la fenêtre pour regarder la plaine. Tout ça était noir comme dans un four. Il y avait un brouillard terrible. On ne voyait pas à quatre pas devant soi.

Je pensai entre moi :

— Voilà un joli temps pour se sauver, si j'étais dans la campagne.

Mais j'avais les mains liées derrière le dos, ce qui n'est pas une bonne position pour courir, sans compter qu'entre le mur de la préfecture et le chemin qui suit le rempart, il y avait vingt pieds de haut pour le moins, et que pour faire ce saut-là et le suivant il y a plus de quatre-vingts pieds.

Juge comme j'étais à mon aise pour m'échapper.

Malgré ça, comme un des domestiques français de la préfecture passait près de moi pour emporter les verres, les bouteilles et les assiettes, je lui demandai à demi-voix :

— Un couteau!

La première fois, il n'entendit pas bien et m'apporta un verre d'eau. Pendant qu'il me faisait boire et tenait le verre aux lèvres, je répétai :

— Un couteau, pour l'amour de Dieu!

Alors, sans faire semblant de rien, il tira de sa poche un canif et le mit dans ma main. Je ne le remerciai pas. S'il avait été pris à me rendre ce service, on l'aurait peut-être fusillé avec moi. C'est égal, c'était un brave garçon, et si je suis encore de ce monde, c'est à lui que je le dois.

Je commençai donc, comme tu peux penser, à scier la corde qui retenait mes mains, mais sans aller jusqu'au bout, de peur que les factionnaires s'en aperçussent, car on en avait mis partout. J'entendais le bruit de leurs grosses bottes dans la salle à manger, dans le vestibule et dans le chemin de ronde, le long du rempart. Ces gens-là se gardaient bien, je t'assure, et quand on les tuait, il n'y avait pas de leur faute.

Mais enfin, vers huit heures du matin, je m'approchai de la fenêtre et je crus entendre quelque chose là-bas, du côté d'Étouvelles et de Chivy, sur la route de Soissons.

Je pensai :

— Le four chauffe. On doit commencer à se tuer par là-bas. Quand Blücher saura ça, c'est le moment de filer ou jamais.

Tout à coup : boum! boum! boum! Voilà que j'entends le canon, pas très-bien, à cause du brouillard, mais assez pour un homme aussi averti que j'étais : Je me dis : C'est bien ça, Ney doit être de ce côté-là, avec la vieille garde, et Napoléon derrière. Parole d'honneur! j'aurais bien donné la moitié du temps que j'avais à vivre pour être dans leur société.

Malheureusement, je n'étais pas seul à écouter. Les boum! boum! boum! se précipitaient l'un sur l'autre de minute en minute, tellement qu'à la fin les plus dormeurs étaient éveillés et que j'entendis redoubler le bruit des grosses bottes dans la préfecture. Ça courait, ça montait à cheval, ça galopait, ça criait, ça faisait un vacarme d'enfer. Si j'avais été à mille pieds en l'air dans un ballon, hors de la portée des coups de fusil, j'aurais bien ri, je t'assure. Mais n'est pas petit oiseau qui veut.

En même temps, l'infanterie marchait, la cavalerie trottait, l'artillerie roulait avec un bruit terrible, tout ça dans les rues de Laon, où l'on ne voyait pas un chat, excepté des Russes et des Prussiens. Blücher avait défendu d'ouvrir les portes et les fenêtres sous peine d'être fusillé. Encore une précaution de cette vieille canaille pour empêcher qu'on ne lui jetât quelque chose sur la tête pendant qu'il était à la promenade.

Pendant que je les entendais défiler (je ne les voyais presque pas à cause du brouillard) et que je pourpensais : « S'ils allaient partir en m'oubliant! » voilà que deux de ces gredins entrent dans la salle et, sans me dire un mot, car les mots allemands ne comptent pas, puisque les honnêtes gens ne peuvent pas les comprendre, me prennent par les épaules et me poussent dehors au milieu d'un tas de cavaliers et de fantassins de tout grade, en tête desquels était le vieux Blücher, l'éternel Blücher, à cheval comme les autres, la pipe au bec, et qui vidait un dernier verre d'eau-de-vie pour tuer le ver avant de partir.

Je pensai :

— Est-ce qu'on va me faire courir à pied parmi tant de gens à cheval? Au commencement, ça me réchauffera; mais s'ils prennent le galop, je n'irai pas loin, et alors on me brûlera la cervelle à cause de ma mauvaise volonté.

Pas du tout, ils ne prirent ni le trot ni le galop. Blücher et son état-major descendirent tout bonnement sur le rempart, mirent pied à terre (moi, je n'eus pas cette peine) et se mirent à écouter ce qu'on disait à deux lieues de là, du côté de Chivy.

Bien entendu, j'écoutais aussi, mais mal à mon aise à cause de deux grands coquins de uhlans avec des casques pointus et de longues moustaches qui se tenaient à ma droite et à ma gauche, chacun avec un pistolet chargé, amorcé, tout prêt à tirer sur moi. Parole d'honneur, j'avais l'air de Jésus-Christ entre les deux larrons, avec cette différence qu'ils étaient tous les deux mauvais, au lieu que Notre-Seigneur, qui les avait faits lui-même, pouvait distinguer les siens l'un de l'autre et envoyer le meilleur au paradis et l'autre en enfer, comme c'est son emploi spécial et particulier sous la calotte des cieux.

Moi, je ne pouvais qu'envoyer les miens au diable, et s'il n'a pas reçu l'envoi, ce n'est pas ma faute. C'est que le service des messageries n'est pas bien fait.

N'ayant rien de mieux à faire, j'écoutais et je regardais. Le canon roulait toujours. Boum! boum! boum! Mais on commençait à l'entendre mieux. Preuve qu'il se rapprochait. Cependant on ne voyait rien, excepté de temps en temps un éclair quand le coup partait, et presque tout de suite après, le tonnerre.

L'état-major avait l'air inquiet. Le vieux Blücher regardait de tous côtés avec sa lunette d'approche, mais il n'y voyait pas plus que moi à cause du brouillard.

Le Russe, celui qu'on appelait Woronzoff et qui ne paraissait pas le plus bête de la troupe, s'approcha de lui :

— Eh bien, vous l'entendez, monsieur le feld-maréchal ; c'est par la route de Soissons qu'il arrive, et c'est mon infanterie qu'il attaque en ce moment. Je vous l'avais bien dit.

Le vieux répliqua :

— Woronzoff, je m'y connais. C'est pour nous attirer de ce côté-là. Je l'attends par Reims. Il viendra par Reims. Et sur cette route, je l'attends avec toute ma cavalerie dans la plaine. Je lui passerai sur le corps comme le vent.

L'autre leva les épaules et dit :

— Attendez-le si vous voulez, monsieur le feld-maréchal. Moi je vais au-devant de lui, mais de l'autre côté. Ce brigand de Corse a des manières à lui de se tourner et de se retourner qui font qu'on ne sait pas où le prendre.

En même temps, il descendit la côte au galop avec ses officiers.

Tout à coup l'Anglais, mylord Quat Cartes, celui qui était habillé de rouge comme un homard cuit, s'avança vers Blücher et lui dit :

— Monsieur le feld-maréchal, je crois que Woronzoff a raison.

Le vieux lui répliqua :

— Qu'est-ce qu'il en sait, Woronzoff? Parce qu'il a été abîmé avant-hier avec son corps d'armée, il se croit toujours près de périr. Il voit partout Napoléon.

L'Anglais dit :

— En effet, monsieur le maréchal, il y est souvent.

— Où donc?

— Où vous dites ; partout.

Le Prussien lui rétorqua :

— Enfin, c'est moi que ça regarde. C'est moi qui suis chargé de tout, et je n'en dois compte qu'à mon souverain...

Le mylord devint plus rouge que son habit. Il lui dit :

— Monsieur le feld-maréchal, vous en devez compte aussi à l'Angleterre, qui vous paye, et c'est moi qui représente ici S. A. R. le prince régent et les gentlemen de la Cité de Londres qui fournissent l'or et l'argent !

Le Prussien se mit à jurer et à sacrer dans sa langue. Il regardait l'autre comme s'il avait voulu le mordre : mais le mylord Quat' Cartes, droit comme un piquet, les yeux dans les yeux, avait l'air d'un entrepreneur de maçonnerie qui se fait rendre compte de l'état de la bâtisse avant de payer les maçons.

Et, ma foi, faut croire que celui qui tient la clef de la caisse est terriblement puissant, car le vieux Blücher lui donna des explications et lui fit presque des excuses.

A la fin il lui dit :

— Mylord, j'ai une preuve plus forte que toutes les autres que Napoléon va venir par la route de Reims : c'est la dépêche que voilà de Napoléon à Marmont, et le témoignage de cet imbécile.

L'imbécile, c'était moi. La dépêche, c'était celle qu'on avait trouvée dans ma botte.

Mylord Quat' Cartes regarda la dépêche, me regarda aussi et dit :

— Il a tant de tours dans son sac, ce Corse !... L'homme était peut-être chargé de se faire prendre. Attendez, monsieur le feld-maréchal, je vais faire un essai. Qu'est-ce que vous lui avez promis ?

— De le faire fusiller s'il mentait.

L'Anglais secoua la tête et répliqua :

— Fusiller, c'est très-bon ; mais payer, c'est meilleur.

Il s'avança vers moi, le mylord cramoisi ; il tira de sa poche sept ou huit pièces d'or faites comme des napoléons, il me les mit sous le nez comme pour m'en faire flairer la bonne odeur. Ensuite il me dit :

— Si vous ne mentez pas, si vous dites la vérité, si vous dites où est aujourd'hui Napoléon, quand même vous auriez menti déjà, j'aurai votre grâce du feld-maréchal et je vous donnerai cent guinées comme celles-ci.

C'était un tas de belles guinées en or, toutes jaunes, toutes neuves, brillantes et luisantes comme si elles venaient de la Monnaie.

Parole d'honneur, j'aurais donné quarante francs pour en avoir une, quoiqu'elle ne valût que vingt-cinq francs et qu'elle fût marquée du portrait d'un vieux fou qui était roi d'Angleterre, à ce que je me suis laissé dire un peu plus tard, car en ce temps-là je n'en savais pas tant.

Je regardai les pièces, je regardai le mylord, je regardai Blücher, et je dis :

— Mylord, tout ce que je savais, je l'ai raconté ; je n'ai qu'une parole. Mais si vous voulez me faire délier les mains, me donner quelques-unes de ces belles pièces d'or que vous avez là, et me garder à côté de vous pour que je ne sois pas bâtonné ou fusillé par ordre de M. le maréchal que voilà, je vous promets, moi, de vous nommer et de vous montrer tous les villages des environs. Comme ça, vous n'aurez pas besoin de carte pour voir la bataille.

L'Anglais regarda le Prussien d'un air fin pour lui dire : « Hein ! tu vois. Du premier coup, avec une bonne parole, je lui a délié la langue. »

9.

Alors, comme le canon grondait toujours de plus en plus et se rapprochait, mylord Quat' Cartes me fit signe qu'il acceptait.

Tu vas voir mon idée. Car j'avais mon idée aussi, quoique je ne fusse pas feld-maréchal, comte ou mylord comme ces gens-là.

Mon idée, c'était de me sauver le plus tôt possible, car si je restais, j'étais sûr de me faire fusiller.

XXVII

Je venais de regarder le parapet du rempart, qui est haut de quarante ou cinquante pieds à peu près en cet endroit, et je pensais :

— Voilà Ney et Napoléon qui arrivent par Etouvelies et Chivy. On les entend, mais on ne les distingue pas encore à cause du brouillard. On croit que c'est une petite avant-garde et qu'ils sont de l'autre côté. Quand ils seront à une lieue d'ici, si le brouillard se dissipe, on les verra comme le nez sur le visage. Alors mon affaire est claire. Je serai fusillé net. Blücher verra bien que je me suis moqué de lui, et l'Anglais le verra aussi; en un clin d'œil on m'expédiera. Mais si, par bonheur, j'avais les mains libres comme j'ai déjà les pieds, en sautant par-dessus le parapet, je pourrais avant de toucher terre m'accrocher aux branches d'un orme ou d'un platane, me meurtrir les bras, les jambes ou la figure, et finalement si je n'avais pas d'os cassé, je pourrais courir sous les coups de fusil. On dit qu'il en faut deux mille pour tuer un homme ; on m'en tirera cinq cents, on me manquera, ou l'on ne me cassera rien d'essentiel, et ma foi, j'irai rejoindre les camarades et demander à l'empereur ma pension de quinze cents francs et ma croix. Le pire, c'est d'être tué. Mais il m'en arrivera bien autant si je reste ici collé au mur comme une cible.

Justement, le brouillard était excellent pour me sauver. On aurait cru qu'il était fait pour moi. Une fois le parapet franchi sans accident, je ne risquais presque plus rien. Seulement il fallait sauter. C'était là le diable, car je ne pouvais pas approcher du parapet à cause des deux factionnaires qui me gardaient et qui se doutaient de quelque chose. Quant à sauter au hasard, sans avoir mesuré la hauteur et sans savoir si je tomberais sur un arbre, sur un tas de pierres ou sur l'herbe, c'était m'estropier à coup sûr et me faire fusiller cinq minutes plus tard.

D'un autre côté, attendre la fusillade sans rien faire pour me sauver, c'était plus bête encore. Ah! il y a des jours où l'on est bien embarrassé, je t'assure.

Fin finale. J'eus donc l'air d'être enchanté de la générosité de l'Anglais qui m'offrait des pièces d'or pour m'engager à trahir l'armée française, tandis que le Prussien ne m'offrait que des balles de plomb dans la tête. Et à ce propos, je dirai que l'Anglais n'est pas aussi avare en affaires que le Prussien. Il marchande, c'est vrai ; mais enfin, si l'on fait marché avec lui, il paye quelquefois la marchandise, tandis que le Prussien la vole toujours et l'emporte sans payer. C'est pour ça qu'il a une si bonne réputation partout qu'en le voyant venir tout le monde ferme sa porte à clef, met la main sur sa poche et charge ses pistolets.

Pour te revenir, on me délia donc les mains; l'Anglais Quat' Cartes me fit même donner un verre de rhum pour m'éclaircir la voix et commença à m'interroger devant Blücher, qui faisait semblant de ne pas entendre et qui avait d'ailleurs d'autres affaires en tête ce jour-là. Sans compter que les officiers d'état-major arrivaient, donnaient des renseignements, recevaient des ordres et partaient au galop de tous les côtés.

L'Anglais me demanda d'abord les noms de tous les villages à droite et à gauche : Clacy, Chivy, Etouvelles, Festieux, Corbeny, Athies, et tout ce qu'on aurait pu voir jusqu'à Craonne s'il avait fait beau temps.

Pour ça je lui répondis comme j'aurais fait à mon propre père. A quoi pouvait servir de ne pas lui dire toute la vérité, puisqu'il avait déjà vu la moitié de ce pays-là?

Ensuite il me demanda si j'étais fermier ou propriétaire.

— Moitié l'un, moitié l'autre.

Si j'élevais beaucoup de bestiaux, de volailles, si je faisais beaucoup de blé, si j'avais des vignes, si j'étais content de la Révolution...

— Oh! oui.

— Et de Napoléon?

Je ne répondis pas. Il recommença sa question. Je lui dis :

— Nous parlerons de ça quand Napoléon vous aura mis dehors.

Il recommença encore :

— Vous ne l'aimez donc pas?

— Ça, monsieur, c'est une affaire entre lui et nous, et les étrangers n'ont rien à y voir. Quand vous serez bien battus et hors du pays, alors nous nous expliquerons entre Français.

Il m'aurait bien demandé autre chose, mais le bruit du canon devint si fort qu'on ne se comprenait presque plus.

Cette fois, j'entendais autre chose. C'était la fusillade, quelque chose comme la grêle sur les toits. Des feux de peloton, quoi! Et qui se rapprochaient toujours. Ça montait dans l'air avec des cris et des hourras terribles.

A la fin, il y eut un moment de silence. On aurait cru que tout le monde était allé dîner, chacun de son côté, en attendant de recommencer.

Et ma foi, c'était l'heure, car midi sonna. Pour les curés et les évêques, c'est le signal après qu'ils ont dit leur messe et trois heures avant d'aller chanter vêpres le dimanche.

Je pensais :

— Si le brouillard pouvait durer, je vois d'ici un arbre qui me servirait bien pour descendre au bas du rempart. C'est vrai qu'il est trop haut et que je ne sauterai pas facilement; mais si je saute et si j'accroche une forte branche avec les mains, ma foi, à la grâce de Dieu pourvu que je n'aie rien de plus qu'un bras cassé, je pourrai encore courir et je serai assez content. Ma femme me pansera, la Pauline prendra soin de la maison, les petits me feront rire, le père mènera les bœufs et les chevaux, et quand tous ces Allemands et ces Cosaques seront partis, je serai guéri, moi, et nous ne serons pas plus malheureux qu'auparavant, surtout si André revient de la guerre sans être estropié.

Pendant que je pensais ça et beaucoup d'autres choses, voilà que le brouillard se déchire, que le soleil paraît et que là-bas, bien loin, je vois le village de Semilly qui brûlait. La fumée montait lentement dans le ciel. C'est

Ney qui avait surpris les Russes avec ses soldats avant le point du jour et qui avait tout enlevé à la baïonnette pendant qu'on n'y voyait presque pas clair. Les Russes et les Prussiens avaient canonné le village, l'avaient repris, l'avaient perdu trois ou quatre fois, et c'était ce tapage que nous avions entendu du haut de la montagne de Laon.

Je vis tout de suite que ça devait être Ney, parce qu'il venait par là, et quand il était quelque part, ce fort rougeot, ça se connaissait tout de suite à sa manière d'enlever les hommes à la baïonnette. Tu comprends, un bon ouvrier a sa manière de travailler qui ne ressemble pas à celle des autres. Et la sienne, oh! la sienne était d'un genre supérieur, tellement, à ce qu'on m'a raconté, qu'il n'avait pas son maître en Europe, excepté le vieux Masséna que je n'ai pas connu. Mais celui-là, c'était le coq. Fais-toi raconter un jour par des anciens de l'armée de Suisse, d'Allemagne ou d'Italie, quelque chose comme Rivoli, Zurich ou Essling, et tu verras quel homme c'était... sans vouloir pourtant faire tort aux autres, car avant tout il faut être juste.

Je pensai donc :

— Si je le reconnais à sa manière de faire, moi qui ne l'ai vu qu'une seule fois, à Craonne, avant-hier, les Russes le reconnaîtront encore bien mieux, eux qui l'ont vu si souvent. Alors moi je suis fichu, et l'on va me fusiller, car c'est à ça, comme on peut croire, que toutes mes pensées revenaient depuis vingt-quatre heures. Un autre à ma place aurait peut-être songé au Grand Turc ou à la reine d'Espagne ; moi, je pensais à ma vie, qui était si précieuse pour ma femme et mes enfants, pour mon père et pour la Pauline, et enfin pour moi, car on n'est jamais cor*. t d'aller dans ce trou noir au fond duquel on ne sait pas encore (quoiqu'il y ait bien des savants sur terre) ce qu'on trouvera un jour.

J'entendis que Blücher disait à l'Anglais, en lui montrant au loin Semilly :

— Ça, c'est l'ouvrage de Ney.

L'autre fit un signe de la tête et des épaules comme pour expliquer que c'était bien possible.

— Mais alors, continua le Prussien, si Ney est là, c'est que Napoléon y est aussi, car c'est la tête et le bras. Qui voit l'un voit l'autre.

L'Anglais ne répondait pas. Il avait l'air de réfléchir. Peut-être faisait-il le compte de ce qu'il aurait à payer vers la fin de la semaine, et que si Ney tuait beaucoup de Russes et de Prussiens, ça serait une forte économie, car enfin on ne paye pas les morts comme les vivants; pas vrai?

Alors Blücher lui dit :

— Dans ce cas, Woronzoff avait raison.

Il but un grand verre d'eau-de-vie, — soi-disant pour s'éclaircir les idées, — et il entra tout à coup dans une colère terrible, comme un dogue qui a cru mettre la dent sur un gigot et qui n'a mordu qu'un os. Et quel os que Ney! Un os plus dur que du fer!

Au même moment et pendant que Blücher donnait ses ordres en grognant comme un ours aidé d'un sanglier, voilà que la bataille recommence, et les boum! boum! boum! et les feux de peloton! et la grêle sur les toits! et la mitraille! et la fumée! Le diable et son train, enfin!

Les Français venaient d'entrer dans le faubourg d'Ardon, au pied de la montagne de Laon. Les tambours battaient la charge, ran tan plan, ran tan plan, ran tan plan. Ça, c'était l'infanterie qui entrait dans la grande rue du faubourg pendant que les dragons d'Espagne faisaient le tour à droite et à gauche pour pincer les Russes et les Prussiens au demi-cercle.

Alors, moi aussi, en entendant et voyant ça, car je voyais tout quoique d'un peu loin, je sentais mon cœur plein d'une joie terrible, et j'aurais voulu être avec eux et piquer, pointer et sabrer comme eux. Ah! oui, j'aurais bien donné pour ça la moitié du temps que j'avais encore à vivre. Sans savoir!

Malgré ça, je me tenais un peu en arrière, au milieu des Prussiens de l'état-major, pour ne pas me laisser voir sans nécessité, car le vieux Blücher avait l'air si féroce que je pensais : « Si celui-là me voit, il va me faire tuer comme un chien, faute de pouvoir prendre Napoléon et lui en faire autant. »

Du reste, j'avais vu ce que je voulais voir. Au bas du mur il y avait un grand arbre, fait comme une tour avec de grandes et fortes branches, si grosses, qu'on aurait pu en faire des poutres, et j'avais mon projet.

Le chemin de ronde où j'étais avec Blücher et les autres était rempli de deux bataillons d'infanterie qui gardaient leur maréchal, ou feld-maréchal, ou n'importe comment on l'appelait. Tous ces Prussiens avaient mis leurs armes en faisceaux; mais leurs fusils étaient chargés, et ils auraient pu se mettre en rang et faire feu en deux minutes, car c'est une justice à leur rendre, ils sont toujours prêts comme les chiens qu'on dresse à coups de cravache.

Par bonheur, comme ces gens-là m'avaient vu parler aux généraux tout comme je te parle, ils me prenaient pour un personnage d'importance, mais déguisé, on ne savait pas pourquoi, et les mains liées derrière le dos sans doute pour mieux cacher mon déguisement. Je te dis ça, je n'en suis pas sûr; mais c'est ma manière de comprendre les choses.

Si un autre veut les comprendre autrement, je le laisse faire. Tout le monde est libre, n'est-ce pas? excepté ceux qui reçoivent des coups de bâton, comme disait saint Médard, évêque de Soissons et fameux apôtre, à ce que racontait le vieux curé de Craonne qui doit l'avoir connu, car il était bien vieux, le curé, et saint Médard naturellement est plus vieux encore, puisque c'est lui qui fait pleuvoir en ce monde et qu'il pleut depuis le temps du grand-père de mon grand-père et même au delà.

Voilà donc (pour te revenir) que je regardais le faubourg d'Ardon, qui brûlait tout comme avait brûlé Sémilly et où l'on entendait une pétarade de coups de fusil à faire trembler les étoiles.

Je voyais nos fantassins qui avançaient, qui reculaient dans la grande rue, qui entraient dans les maisons, qui en sortaient, qui passaient par les portes, par les fenêtres, par tous les trous qu'un brave homme peut avoir pour entrer et sortir. C'était une bataille enragée.

Je pensais :

— Ces pauvres petits! Il font bien tout ce qu'ils peuvent, mais ils sont trop jeunes. Pas un n'a de barbe au menton. Et puis, ils sont si peu nombreux! Les autres sont trois contre un; ils vont les écraser.

Et en effet, c'était terrible. On se battait dans chaque maison. Les petits jeunes gens ne reculaient pas, oh non! mais ils se faisaient tuer :

L'Anglais, qui les regardait à deux pas de moi avec la lunette, faisait de temps en temps :

— Oh! oh! ah! oh! Ces petits Français, c'est comme des jeunes tigres qu'on vient de lâcher. Oh! des tigres de mauvaise espèce ! Heureusement, il n'y en a pas beaucoup.

Puis tout à coup il s'écria.

— Oh ! oh ! oh !

C'était une ligne de bonnets à poil qui s'avançaient derrière nos conscrits. On entendait les tambours qui battaient la charge. Ran tan plan, ran plan plan. Cette fois, ce n'étaient plus les conscrits.

On tirait sur eux : ils ne répondaient pas, ils s'avancèrent l'arme au bras dans le faubourg, après avoir essuyé quatre ou cinq décharges. Mais rien qu'en les voyant, les Prussiens reculaient. A la fin, quand on ne fut plus qu'à dix pas, les bonnets à poil firent une décharge générale et plongèrent au petit trot dans la masse des Prussiens et des Russes, baïonnette en avant.

Vois-tu ! ça fit un trou comme un couteau dans le bon beurre, si l'on peut comparer le bon beurre, qui est une chose honnête, à une troupe d'Allemands, qui est une chose sale et malhonnête. (Je tiens ça de M. Philippe, qui est un pharmacien de l'Isle-Adam, qui en a tué plusieurs, non pas avec ses remèdes, comme tu pourrais croire, mais à coups de carabine, pendant la guerre.) Il m'a dit plus de quatre fois : « Ce qu'il y a de plus dégoûtant dans le monde entier, après ce que vous savez bien et qui sert à fumer la terre, c'est un Allemand. »

Mais il se trompait peut-être. Les pharmaciens se trompent comme les autres. A preuve la foule de gens qu'ils enterrent avec leurs remèdes.

Après ça, comme dit saint Crépin, quand le préfet d'Orléans lui rapporta ses souliers parce qu'il les trouvait trop étroits, ça m'est égal de les reprendre, pourvu que vous me les payiez. Si votre pied a grandi depuis trois jours que je vous ai pris mesure, ce n'est pas ma faute. C'est la vôtre ou celle de quiconque.

XXVIII

Je t'ai dit que la garde impériale était entrée dans le faubourg comme le couteau dans le beurre. C'est trop peu dire. Elle l'avait nettoyé comme un torchon nettoie le fond d'une assiette.

Ces vieux bonnets à poil, vois-tu, c'était habitué depuis plus de vingt ans à faire cet ouvrage. On ne les employait pas souvent, parce que Napoléon ne se fiait qu'à eux, pour des raisons qu'un homme savant te dirait mieux que moi. Il avait toujours peur que les autres voulussent le lâcher, non pendant la bataille, ah! certes! mais s'il avait querelle avec les Parisiens, qui sont des gens capricieux et volontaires, qui n'aiment pas plus l'obéissance que les coups de bâton.

Aussi, pour les avoir toujours sous sa main et les lancer sur les Parisiens, si c'était nécessaire, il flattait ces vieux bonnets à poil qu'il faisait choisir un à un parmi tous ses anciens compagnons d'Italie, d'Allemagne et d'ailleurs. Tant qu'il y avait à boire et à manger quelque part, c'était pour eux d'abord, et pour les autres après, s'il en restait.

Je me suis laissé dire qu'en Russie, pendant la retraite, la vieille garde avait de tout en quantité quand les autres n'avaient plus rien depuis plusieurs jours, et que beaucoup sont morts là-bas dans la neige qui auraient vécu assez longtemps s'ils avaient pu partager avec la garde.

Qu'est-ce que tu veux? Avant tout, il était comme tous les autres : il voulait être bien gardé, cet empereur! et, pour être bien gardé, il donnait à sa garde chaque matin le café au lait, à dîner la soupe et le bœuf, les pommes de terre et la fricassée de poulets, le vin et l'eau-de-vie tout le temps. Sans compter, comme m'a raconté le sergent Bouchetrou du 2e voltigeurs de la garde, qu'il ne faisait pas attention à toutes les petites bêtises qu'on pouvait faire chez l'habitant, en France ou à l'étranger, — à l'étranger surtout.

Tu m'entends bien, n'est-ce pas? Tu n'as pas besoin que je mette davantage les points sur les I! Ça ne serait pas honnête ni respectueux à faire devant les dames, qui sont d'un sexe différent si tu veux, mais dont auquel on doit s'observer en face, comme disait le sergent Bouchetrou de tout à l'heure quand il parlait devant madame Eulalie, son épouse et conjointe, au respect que je vous dois et à toute l'assemblée.

Malgré ça, ils avaient du bon, ces vieux, beaucoup de bon, comme il firent voir ce jour-là et d'autres fois encore, principalement à Ligny et à Waterloo où ils s'en donnèrent de tuer et d'être tués comme jamais troupe ne s'en était donné avant eux. Ah! pour ça, c'était leur métier, et ils le faisaient en conscience, comme s'ils avaient dû en rendre compte au bon Dieu.

Mais leur bon Dieu, c'était Napoléon.

Tu me diras qu'il ne valait pas l'autre, celui qui est là-haut, là-bas, dans le fond du ciel, et qu'on appelle le Père éternel; mais c'est égal. Les vieux bonnets à poil se faisaient tuer pour le Corse, qu'ils connaissaient, comme ils se seraient fait tuer pour l'autre s'ils l'avaient connu.

Pour te revenir, après qu'ils eurent nettoyé proprement le faubourg d'Ardon, — si proprement qu'on n'y voyait plus un casque prussien ni un shako russe, excepté ceux qui étaient à terre avec les têtes qu'ils avaient coiffées, — voilà que les bonnets à poil se mettent à regarder la montagne de Laon et à vouloir grimper dessus comme des écureuils, quoique ça ne fût plus de leur âge.

J'en voyais un à cheval qui passait devant en leur faisant signe de le suivre. Je dis qu'il faisait signe, parce qu'à cette distance et dans le bruit des coups de fusil je ne pouvais pas l'entendre, mais je crois bien qu'il criait comme un sourd, à voir comme il tendait le bras et l'épée qui était au bout du bras.

Blücher le regarda longtemps avec sa lorgnette et dit à mylord Quat' Cartes :

— Ça doit être Ney !

En même temps il donna des ordres... Quels ordres ? Je ne sais pas. C'était en allemand. Tu comprends que c'est aux Prussiens de parler français quand ils veulent être compris, et non aux Français de parler prussien. Autrement ça serait le renversement du bon Dieu, de la nature, de la famille, de la propriété, de la religion catholique et de l'ordre social.

Comme il donnait ses ordres sans penser à moi, qui me tenais en arrière, soi-disant par respect, mais réellement pour me faire oublier et n'être pas fusillé comme le pauvre Tripaubleu et tant d'autres, voilà qu'il se retourne en criant à l'Anglais :

— Celui-là, je vais le cueillir comme une prune sur un prunier.

Il montrait Ney de la main.

L'Anglais fit :

— Oh! aoh!

Mais il ne répondit rien. Sans doute il aurait été content de voir cueillir la prune, mais elle était encore trop verte.

En même temps ce vieux coquin de Blücher m'aperçut et me dit :

— Toi, tu m'as menti !

J'aurais pu répondre que je n'étais pas là pour lui dire la vérité, mais ça ne m'aurait avancé à rien.

Je pensai :

— Voici le moment. Si je me laisse coller au mur par ces scélérats, ma femme sera veuve et mes petits seront orphelins dans trois minutes. Après ça, ils n'auront plus qu'à demander leur pain de porte en porte. Seigneur Dieu! je vais peut-être me tuer; mais tu vois qu'il n'y a pas de ma faute. Tu ne me le reprocheras pas dans ton saint paradis!

Alors, pendant que le vieux Blücher donnait ses ordres en allemand pour me fusiller, d'un croc-en-jambe je renverse l'un des deux uhlans qui se tenaient à côté de moi, je cours au parapet, je m'assois dessus en pivotant sur les mains pendant que l'autre uhlan me tirait un coup de pistolet qui ne fit par bonheur que m'emporter le bas de l'oreille (tu en vois encore la marque), et je saute presque au hasard dans un grand platane où je m'accroche à l'une des plus grosses branches.

Par bonheur, je n'avais rien de cassé. C'était ça que je craignais le plus; mais le bon Dieu, qui veille sur les braves gens quand ils veillent sur eux-mêmes, eut soin de préserver mes os et tout ce que j'avais d'essentiel.

Pendant que je glissais le long du platane, mais bien plus vite qu'un écureuil parce que j'étais plus lourd, voilà que de tous côtés j'entends qu'on crie sur moi en allemand et peut-être en russe, en suédois ou je ne sais dans quelle langue. Ce que je comprenais bien, c'est qu'on voulait me tuer.

De tous côtés j'entendais le bruit sec des fusils qu'on arme et les cris des factionnaires qui me couchaient en joue.

Par bonheur, au commencement on ne tira pas, parce qu'ils étaient si près les uns des autres qu'ils se seraient fusillés entre eux au lieu de m'attraper. Plusieurs voulurent courir après moi; mais comme ils étaient chargés de leurs sacs et de leurs fusils et qu'après tout ils n'étaient pas aussi pressés de me prendre que moi de leur échapper, je traversai la route comme un lièvre, je passai d'un saut par-dessus la clôture et j'entrai dans les vignobles de la Cuve de Saint-Vincent, un endroit que tu connais bien. Je courais en baissant la tête pour éviter les balles.

Cette fois, après trois ou quatre décharges de coups de fusil, qui partaient de tous les côtés, mais à plus de cent pas, je n'avais plus rien à craindre. Les Français étaient à un demi-quart de lieue de là, et j'allais les rejoindre.

Mais mes malheurs n'étaient pas finis. Ah! la terrible semaine!

XXIX

Une chose m'aida beaucoup à me sauver, c'est que le brouillard revenait au galop, vu qu'il était déjà près de cinq heures du soir, et que tirer sur moi dans la vallée où l'on ne voyait presque plus clair, c'était comme si trois cents chasseurs, sachant qu'il y a un lièvre dans le bois, mais sans le voir, tiraient au hasard sur le bois dans l'espérance de l'attraper. Outre que je connais le terrain qui est en pente, comme tu sais, que je ne suis pas chargé de graisse, et que je ne l'étais pas ce jour-là ni de nourriture parce qu'on m'avait emmené le matin sans me laisser le temps de déjeuner, et qu'enfin si j'étais pris, j'étais frit, comme dit l'autre.

Tout ça, vois-tu, ça donne des forces pour courir comme un lièvre et pour faire des bonds comme un chevreuil.

Quoique ça, je fus content d'être hors de la portée du fusil, et je dégringolais si vite en descendant la côte qu'en bas, tout en bas, j'allai me heurter contre un homme qui montait, lui, avec plusieurs autres, tous armés de fusils de chasse et de carabines.

Je regarde. C'était M. Debray, le capitaine des chapeaux ronds que j'avais vu à Craonne l'avant-veille.

Il me prend au collet de la blouse, me reconnaît à son tour et me dit :

— Vous voilà, Leborgne? D'où venez-vous?

Je lui rétorque :

— Mon commandant, comme vous voyez, je viens d'être fusillé par ces gueux de Prussiens. Tenez, entendez siffler les balles. Je crois qu'ils me fusillent encore.

Et je lui raconte tout ce que j'avais vu et fait depuis deux jours.

Alors il se met à rire et me dit :

— Voilà ce que c'est d'aller dans la société des gueux. On y attrape toujours quelque mauvais coup. Mais, j'y pense, voulez-vous tirer sur eux à votre tour ? Tirez-vous bien ?

Je lui réponds :

— Oui, pas mal, sur les loups, les sangliers et les chevreuils, le gros gibier, enfin. Ah ! si j'avais ma carabine !

Il me dit :

— Tenez, Leborgne, vous êtes un brave, et il ne sera pas dit que faute d'une carabine, vous n'aurez pas pu leur rendre la monnaie de leur pièce.

Il appela :

— Moreau !

— Mon commandant !

— Vous êtes blessé, vous ne pouvez pas monter la côte, vous resterez là dans les vignes. Prêtez votre fusil de chasse à votre ami Leborgne. Il sait s'en servir.

Moreau ne voulait pas trop. Vous savez, on aime son fusil comme on aime sa femme, ses enfants, son cheval, son chien. On a toujours peur qu'un autre vous le gâte, ou mette une charge trop forte et fasse éclater le canon, ou enfin n'importe quoi. D'ailleurs, on a de l'amour-propre pour son fusil. Si celui qui l'emprunte allait mal tirer, on dirait que c'est la faute du fusil et qu'il écarte.

Quand M. Debray vit ça, il lui dit :

— Moreau, tu me connais ! S'il arrive malheur à ton fusil, je t'en donnerai un autre à ruban, de la fabrique de Saint-Étienne, et tu le choisiras toi-même. Je te donnerai trois cents francs pour ça. Toi, va-t'en à l'ambulance, c'est ce que tu as de mieux à faire.

Fectivement, le pauvre garçon perdait beaucoup de sang et soufflait en montant la côte.

Il me donna son fusil, son sac à poudre, ses balles, et me dit :

— Tu sais, Leborgne, il repousse, le pauvre chéri. Il faut connaître ses habitudes et ne pas le maltraiter. Malgré ça, bon enfant comme tout, pourvu qu'on le prenne par la douceur.

Ensuite il baisa la crosse et le canon et s'en alla en s'appuyant sur un échalas de vigne qui se trouvait là dans le sentier.

Moi alors je montai la côte avec le commandant, qui me dit :

— Où est Blücher ?

— A cinq cents pas d'ici, là-haut, dans le brouillard.

— Tout seul ?

— Avec son état-major, deux escadrons de uhlans et deux bataillons d'infanterie.

Un des fils du commandant des chapeaux ronds, le plus jeune, celui qui avait quinze ans, dit alors à M. Debray :

— Père, tu vas voir tout à l'heure si je tire bien. A cent pas, je parie de l'abattre !

— Fais bien attention, rétorqua le vieux. Ne jette pas ta poudre aux moineaux et ne t'approche pas trop, de peur d'être abattu toi-même. D'ailleurs, si tu le tuais, à quoi ça servirait-il? Il y en a mille comme lui dans l'armée prussienne.

Et il dit à ses hommes :

— Camarades, l'armée nous suit. Vous, mettez-vous à dix pas les uns des autres, en tirailleurs, et si je fais sonner la retraite par mon clairon, descendez. Il ne s'agit pas de se faire tuer pour rien aujourd'hui, mais de faire de bonne besogne. Si nous sommes soutenus par l'armée au milieu du brouillard, nous pouvons entrer à Laon, et alors Blücher et les autres passeront un vilain quart d'heure. En avant, les amis! et vive la France!

Je remarquai que le bourgeois ne disait pas comme les soldats : « Vive l'empereur! » ni ses hommes non plus. Il lui en voulait, lui, parce que l'autre avait renversé la République, et les hommes parce qu'on les écrasait de conscription et de droits réunis.

Ça, c'est de la politique, mais c'est ce qui a perdu le grand Napoléon, sans quoi on ne l'aurait pas lâché tous ensemble comme on fit parce qu'on en avait assez de la guerre et des impôts. On garda pourtant les impôts; mais la guerre tomba dans le trou avec Napoléon, et, ma foi, quand on a la moitié de son content en ce monde, il faut se tenir tranquille et remercier Dieu.

C'est ce qu'on fit.

Pour te revenir, on se disperse à droite et à gauche dans le brouillard sans être vu des Prussiens, et l'on arrive à cinquante pas à peu près d'eux sans dire un seul mot, rapport à la surprise qu'on voulait leur faire comme si c'avait été leur fête ce jour-là.

Tout à coup, voilà qu'ils nous aperçoivent. Ils avaient remis l'arme au pied après avoir tiré sur moi et croyaient sans doute n'avoir plus à travailler du reste de la journée.

Même derrière les trois premiers rangs on leur faisait des distributions de vivres.

Ça, c'était dans le chemin qui est au-dessous du rempart et qui descend vers Ardon.

Dans le temps qu'ils arment leurs fusils et nous mettent en joue, voilà que le commandant des chapeaux ronds nous crie :

— Feu à volonté !

Et quarante coups de fusil ou de carabine partent en même temps de notre côté. Presque tous avaient porté dans le tas, car les Prussiens étaient en rangs serrés. Chose certaine et que je peux dire avec serment, j'ai vu tomber un officier que j'avais visé. Maintenant la balle était-elle de moi ou d'un autre ? Le bon Dieu seul peut le savoir.

A notre tour nous recevons trois ou quatre décharges en feu de peloton qui ne nous firent pas grand mal parce que nous étions loin les uns des autres, et nous reculâmes de cinquante pas peut-être sur la côte pour rentrer dans le brouillard, recharger nos fusils et revenir.

Ça dura bien environ dix minutes. Ils tiraient sur nous et nous tirions sur eux. La nuit allait venir.

Je demandai à M. Debray :

— Où sont donc nos soldats ?

Il me répondit :

— Sans doute ils se sont perdus dans le brouillard, car ils devraient être là.

Et c'était vrai. A nous cinquante, nous ne pouvions pas emporter la ville de Laon et vingt mille Prussiens ou Russes qui étaient dedans, sans compter ceux du dehors et de la route de Reims où on entendait le canon.

En même temps voilà qu'un sergent français arrive à nous tout essoufflé et nous crie :

— Vous n'entendez donc pas? On sonne la retraite! Descendez! c'est le maréchal qui l'ordonne.

Je demande :

— Quel maréchal?

L'autre me répond :

— Le maréchal Ney. Les Russes viennent de rentrer dans Ardon. Ils sont déjà maîtres des premières maisons. On ne se bat plus qu'à coups de crosse et de baïonnette, tant on est près les uns des autres.

M. Debray demanda :

— Mais l'infanterie qui venait derrière nous, où est-elle?

— Ils ont redescendu la côte, excepté deux compagnies qui étaient là tout à l'heure à votre gauche, dans le brouillard, et qui allaient donner l'assaut. Mais je les ai avertis. Ils descendent.

Alors le commandant des chapeaux ronds dit au clairon qui se tenait près de lui :

— Simon, sonnez la retraite.

C'était dommage; mais que faire à nous seuls contre une armée? Le clairon sonna, et nous redescendîmes tristement la côte. Heureusement, comme on n'y voyait plus clair, les Prussiens ne tiraient plus et nous poursuivaient encore moins.

Tout à coup, comme nous avions fait à peu près trois ou quatre cents pas, le commandant se retourne et demande :

— Charles! Es-tu là?

— Oui, père.

— Et ton frère?

Le frère, c'était le plus jeune, celui qui voulait abattre Blücher d'un coup de fusil.

— Père, je croyais qu'il était à côté de toi, dit l'aîné.

Le vieux poussa un cri terrible :

— Pierre, mon petit Pierre, où es-tu? Descends! descends!

Personne ne répondit :

Le vieux dit au sergent :

— Prenez le commandement et ramenez ma troupe au maréchal. Je vais chercher l'enfant!

Les autres voulaient remonter, parce que le petit était tout jeune et aimé de tout le monde; mais le père leur cria :

— Descendez C'est l'ordre. Il ne faut pas pour un seul vous faire exterminer tous. Toi, Charles, viens avec moi. C'est ton droit.

Alors je lui dis :

— Monsieur Debray, je ne suis pas de votre troupe ni d'aucune autre. Laissez-moi monter avec vous. Je pourrai peut-être vous donner un coup de main comme vous me le donneriez vous-même en pareille occasion.

Il me serra la main et me laissa venir avec lui.

Il faisait si noir qu'on n'y voyait plus à trois pas devant soi. Nous cherchâmes pendant une demi-heure, ne pouvant pas reconnaître l'endroit où nous avions passé.

Nous trouvâmes d'abord trois morts de notre troupe. C'est tout ce que nous avions perdu. Il y avait eu aussi cinq ou six blessés, mais ils descendaient la Cuve Saint-Vincent avec les autres. Deux étaient portés par les camarades. Les autres suivaient clopin-clopant, comme ils pouvaient, bien heureux de n'être pas poursuivis, car on les aurait attrapés facilement.

De temps en temps le vieux criait dans le brouillard :

— Pierre, mon petit Pierre, es-tu là?

Et il me disait à moi :

— Quand je pense que je serais content si ces gueux l'avaient fait prisonnier !

Ça, c'était pour se rassurer et croire que l'enfant vivait encore; moi, je faisais semblant de croire aussi, mais je ne croyais rien du tout, excepté qu'il était étendu sur la terre.

Tout à coup, comme le père continuait de crier, voilà qu'à dix pas de nous l'enfant répond d'une voix faible :

— Papa ! papa ! Je suis là. Mais je ne peux pas marcher.

Nous y courons tous les trois, le père, le frère et moi. Le père lui saute au cou, l'embrasse et veut l'emporter dans ses bras. Je l'aurais aidé. Le petit poussa un cri et lui dit.

— Oh ! non. Laisse-moi là. Ça me fait trop de mal.

Le père lui dit en pleurant :

— Nous te guérirons. Leborgne, va chercher un brancard. On te transportera. Je vais rester à côté de toi avec ton frère.

J'allais descendre en effet, quand le petit lui répondit en le prenant de ses deux bras par le cou :

— Pas la peine, papa ! Ce n'est pas la peine. J'ai une jambe cassée et deux coups dans la poitrine. Des balles sans doute, car je n'ai pas vu ceux qui m'ont frappé. Je sens ma redingote et ma chemise toutes mouillées de quelque chose de chaud, du sang, peut-être... Père, embrasse-moi. Tu embrasseras maman et mes sœurs pour moi. Tu leur diras que je suis mort en combattant pour la France comme tu me l'avais recommandé quand j'étais tout petit... Et toi, Charles, viens m'embrasser aussi. Je t'aimais bien, va, et papa aussi, et maman, et nos sœurs. Ah ! j'étouffe ! C'est fini. Adieu, papa.

En effet, c'était fini. Le pauvre garçon venait de mourir.

Le père, assis par terre, tenant la tête de son enfant sur ses genoux, pleurait sans rien dire et l'embrassait de toutes ses forces. Le fils aîné pleurait aussi, en embrassant son père et son frère. Moi, je ne savais que faire ni que dire.

A la fin pourtant je pensai :

— Il faut les ôter de là, tout de même.

Et je demandai au vieux :

— Monsieur, il ne faut pas laisser l'enfant aux mains des Prussiens. Il faut le transporter tout de suite.

Il me répliqua :

— Vous avez raison, Leborgne.

Et alors, prenant l'enfant par la tête et par les pieds, nous descendîmes la vallée jusque dans le faubourg d'Ardon, qui était rempli de morts français et russes et de maisons brûlées.

Personne ne fit attention à nous, comme tu peux croire, et nous déposâmes le pauvre garçon, qui était blanc comme un lis et qui souriait encore après sa mort, dans la maison d'un jardinier que je connaissais.

J'allais quitter le père et le frère, quand le père me dit :

— Tenez, Leborgne, gardez le fusil de l'enfant en souvenir de lui et de nous.

Il m'embrassa, et le frère aîné aussi.

Il ajouta :

— Mon fils aîné ira demain à Paris rejoindre sa mère et ses sœurs.

L'autre voulut répliquer. Le vieux lui dit :

— Je te l'ordonne. Tu partiras quand nous aurons enterré ton frère. Moi, je reste. C'est mon devoir de mourir pour la patrie. C'est le tien de vivre pour elle. Tu porteras une lettre à ta mère, et tu tâcheras de la consoler.

Puis il reprit :

— Quant à vous, Leborgne, vous serez toujours un ami pour moi et pour toute ma famille. Souvenez-vous-en si vous avez jamais besoin d'être aidé ou seulement d'avoir un bon conseil pour vous et les vôtres. On ne sait qui vit ni qui meurt; mais si je meurs le premier, c'est mon fils Charles qui tiendra ma place près de vous et de vos enfants.

(Comme il l'a tenue, en effet, car c'était lui aussi, un brave jeune homme, et d'une espèce qu'on ne voit pas souvent.)

Après ça, qui ressemblait à un testament et qui en était un en effet, M. Debray me fit ses adieux, et j'allai voir le 5ᵉ dragons pour tâcher de retrouver mon frère André, s'il vivait encore.

Mais juge de mon étonnement : comme j'entrais dans le bivouac des dragons, une voix m'appelle en criant :

— Frère! Eh! frère!

Je me retourne. C'était ma belle-sœur, la Pauline.

XXX

Elle me dit en riant et montrant ses dents, qui étaient, ma foi, très-blanches :

— Vous ne m'attendiez pas ici, n'est-ce pas, Leborgne?

— Ah! pour ça, non! Est-ce qu'il est arrivé quelque malheur à la maison?

— Ah! bien oui! Est-ce que je serais là si la Marianne était malade, ou votre père, ou les petits? Est-ce que ça peut se passer de moi? Est-ce que je peux me passer d'eux?

— Vous vous en passez pourtant bien aujourd'hui, soit dit sans reproche, la Pauline! et ça pour suivre les garçons, sans doute?

— Comme vous le dites, Leborgne; pour suivre les garçons et principalement votre pauvre frère André qui a tant besoin de moi! C'est lui qui me l'a dit, du moins.

— Et vous l'avez cru! Ah bien! je vous croyais plus sage.

La Pauline me répliqua, car c'était une fille d'esprit et qui n'avait pas sa langue dans sa poche:

— Tout ça, c'est parce que je n'ai pas lavé et torché ce matin vos quatre petits! Vous êtes injuste, Leborgne. D'ailleurs (ici elle me parla presque bas), je suis venue pour autre chose. Savez-vous ce que j'ai rêvé, la nuit dernière?

— Oh! si vous me racontez vos rêves, maintenant!

— Ne riez pas, Leborgne. J'ai bien peur, moi! Savez-vous que j'ai rêvé qu'André allait être tué quelque part dans les bois, que je ne le reverrais jamais, que la maison brûlait, et tous les malheurs possibles? Alors j'ai dit à Marianne: « Il faut que j'aille voir moi-même ce qu'on fait là-bas. » Marianne m'a dit: « Tu es folle! Reste ici. Que vas-tu faire là-bas? »

— Elle avait raison, Marianne. Vous seriez bien mieux là-bas qu'ici!

— Ah! vous croyez? Eh bien! le père n'est pas de

votre avis. Il a lui-même attelé l'âne à la petite cariole; il l'a remplie de provisions, et il m'a dit : « Si André est blessé, ramenez-le, Pauline. » Et je suis partie, et me voilà !

— Et vous avez retrouvé votre André?

— Oui, j'ai retrouvé mon André, qui s'était battu comme un diable toute la journée avec ses camarades. Il a été bien content de trouver une écuelle de bonne soupe aux choux avec du lard dedans, que j'avais faite pour lui tout exprès, et une bonne bouteille de vin que je cachais sous mes jupons de peur qu'on ne me la prît.

— Alors vous avez dîné ensemble comme deux amoureux?

— Comme deux amoureux, oui, Leborgne, et comme deux qui seront bientôt mariés, je vous en réponds. Il m'a dit que ça serait tout de suite après la paix. Vous viendrez à notre noce, et les petits aussi, et la Marianne aussi, et vous ne gronderez pas comme un vieux mari que vous êtes. Entendez-vous, Leborgne? A propos, j'oubliais de vous dire que le vieux et moi nous avions enterré avant-hier les Prussiens que nous avions tués la veille, vous et moi.

— Qu'avez-vous fait du blessé?

— Je l'ai mis sur ma carriole et je l'ai déposé dans un village où il pourra peut-être trouver un chirurgien. Il nous faisait trop peur chez nous.

Tout à coup je demandai :

— Enfin, où est donc André?

— On a sonné le boute-selle, comme il dit, et il est allé en reconnaissance avec les autres. Il va revenir tout à l'heure... Et tenez, le voilà.

On entendait la sonnerie et le retour des dragons.

Elle s'élança joyeusement au-devant de lui en criant :

— André ! André !

Le maréchal des logis Berry, camarade d'André, la vit, me reconnut, et, sans dire un mot, à cause de Pauline, me fit signe d'approcher.

Il me montra une brouette sur laquelle on avait mis mon pauvre frère et que deux de ses camarades traînaient comme ils pouvaient.

Il était là, pâle, blessé, les yeux fermés, presque mourant à cause du sang qu'il avait perdu.

Le maréchal des logis me dit tout bas :

— J'ai peur qu'il soit mort. Il y a un quart d'heure qu'il a reçu un coup de fusil à bout portant sur la route de Clacy. C'était dans l'obscurité, à la tombée de la nuit. On ne voyait pas à quatre pas devant soi. L'homme était caché dans le fossé. Nous l'avons tué. C'est égal, c'est dommage. Le lieutenant allait avoir la croix.

Je pris la main de mon frère, qui pendait hors de la brouette, pendant que Pauline le serrait dans ses bras et criait de toutes ses forces :

— André ! mon pauvre André ! ne me reconnais-tu pas ? C'est moi, c'est ta Pauline !

Il ouvrit les yeux et fit signe qu'il la reconnaissait, mais qu'il ne pouvait pas parler. Quelque chose l'étouffait en dedans.

Il me vit ensuite, et comme je lui tenais la main, sans la serrer, de peur de lui faire mal, il pressa la mienne doucement, tout doucement, pour montrer qu'il me reconnaissait. Pauvre frère !

Alors nous le portâmes à l'ambulance avec l'aide des dragons, et le chirurgien, après l'avoir regardé un moment et sondé, lui retira la balle qui était dans la poitrine et dit tout haut :

— Ce n'est rien. Six semaines de repos, il n'y paraîtra plus. Il faut l'évacuer sur l'hôpital militaire de Soissons.

Puis, comme la pauvre Pauline se réjouissait déjà et déchirait son mouchoir pour arrêter le sang qui coulait, il saisait brusquement le mouchoir et me dit tout bas :

— Si le sang reste à l'intérieur, comme c'est probable, votre frère est f...ichu. Il mourra étouffé dans trois minutes.

Ensuite il donna ses ordres pour la manière de le panser, et, comme il disait, il passa au suivant.

C'était un brave homme, ce chirurgien, et même un baron de l'Empire, à ce qu'on m'a raconté depuis ; mais il avait vu tant de morts et de blessés qu'il ne perdait pas son temps à parler comme un avocat.

XXXI

Les camarades d'André s'avancèrent pour le mettre dans la voiture d'ambulance avec les autres blessés et l'évacuer, comme disait le chirurgien, sur Soissons. J'aurais moi-même laissé faire, car avant tout il fallait qu'il fût pansé ; mais la Pauline se jeta devant eux comme une lionne et cria qu'on ne le lui prendrait pas, qu'il serait bientôt son mari, et qu'elle ne voulait pas qu'il mourût à l'hôpital, loin de sa famille, avec les autres.

Berry lui dit :

— C'est l'ordre.

Mais elle le repoussa. Le maréchal des logis, voyant sa colère, s'en alla en disant :

— Après tout, elle a peut-être raison. Mourir ici tout de suite ou dans trois jours à l'hôpital, c'est bien la même chose. Et même il souffrira moins ici.

Je voulus le retenir, mais la Pauline me cria (car tu sais, les meilleures femmes vous arrachent les yeux quand on les contredit) :

— Vous n'avez donc pas de cœur, Jean Leborgne! Vous voulez donc le laisser mourir! C'est votre frère de père et de mère, c'est la chair de votre chair et le sang de votre sang. Voulez-vous qu'on le mette en tas avec les autres, dans l'hôpital, où personne ne prendra soin de lui?

— Mais vous voyez bien qu'il ne peut pas rester ici; les Prussiens y seront peut-être demain!

— Eh bien! Et l'âne? Et la voiture? Nous allons le rapporter à la ferme. N'est-ce pas, André, que tu veux que je te rapporte chez nous?

Le pauvre André lui fit signe qu'il voulait.

Alors je répétai tout bas à Pauline ce que le chirurgien m'avait dit : que si le sang venait à couler en dedans et à lui remplir la poitrine, il mourrait étouffé. En effet, il ne respirait déjà plus qu'avec peine.

Alors, sans répondre un mot, elle lui déchira la chemise, appliqua ses lèvres sur la blessure et se mit à sucer le sang comme un enfant qui tette sa nourrice.

Au bout d'une minute il avait l'air soulagé et la regardait comme un homme qu'on vient d'arracher à la mort. Un des dragons dit tout haut :

— Voilà une brave femme, et comme je voudrais en trouver une pareille à la maison quand j'aurai mon congé.

Elle se releva, les lèvres encore teintes du sang d'André, et lui répliqua :

— Celui-là, monsieur le dragon, c'est mon homme. Il est à moi. C'est à moi d'en prendre soin.

Et, ma foi, je t'assure que personne n'avait envie de rire.

Alors nous prîmes André dans nos bras et nous le couchâmes dans la petite voiture sur deux manteaux de morts qui ne pouvaient plus servir à leurs maîtres. On étendit le sien sur lui. La Pauline s'assit à côté pendant que j'attelais l'âne. Elle prit les rênes et le fouet, et partit en me disant :

— Bonjour, frère. Vous nous retrouverez à la maison. Je donnerai de vos nouvelles à votre père, à la Marianne et aux petits.

A voir son air hardi, délibéré, content d'avoir retrouvé et repris son homme, vous auriez cru qu'elle allait à sa propre noce. Mais quelle noce, grand Dieu ! que celle que nous fîmes dans cette semaine ! J'en frémis encore, tout vieux que je suis.

XXXII

Comme tu vois, j'étais resté en gage, chez les Français, c'est vrai, mais mal à mon aise tout de même. Il fallait rendre compte de mon voyage à Laon. Je ne craignais plus d'être fusillé comme un chien par les Prussiens, mais j'allais être forcé de tenir ma place à la fin de la bataille, car tout ce que j'avais vu dans la journée n'était quasi rien, à ce qu'on me dit, auprès de ce qu'on devait faire le lendemain.

On avait pris les faubourgs de Laon, c'est-à-dire Ardon, Semilly et Clacy; mais qu'est-ce que c'est que ces faubourgs? La montagne est en face. C'est là qu'est la ville avec ses murailles dont j'avais eu le temps de mesurer la hauteur quand je sautais de branche en branche dans le platane et de là dans la Cuve de Saint-Vincent, sous le feu de trois ou quatre mille Prussiens.

Grimper là haut, si haut que les tours de la cathédrale se voient de plusieurs lieues à la ronde, voilà qui n'était pas facile, et cependant il le fallait. C'est ce que le marchef Berry m'expliqua, car c'était un homme plein d'esprit et qu'on aurait pu faire préfet s'il avait eu des parents riches et bien posés à la cour, ou s'il avait su seulement chanter des romances devant les dames en tournant vers le bon Dieu des yeux blancs comme ceux des carpes frites.

C'est lui-même qui m'expliqua toutes ces choses et même qu'une grosse dame veuve de Magdebourg (où est-ce, ça, Magdebourg? Je n'ai jamais pu le savoir) avait offert de l'épouser s'il voulait donner sa démission de marchef au 5ᵉ dragons. Mais lui ne voulut jamais. Ça n'allait pas avec ses opinions politiques. Et cependant elle avait douze mille florins de rente. Mais, comme il dit, de marchef au 5ᵉ dragons devenir rentier à Magdebourg (c'est là qu'il fallait rester pour toucher les rentes), il aurait cru d'évêque devenir meunier. C'est de ces choses qu'on ne fait pas, excepté quand on va mourir de faim.

Tout ce que je te dis là, c'est des histoires et des pensées du marchef; mais voici où je reviens à mon affaire.

Vers dix heures du soir, au moment où j'allais dormir, couché sur la paille, on me fait lever. C'est l'empereur qui me demandait.

J'entre dans la maison où il était avec l'état-major, et, tout autour, un bataillon de la vieille garde, des soldats à bonnets à poil, avec des moustaches terribles et un air de massacreurs de monde. On croyait voir des dogues.

Napoléon leva les yeux, me regarda et dit :

— C'est vous, Leborgne?

(Tu vois, il se rappelait mon nom, quoiqu'il ne m'eût vu qu'une fois. Mais c'était un homme unique pour ces choses-là.)

Je fis signe que c'était bien moi, Leborgne.

Alors il me fit raconter tout ce que j'avais vu à Laon et autour de Laon, ce que faisait Blücher, et à côté de lui le Russe Woronzoff et l'Anglais Quatr' Cartes; par quel chemin j'avais passé pour leur échapper, si l'on pouvait faire le tour de la ville et de la montagne... enfin tout ce que je savais.

Quand ce fut fini, et je t'assure que ce n'était pas long et qu'on n'avait pas envie de bavarder avec lui, il se tourna vers le maréchal et lui dit :

— Vous avez fait aujourd'hui un tiers de la besogne. Marmont par Festieux, Athies et le faubourg de Vaucelles, a dû en faire un autre tiers. Demain nous ferons le reste.

Alors tout le monde eut l'air de m'oublier. Je m'assis par terre, appuyé contre le mur, sans m'inquiéter des officiers d'état-major qui passaient au-dessus de moi, me heurtaient avec leurs grosses bottes et qui avaient l'air de me traiter comme un chien. Dans les moments pressés, il ne faut pas faire attention à ça.

L'empereur, lui, après avoir donné des ordres de tous côtés, s'étendit sur un lit de camp qu'on avait mis là pour lui et dont j'aurais eu bonne envie pour moi-même; mais après tout, quand on est fatigué, l'on dort dans toutes les positions. Suffit d'avoir la conscience tranquille ; mais c'est justement ce qu'il n'avait pas, ce Corse ; il avait fait tuer trop d'hommes pour ça, le brigand !

Tout à coup, vers cinq heures du matin, comme je me réveillais à cause du froid, voilà qu'un colonel entre tout crotté de la tête aux pieds en criant :

— L'empereur ! l'empereur !

L'autre lève la tête et dit tranquillement :

— Qu'est-ce qu'il y a?

— Sire, une dépêche du maréchal duc de Raguse.

Et il remet le papier.

Napoléon le lit et demande :

— Qui êtes-vous ?

— Sire, la dépêche que j'apporte a dû vous le dire.

— J'ai lu la dépêche. Mais c'est vous que j'interroge. (Si tu avais vu sa manière d'interroger ! c'était de quoi faire trembler les plus braves.) Répondez, colonel. Qu'est-ce que vous avez fait dans la journée ?

— Sire, répondit l'autre, nous avons marché en avant de Berry-au-Bac sur Laon par la route de Reims. Nous avons rencontré la cavalerie ennemie et nous l'avons poussée devant nous ; puis nous avons dépassé Festieux, brûlé à moitié le village d'Athies, et nous y sommes restés. Il faisait déjà nuit...

Il hésite.

L'empereur lui dit :

— Oui, c'est bien simple. On s'est mis à souper et à dormir en plaine, tranquillement, à deux cents pas de la cavalerie ennemie. Et maintenant les Prussiens et les Russes, qui ne dorment pas et ne soupent pas, eux, sans avoir pris leurs précautions et posé des avant-gardes partout, sont venus sur vous au galop, et voilà un corps d'armée dispersé. Voilà la France perdue parce qu'un maréchal et quelques généraux veulent dîner et souper à l'aise comme à Paris en temps de carnaval.

Le colonel Fabrier essaya de parler; mais l'autre :

— Taisez-vous, monsieur. Si je vous rendais justice, à vous, à votre maréchal et à vos généraux, je vous ferais tous fusiller dans les vingt-quatre heures. Savez-vous que, par votre faute, Blücher, que je croyais tenir, n'a plus rien à craindre que d'un effort désespéré? Savez-vous...?

Je ne veux pas répéter tout ce qu'il dit. D'abord je ne comprenais pas tout. Ensuite j'écoutais le moins possible de peur d'être vu, et que le grand homme me fît fusiller comme il voulait le faire pour ce maréchal qui était son ami principal et particulier. Juge ce qu'il aurait fait pour un paysan de Craonne, si, faute d'avoir un maréchal de France sous la main et voulant faire fusiller quelqu'un, le sort était tombé sur moi. Ne ris pas. Ça s'est vu. Le bon Dieu lui-même, quand il voulut punir le roi David qui venait de faire un recensement (comme M. le curé nous l'a expliqué au prône), donna la peste à trois cent mille Juifs. Franchement, était-ce juste? Et si le bon Dieu, qui est la justice même, a fait ça, crois-tu que Napoléon se serait privé de faire encore pire?

XXXIII

Fin finale. Tu comprends bien que je ne vais pas perdre mon temps à te raconter les discours de l'empereur comme ferait un avocat ou un écrivain public, de ceux qui noircissent de leur encre tous les journaux, au lieu de labourer la terre et de faire des souliers, ce qui est une occupation utile.

Donc Napoléon fait appeler Ney, qui était comme qui dirait son bras droit, et lui explique un tas de choses. Moi, voyant entrer Ney, j'étais sorti, de peur qu'il voulût m'emmener avec lui. J'en avais assez vu la veille. Je ne voulais plus que rentrer chez moi.

Par malheur, le maréchal se plaisait dans ma société. Faut le croire du moins, parce qu'il n'eut pas plutôt quitté son empereur qu'il voulut voir son ami Jean Leborgne et me fit chercher de tous côtés. Comme de juste, c'est à la cantine qu'on me trouva.

Alors je fus mis à cheval à côté de lui comme un seigneur, et je recommençai à trotter, galoper, aller au pas, avancer, reculer, faire demi-tour à droite ou à gauche, enfin tout ce qui lui passa par la tête pendant toute la journée. J'aurais bien voulu partir en le saluant poliment, mais lui me retenait toujours, disant : « Où mène ce chemin ? Et celui-ci ? Et celui-là ? Est-ce que la cavalerie peut passer ? Et les voitures d'artillerie ? Et le reste ? »

Quant à dire ce que j'ai vu pendant cette journée-là,

non, rien ne peut en donner une idée! D'abord nous étions à Clacy, à Semilly et dans le faubourg d'Ardon, tout en vue des murailles de Laon, dans la plaine.

Tout à coup nous entendons un bruit épouvantable : Rataplan! rataplan! rataplan! Tara tantara! tara tantara! Hourra! hourra! hourra! On aurait dit cent mille bêtes féroces avec des tambours et des trompettes, sans compter le bruit des voitures d'artillerie et des coups de canon.

Les Russes et les Prussiens entraient en masse dans la grande rue de Semilly. Tout le pays était noir de soldats. Du premier élan ils allèrent si loin qu'ils poussèrent nos conscrits jusqu'au bout du faubourg. Ils allaient nous rejeter dans la plaine. Là, ma foi, notre affaire était claire. Pense qu'ils étaient trois contre un, et que les conscrits dont notre armée était pleine, fatigués, épuisés comme ils l'étaient depuis six semaines, se seraient fait tous tuer ou prendre.

Le maréchal Ney, qui voit ça, se tourne vers le colonel des dragons Toinet Buchamor en faisant le geste, parce qu'au milieu de ce vacarme affreux on n'entendait presque rien :

— Par la gauche du faubourg! Chargez à fond et coupez leur colonne en deux, ou tout est perdu.

Oh! ça ne fut pas long, je t'assure. Le colonel Buchamor (il n'avait pas volé son nom, celui-là) ramasse tout ce qui restait de son régiment, cinq ou six cents hommes à peu près, qu'on appelait les dragons d'Espagne parce qu'ils venaient de ce pays-là, et commence à défiler au petit trot d'abord, puis au grand trot dans la prairie. A trente pas il prend le galop, lui premier en tête, le sabre à la main, remonte sur la chaussée et entre dans cette masse d'infanterie russe et prussienne en criant : Vive l'empereur ! et tapant comme un sourd.

Non, tu n'as jamais vu chose pareille. En cinq minutes les autres vidèrent la chaussée, et je ne vis plus rien que nos cavaliers qui sabraient avec fureur en les poursuivant du côté de Laon, et deux bataillons ennemis qui se trouvèrent pris dans le faubourg entre les dragons et l'infanterie de Ney.

Ceux-là, leur compte était bon. Quand nos conscrits entendirent qu'on venait à leur secours et que le maréchal, un fusil à la main (son cheval venait d'être tué sous lui), leur montrait le chemin, en passant le premier, comme c'était sa coutume à ce que je me suis laissé dire, ils eurent honte de s'être laissé pousser jusqu'au bout de Semilly, et ils revinrent à la charge en courant, à la baïonnette, tuant tout ce qu'ils rencontraient, excepté deux cents malheureux qui se rendirent, et qu'on envoya sur les derrières de l'armée.

Alors le maréchal se tourna vers moi et me dit :

— Leborgne, montrez-moi le chemin de la Cuve Saint-Vincent, par où vous êtes descendus hier.

Et, ma foi, je le lui montrai, comme c'était mon devoir. Alors nous passâmes sur la chaussée à l'endroit où le colonel Buchamor l'avait traversée un instant auparavant avec son régiment.

Si tu avais vu ça ! Sept ou huit cents morts ou blessés pour le moins. Presque tous Russes ou Prussiens. Il y avait aussi quelques dragons, naturellement, car comme dit Chose, on ne fait d'omelette sans casser des œufs, mais bien peu, parce qu'après les premiers coups de fusil, les autres ne pouvant pas recharger ni se servir de leurs baïonnettes tant ils étaient serrés en tas, avaient reçu presque tous les coups sans pouvoir les rendre. D'ailleurs, vois-tu, pour piquer et pointer, ces dragons d'Espagne auraient donné des leçons à toute la nature, tant ils connaissaient bien la manière pour l'avoir apprise des Espagnols, qui se servent du couteau sans comparaison comme tu te servirais d'une fourchette. C'est leur arme principale, authentique et particulière.

Nous arrivâmes jusqu'au pied de la montagne de Laon, toujours précédés des dragons qui ne perdaient pas leur temps, je t'assure, et qui travaillaient à faire plaisir. A voir leurs sabres s'élever et s'abaisser en mesure, on aurait cru que c'étaient des batteurs de blé en grange.

Mais là, il fallut s'arrêter. On était en vue de la ville et de l'armée prussienne. Plus de soixante canons étaient en batterie au bas du rempart, tout prêts à tirer et se retenant jusque-là de peur de tirer sur leurs amis autant que sur nous.

Les dragons d'Espagne se rangèrent à droite de la chaussée pour nous laisser passer et crièrent en nous voyant : Vive la ligne ! Vive la ligne ! Les conscrits répondirent : Vivent les dragons d'Espagne ! Vivent les dragons !

Et franchement ils leur devaient une belle chandelle, car sans la charge du colonel Buchamor qui tomba sur les Prussiens comme le tonnerre et les éclairs, nos conscrits auraient passé un mauvais quart d'heure.

Le maréchal Ney s'avança vers le colonel et lui serra la main :

— Merci, Buchamor ! Vous avez mené ça comme à la parade. Je le dirai à l'empereur.

L'autre lui rétorqua :

— Mon maréchal, c'est plaisir de travailler sous vos ordres. On sait que vous vous y connaissez.

Après ces compliments, Ney donna ses ordres. Je n'entendis rien à cause du bruit du canon, et aussi parce que je regardais de quel côté sifflaient les balles, car après tout je n'étais pas maréchal, moi, ni colonel, mais père de famille, et je ne demandais qu'à rentrer dans ma ferme et à retrouver ma femme et mes enfants, mon frère et la Pauline.

Pendant que les chefs parlaient et s'entendaient sur ce qu'il y avait à faire, les pauvres conscrits soufflaient, comme c'est naturel, et se tenaient dans un chemin creux à l'abri des balles, en attendant le signal de l'assaut.

Je les appelle conscrits, mais ce n'est pas pour leur faire tort, au contraire. Les deux tiers n'avaient pas vingt ans. On les avait pris au hasard en leur disant : Vous avez dix-huit ans, dix-neuf ans, l'empereur a besoin de vous. Allons, allons, marchez devant, ou les gendarmes vont vous conduire à la gloire. Et plus vite que ça, parce que la gloire et l'empereur, c'est tout à fait la même chose. Se faire tuer pour l'empereur, c'est tout comme si l'on se faisait tuer pour la gloire, puisque l'empereur et la gloire, c'est comme qui dirait le frère et la sœur. Il n'y avait pas de gloire avant qu'il y eût un empereur. Il n'y avait pas d'empereur avant qu'il y eût de la gloire. Ils étaient venus tous deux en même temps, la gloire sous le bras de l'empereur.

Tu ne me comprends peut-être pas? Eh bien, c'est ce que j'ai entendu de mes oreilles expliquer par le sous-préfet de Soissons, un matin qu'il présidait le conseil de révision, en 1810, à l'époque où le préfet se cassa une patte, comme disait son valet de chambre, pour avoir voulu patiner pendant l'hiver sur la glace devant une grande princesse, sœur de Napoléon. Ça lui avait mal réussi, et sa femme, pour le consoler de son malheur, lui disait tous les matins :

— Voilà ce que c'est que de vouloir faire le jeune homme, monsieur le préfet, quand on est d'âge mûr et qu'on ne peut plus patiner. Je vous avais bien dit de ne pas vous frotter aux grandes princesses et qu'il vous en arriverait malheur. Me croirez-vous, maintenant?

Pour revenir à nos conscrits, tout jeunes qu'ils étaient et qui connaissaient à peine la charge en douze temps, on aurait peine à croire ce qu'ils firent ce jour-là, et je ne l'aurais pas cru moi-même si je ne l'avais pas vu.

Quand le maréchal Ney les eut laissés reposer un quart d'heure, il se tourna vers moi et me dit :

Allons, Leborgne. Encore un coup de collier. C'est le dernier. Quand nous serons là-haut, nous n'aurons plus besoin de vous. Allons! allons!

Moi, je pensais :

— Oui, allons à la mort !

Et je lui rétorquai :

— Mon maréchal, j'irai avec vous partout où vous voudrez; mais voyez-vous, ça, c'est impossible pour vous comme pour moi. Ils sont là-haut plus de quarante mille qui nous attendent à couvert, avec des canons, de la mitraille et tout le tremblement. Ces petits-là vont se faire tuer comme des mouches avant d'être à moitié chemin.

Le rougeot me rétorqua :

— Leborgne, ce n'est rien d'être tué. Avant tout, il faut sauver la France. Si nous ne prenons pas Laon aujourd'hui, ces gueux prendront Paris.

Et il donna le signal du départ.

Nous entrâmes dans la Cuve Saint-Vincent, sous le feu

des Prussiens qui étaient là-haut et qui visaient bien à leur aise, comme des chasseurs à l'affût. Heureusement les fusils de munition ne sont pas faits pour viser longtemps et ne nous firent pas moitié autant de mal qu'on pourrait croire. Tantôt les balles tombaient en avant de nous comme des pierres et nous faisaient sauter la boue au visage, tantôt elles passaient par-dessus nos têtes.

De notre côté, les tirailleurs qui marchaient en avant faisaient feu par-ci par-là, et manquaient rarement leur coup, d'abord parce qu'on les avait choisis parmi les meilleurs tireurs, ensuite parce qu'ils visaient dans le tas, et que le gibier était bien en vue.

Quand nous fûmes à cinquante pas de la route et des clôtures où les Prussiens avaient fait des meurtrières par où sortaient leurs fusils et leurs canons, sur un signal donné par le maréchal Ney, tout le monde courut à l'assaut; mais c'est là qu'on vit que le bon Dieu est souvent avec les gredins.

Au moment même où Ney donnait le signal, on entend un terrible patatras! Pan! pan!! Boum! boum! boum! C'étaient les canons et les fusils des Prussiens et des Russes qui nous visaient depuis cinq minutes et qui partaient tous ensemble. Il y eut quelque chose comme un grand cri de deux ou trois mille hommes. Un quart de ceux qui montaient à l'assaut étaient couchés par terre. On aurait dit un coup de faux dans un pré, au printemps.

Et tu crois que ces gueux s'arrêtèrent là? Pas du tout. Quand ils virent comme leur mitraille réussissait, ils continuèrent à tirer pendant plus d'un quart d'heure, c'est-à-dire, bien entendu, tout le temps qu'il nous fallut pour redescendre la côte.

En arrivant au bas, je vis le maréchal Ney qui descendait comme les autres, tout brave qu'il était. Il y a des jours où l'on est forcé de se sauver, comme disait mon ami Tardieu l'aubergiste, quand sa femme lui cherchait querelle.

Et pourtant Tardieu était un brave. Il s'était battu plus de vingt fois dans son cabaret avec tous les mauvais gueux du pays; mais pour sa femme, quand elle lui dit qu'elle l'avait vu entrer avec la Rosine, sa servante, dans la cave, et que ce n'était pas pour tirer du vin au tonneau, — à preuve qu'elle les avait suivis et qu'elle l'avait surpris à embrasser Rosine sur un tas de planches, — alors, oh! alors, Tardieu devint doux comme un mouton, demanda pardon, excuse à sa ménagère, reçut deux soufflets sans les rendre, et fut encore bien heureux d'être pardonné trois jours après.

Maintenant, tu sais tout ce que je pourrais te dire de la bataille. Pour le reste, je ne me rappelle plus rien. Les ennemis descendirent encore. On les reçut, comme on avait fait le matin, à la pointe des sabres et des baïonnettes. On les massacra. On fut massacré. Nos canons de Clacy et les canons prussiens de Laon tiraient sur nous et sur les autres, en face et par côté. Les boulets emportaient des files entières. Les Russes et les Prussiens descendaient sur Clacy, Semilly, Ardon. Nous les faisions remonter sur Laon, la baïonnette aux reins; mais là, il fallait s'arrêter, et c'était leur tour de redescendre sur nous et de poursuivre nos conscrits dans les faubourgs.

Pour aller plus loin, ils n'osaient pas. Derrière les conscrits, ils voyaient les bonnets à poil de la vieille garde qui regardaient la bataille et les conscrits, comme la vieille poule regarde ses petits poulets, toute prête à sauter au visage de quiconque.

Une seule fois, comme on voyait venir à droite une colonne de cavalerie prussienne qui essayait de nous prendre par derrière (du même coup ils auraient enlevé Napoléon et tout l'état-major), j'étais là, je l'ai vu, un général tout blanc de barbe et de cheveux, un nommé Friant, à ce qu'on m'a raconté, dit au chef de bataillon des grenadiers de la garde :

— Mettez vos hommes en carré.

L'autre lui rétorqua :

— Pas besoin, mon général.

Et quand les cavaliers prussiens, qui venaient au grand trot, furent à vingt pas, tous les fusils s'abaissèrent en même temps et firent feu. D'un seul coup les trois premiers rangs d'hommes et de chevaux étaient par terre.

En même temps, les tambours battirent la charge; mais les autres, en voyant cette première décharge et les baïonnettes qui allaient suivre, s'en allèrent au galop vers Ardon, où il faisait moins chaud.

Avec tout ça, tu me demanderas si nous avons gagné la bataille.

Eh bien! non, nous l'avons perdue.

Qu'est-ce que tu veux? Ils étaient trois contre un et fichés sur une montagne. Ils avaient des masses de canons et de fusils. Ils nous voyaient venir, et nous ne les voyions pas nous, moi seul excepté, qui les vis plus que je ne voulais, puisqu'ils manquèrent de me fusiller. Le vieux Blücher était une franche canaille, un ivrogne, un sac-à-vin, un brigand, un coquin, un voleur, un tout ce que tu voudras, mais il était à son affaire. Il ne gouvernait pas les empires, mais il ne les perdait pas non plus; il se battait comme un enragé; enfin c'était un sale Prussien, mais c'était un vrai Prussien.

Je te dis ce qu'on m'a dit. Si je me trompe, c'est aux savants de me relever du péché de paresse.

Et maintenant tout ce que j'ai vu de la bataille de Laon est fini. Le reste, c'est mes affaires particulières et celles de ma famille.

Le soir, au moment où le maréchal Ney se débottait d'un air fatigué dans une maison à moitié démolie du faubourg de Semilly, je lui dis :

— Monsieur le maréchal, vous n'avez plus besoin de moi?

Il me répondit en colère :

— A quoi vois-tu ça?

Je lui rétorquai :

— Monsieur le maréchal, je ne suis pas pour vous donner des conseils, grâce au ciel! mais vous feriez tuer tout votre monde avant de pouvoir monter là-haut...

(De la main, je lui montrais la montagne et la ville.)

— Eh bien, après?

— Alors, monsieur le maréchal, vous ne pouvez pas non plus rester ici avec l'empereur, puisque vous avez affaire ailleurs. Vous allez donc partir pour aller dans les pays lointains, là-bas, vers Paris peut-être. Mais alors je ne peux plus vous servir à rien, car excepté Laon et Soissons, je ne connais rien dans le département. Donnez-moi mon congé.

Il me le donna et me dit :

— Tu seras peut-être bien aise que je dise à tout le monde que tu es un brave?

Ah! certes!

Je lui répondis :

— Mon maréchal, moi, j'en serais bien aise, ça va sans dire, et ma femme aussi; mais mon père, voyez-vous, en serait tellement heureux qu'il en serait fier, et mes enfants aussi. Dans ce cas, je ne changerais pas ma place pour celle d'un empereur.

Il se mit à rire et m'écrivit un certificat. Le voici, écrit et signé de la main de Michel Ney, maréchal de France, duc d'Elchingen, prince de la Moskowa :

« Je soussigné, prince de la Moskowa, certifie que Jean Leborgne, cultivateur et fermier du canton de Craonne, a rendu, pendant les journées des 7, 8, 9 et 10 mars 1814, les plus grands services à l'armée française par son courage, son sang-froid, son intelligence, sa connaissance des lieux et son dévouement à la patrie.

« Semilly, 10 mars 1814.

« Michel Ney,
« Prince de la Moskowa. »

Il chercha dans son sac de voyage, en tira un pistolet d'arçon, tout garni d'or et d'argent à la poignée, et me l'offrit en me disant :

— C'est en souvenir de moi.

Il ne s'est pas trompé. C'est le pistolet que tu vois suspendu à la cheminée, au-dessus de mon fauteuil.

Quant au certificat, il est là, dans ce tiroir, à côté de mon acte de naissance et de mon contrat de mariage avec ta grand'mère, aujourd'hui défunte.

Quand il m'eut donné son pistolet et serré la main comme à un ami, le maréchal me dit :

Vous pouvez partir tout de suite, Jean Leborgne. Demain nous retournerons à Soissons, et de là je ne sais où. Rentrez dans votre ferme.

C'est bien ce que je comptais faire; mais c'est là aussi que les plus terribles aventures m'attendaient.

XXXIV

Au moment de partir, je voulus dire adieu aux amis et surtout au pauvre M. Debray, le chef des francs-tireurs, que je n'avais pas vu de toute la journée, ni lui, ni les autres en blouse qui le suivaient. On me dit qu'il était parti le matin avec ses hommes, et qu'il avait une mission de l'empereur.

Ça ne m'étonna pas, car c'était un ancien chef de bataillon, savant, plein de moyens et de capacité, et qui serait devenu général s'il avait voulu rester au service en 1804; mais voilà, il était républicain et ne voulut pas servir l'empereur. C'était son idée, à lui et à beaucoup d'autres, et comme il avait un bien assez considérable à Vailly, tout près de Soissons, il se mit à cultiver ce bien, et même il s'en faisait un bon revenu.

Mais je ne fus pas longtemps sans le rencontrer, comme tu vas voir bientôt, et si je suis encore de ce monde, je peux dire que c'est à lui que je le dois, — après le bon Dieu, bien entendu, car ils me tirèrent tous deux d'une terrible peine où le diable m'avait mis.

Pour te revenir; je marchai toute la nuit dans les bois par des sentiers qui ne sont connus que des gens du pays et en évitant les maraudeurs de toutes les nations qui m'auraient tué comme un lapin, rien que pour me prendre le beau fusil de chasse que M. Debray m'avait donné, et j'arrivai le matin, vers cinq heures, à la porte de ma ferme.

Mais c'est là qu'une surprise m'attendait.

A mesure que j'approchais de la maison, j'entendais des beuglements de veaux qui appellent leurs mères et demandent à teter, des mugissements de bœufs, des bêlements de moutons, des grognements de cochons, des cris d'hommes et de femmes, des coups de fouet, enfin un tapage si fort qu'on se serait cru dans une foire.

Quand je voulus ouvrir ma porte, elle était barricadée avec des poutres, et deux ou trois hommes à l'intérieur armèrent leurs fusils. L'un d'eux regarda par-dessus le mur et, ne me reconnaissant pas, cria :

— Qui vive? Réponds', ou je fais feu!

Heureusement, car j'avais eu peur d'abord que ce fussent des Prussiens, je reconnus celui-ci à la voix.

C'était David, un de mes amis de Corbeny, un ancien sergent retiré du service depuis vingt ans, avec qui je faisais souvent des affaires de paille, de foin et de bestiaux dans les foires.

Je lui dis :

— C'est moi, Jean Leborgne.

Aussitôt la Marianne, qui était derrière le mur, lui cria :

— Ne tirez pas, David, c'est mon homme! Ah! pauvre Jean, j'avais bien cru ne jamais le revoir.

Et toutes les femmes (il y en avait plus de cinquante avec leurs enfants) crièrent à leur tour :

— Ne tirez pas David! Ne tirez pas! C'est son homme! c'est l'homme de la Marianne! Ne faites pas un malheur pareil! Le bon Dieu ne vous le pardonnerait pas!

Et les petits enfants, qui voulaient aussi faire quelque chose, se mirent à crier encore plus fort que leurs mères et que les bestiaux.

Mais David n'avait pas besoin de leurs conseils. Il alla chercher une échelle, me la fit passer par-dessus le mur de la cour, qui était haut de plus de quinze pieds, et me dit seulement :

— Quand tu seras monté, retire l'échelle pour qu'elle ne puisse pas servir à ces mauvais gueux de Prussiens.

Ce que je fis, comme on peut croire.

Alors tout le monde se mit à m'embrasser, à me sauter au cou, à me grimper dans les jambes, la Marianne et mes enfants les premiers comme de juste, et après, mon père et la Pauline, et tous les voisins.

Je demandai à la Pauline :

— Comment va ton André?

— Comme un charme.

— Vous n'avez pas fait de mauvaise rencontre sur la route?

— Pas la moindre. Le chirurgien avait retiré la balle. Le sang a coulé. André est bien faible, là-bas dans votre lit, que la Marianne lui a cédé pour qu'il fût plus à son aise, et voilà.

Puis, se tournant vers le vieux, elle demanda :

— N'est-ce pas vrai, père...?

(Tout le monde l'appelait père dans la maison, à cause de son âge, et aussi parce que c'était le meilleur de la famille.)

—... N'est-ce pas vrai que j'ai bien fait d'emmener André malgré tout et de ne pas le laisser mourir à l'hôpital avec les autres?

Le vieux lui dit :

— Ce que tu as fait est bien fait, Pauline. Mais aussi puisque c'est toi qui l'as sauvé, c'est toi qui le garderas. Tu l'as bien gagné.

Alors tous les autres se mirent à rire, les femmes et les filles surtout, dont plus d'une aurait peut-être bien voulu gagner un mari au même prix, et surtout un sous-lieutenant des dragons d'Espagne.

En ce temps-là, vois-tu, c'était quelque chose. D'ailleurs, André, à part son grade, était un bel homme et un beau garçon, comme il n'y en a pas beaucoup dans toutes les armées, même dans celles de Napoléon.

Je ne dis pas ça parce que c'était mon frère, mais parce que c'est vrai.

La Pauline, non plus, n'était pas de celles qu'on ne regarde pas quand elles vont à la messe le dimanche. Au contraire, les vieux, qui s'y connaissent souvent mieux que les jeunes parce qu'ils en ont vu davantage, disaient communément que c'était un beau brin de fille et qu'elle ferait une femme laborieuse et économe comme je te souhaite d'en trouver une quand ton tour sera venu.

Fin finale, avant toute chose j'allai le voir dans son lit et l'embrasser, car j'avais eu bien peur de ne le revoir que pour l'enterrer.

Mais lui me dit en riant, tout faible et pâle qu'il était :

— Tu vois, Jean, je suis couché comme un seigneur : la Marianne m'a donné ton lit, la Pauline m'apporte de la tisane, le vieux me tient compagnie la moitié du jour, les jolies filles me font des compliments ; on m'a donné de la soupe ce matin, on m'en donnera encore ce soir. Je me sens déjà mieux. Ma blessure commence à se fermer. Dans trois ou quatre jours je pourrai marcher. Dans quinze jours je pourrai monter à cheval et j'irai rejoindre les camarades. Ma foi, Jean, il fait bon de vivre. Je n'ai jamais été si heureux.

Alors voyant que tout allait bien de ce côté, j'allai chercher le vieux et je lui dis :

— Père, vous devez être content à présent que nous sommes tous réunis. Mais dites-moi donc comment tout ce monde est venu chez nous.

Le vieux me répondit :

— De peur des uhlans, des Cosaques et des maraudeurs qui courent le pays de tous les côtés.

Et il m'expliqua ce qui s'était passé en mon absence.

XXXV

— Quand tu fus parti, la Marianne pleurait, les petits criaient ; la Pauline, qui est une fille de tête et de jugement, les consolait et promettait que tu serais revenu dans trois jours. C'était sûr et certain, puisque l'empereur l'avait dit. Elle prenait ça sous son bonnet, car le Corse n'avait rien promis, et s'il avait promis, moi qui le connais bien depuis quatorze ans que je le porte sur les épaules, lui, ses deux femmes, ses frères, ses cousins, ses neveux et toute la famille, ses recruteurs, ses percepteurs, ses préfets, ses gendarmes, ses conscriptions, ses droits réunis et le reste, je n'aurais pas eu davantage confiance. Mais, comme elle me dit tout bas, il faut supporter avec courage ce qu'on ne peut pas empêcher, et avant tout il faut empêcher les cris et les pleurs qui ne servent à rien, excepté à gêner ceux qui travaillent.

Le lendemain pourtant, comme le vacarme recommençait et comme elle avait fait un mauvais rêve sur André, elle voulut partir à son tour et dit qu'elle irait vous chercher et qu'elle vous ramènerait tous les deux.

Tu sais, ça n'avait pas le sens commun d'aller là-bas au milieu du feu et des soldats de tous les pays; mais elle a sa tête, la Pauline, et ne fait que ce qu'elle veut. D'ailleurs, elle n'a jamais rien voulu que d'honnête. Elle prit donc l'âne et la voiture et s'en alla.

Je répondis :

— Père, elle avait raison. L'affaire a mieux tourné que je ne croyais. Si André vit encore, c'est à elle qu'il le doit... Et après?

— Après? Tu vas voir... C'est mardi matin qu'elle était partie, comme qui dirait avant-hier. Le même jour, à Corbeny, voilà qu'une petite bande de uhlans et de maraudeurs prussiens et cosaques entre dans le village, force les portes de deux ou trois maisons et se met à manger, à boire, à piller, sans compter le reste... Tu m'entends! Les femmes se sauvent en criant : « Au secours! » Les hommes, qui d'abord n'osaient pas remuer de peur d'être massacrés, se rassemblent, voient que les uhlans n'étaient pas plus de dix ou douze. Ils prennent leurs faux, leurs bêches, leurs fléaux, se jettent sur ces maraudeurs et en tuent quatre. Les autres se sauvent, et leur chef, en remontant à cheval, crie aux gens de Corbeny :

— Nous reviendrons demain, gueux de Français! Nous vous fusillerons tous!

Il n'en dit pas plus long, parce que l'adjoint de la commune, David, le seul qui eût un fusil de chasse, lui envoya une balle dans la tête qui l'étendit roide mort sur le pavé. Les autres, qui étaient déjà montés à cheval, prirent le galop dans la prairie sans demander leur reste.

C'est bien malheureux. En pareil cas, il faudrait tuer tout. C'est ce que j'ai dit à ceux de Corbeny; mais comme m'a répondu David, on ne fait jamais ce qu'on veut, on fait ce qu'on peut. Il n'y a que le bon Dieu qui fasse tout ce qu'il veut. Et c'est pour cela qu'on l'appelle le Tout-Puissant et qu'on lui demande tantôt de la pluie pour les prés, tantôt du soleil pour les vignes.

Pour te revenir, quand les maraudeurs se furent sauvés au grand galop de leurs chevaux, laissant derrière eux deux blessés qu'on enterra avec les morts pour les empêcher de parler, les gens de Corbeny, qui avaient perdu trois hommes, se rassemblèrent pour savoir ce qu'il fallait faire.

Rester chez eux, si l'ennemi revenait, c'était se faire fusiller; quant aux femmes, c'était pire encore.

Alors l'adjoint David leur dit :

— Mes amis, on se bat du côté de Laon. Vous entendez le canon...

(En effet, on l'entendait à cause des échos tout comme si l'on avait été au bas de la ville.)

...Si Napoléon est vainqueur comme il en a l'habitude, les Prussiens et les Russes vont se sauver de l'autre côté, vers la Fère et jusqu'à Bruxelles; mais si, par malheur, il est forcé de reculer, toutes ces canailles vont revenir et d'autres avec eux; alors nos maisons seront brûlées, et ils tueront tout. Nous sommes sur leur route; nous serons exterminés. Il faut aller dans les bois. Si Napoléon les étrangle, tant mieux. Nous reviendrons avec plaisir chez nous. S'il s'en va, nous serons en sûreté dans les bois au moins pour quelque temps. Plus tard, avec de bons fusils et l'aide de Dieu, nous nous en tirerons peut-être.

Alors les femmes crièrent :

— Dans les bois ! mais la pluie ! la neige ! nos enfants ! nos bestiaux !

David leur rétorqua :

— S'il pleut, on sera mouillé ; s'il gèle, on sera gelé. Ça vaut mieux de s'enrhumer un peu en hiver que d'être égorgés comme des moutons à l'abattoir.

Il ajouta autre chose : qu'il connaissait une ferme dans les bois, à deux lieues de Corbeny, la ferme de Jean Leborgne, son ami et son compère, qui était grande, cachée par les arbres et les montagnes ; que les Prussiens ne la verraient pas, qu'elle était loin de toutes les routes, et que s'il venait seulement des maraudeurs, on les recevrait à coups de fusil, ou de faux, ou de bêche, comme on venait de faire pour ceux-là ; qu'enfin il n'y avait pas moyen de faire autrement, si on ne voulait pas se faire périr.

Ça les décida tous. Et le soir, nous, à la ferme, qui ne savions rien de tout ça, nous vîmes arriver les bestiaux, les femmes, les enfants, et enfin les hommes qui faisaient l'arrière-garde. Tu comprends. Il n'y avait pas moyen de leur refuser l'entrée... Qu'en penses-tu ?

J'embrassai le vieux et je lui dis :

— Père, tout ce que vous faites est bien fait.

Il demanda :

— Maintenant, dis-moi ce qui est arrivé de ton côté.

— Eh bien, Napoléon s'en va.

— Lui !...

— Oui, lui ! Qu'est-ce que tu veux ? Trois contre un ! On s'est battu à coups de canon, à coups de fusil, à coups de crosse, à coups de baïonnette, à coups de pierres même et de sarments de vigne. On s'est presque mordu comme des chiens enragés. A la fin on n'en pouvait plus. Nos pauvres conscrits, essoufflés d'avoir grimpé si longtemps dans la terre molle, d'avoir redescendu la montagne sous la mitraille et d'avoir piqué la poitrine des hommes et le poitrail des chevaux avec la baïonnette, sont restés à Semilly et à Clacy le soir, ayant à peine de quoi manger, ne pouvant plus remuer ni pied ni patte. On va les ramener sur Soissons.

Le vieux me dit :

— Et de là sur Paris sans doute et sur Orléans ou Bordeaux. Et nous resterons seuls à nous débrouiller comme nous pourrons! Ah! le brigand! S'il n'était jamais venu en France, comme nous serions plus heureux! Du temps de la vieille République on n'aurait jamais vu ça! Les Prussiens y vinrent une fois, le premier jour; mais comme ils furent reçus! On les ramena au petit trot depuis Valmy jusqu'au Rhin. Et maintenant, à force d'aller à droite et à gauche, devant et derrière, chercher des ennemis partout, il les a ramenés à sa suite, ce Corse, et avec eux tout ce qu'il y a de soldats dans les pays de là-bas qui sont si loin qu'on n'en sait pas même le nom!

Je voulus dire :

— Père, ce n'est pas le moment de parler politique.

— Il me rétorqua en colère, ce qu'il ne faisait jamais :

— Quand veux-tu en parler? Si nous ne l'avions pas laissé faire, nous ne serions pas où nous en sommes.

Il ferma le poing, donna un grand coup sur la table et ajouta :

— Si jamais nous sortons de là!... Si nous en sortons !... Quand je pense qu'il a fait tuer mon fils aîné, que le pauvre André est couché dans un lit, blessé, et qu'il ne peut remuer ni pied ni patte, que tu as manqué dix fois d'être fusillé depuis trois jours, que la Marianne et les enfants vont peut-être périr, et que ce qui se passe chez nous se passe aussi dans la moitié de la France !... Quand je pense que c'est sa faute, à lui, que nous n'y sommes pour rien, nous, paysans, et que nous n'avons fait que recevoir les coups et les rendre, — tout ça pour qu'il fît jabot devant tous les peuples et qu'on l'appelât Majesté !...

Le vieux me dit encore beaucoup d'autres choses ; mais tout à coup j'entendis la Marianne qui criait :

— Eh bien ! David, est-ce que vous êtes fou de faire des trous dans mon mur ?

L'autre répondit :

— Faites pas attention, madame Leborgne, c'est pour votre bien. Vous allez voir.

Je sortis pour savoir ce que c'était, et je vis mon David qui perçait le mur de la cour à grands coups de pioche. Il se tourna vers moi sans s'étonner et me dit :

— Leborgne, explique donc à la Marianne ce qu'elle ne veut pas comprendre, — que nous faisons des trous pour faire passer au travers nos canons de fusil et pour canarder les uhlans et les Cosaques quand ils viendront nous attaquer. C'est du génie militaire, ça, tonnerre de Dieu !

Ma femme répliqua :

— Militaire ou pas militaire, génie ou pas génie, ça ne me regarde pas, mais...

— Eh bien, lui rétorqua David, si ça ne vous regarde pas, madame Leborgne, occupez-vous de ce qui vous regarde et principalement de préparer la soupe.

C'était un homme de bon sens, l'ami David, et qui traitait les dames avec respect les dimanches après la messe et tous les jours de cérémonie; mais le reste du temps, ni vu ni connu. Il commandait dans sa maison comme un colonel.

Et même il y a des colonels qui sont moins fiers que lui en présence de leurs femmes... Mais ce n'est pas mon affaire. En ménage chacun s'arrange comme il peut. On dit que Napoléon lui-même, le grand, le vrai, celui que j'ai connu enfin et qui nous a valu tant de misères, ne faisait pas tout ce qu'il voulait avec ses deux femmes. La première, qui était douce et fine, le menait par le bout du nez en le faisant rire, ce qui n'était pas aisé, vu le caractère du particulier. La seconde, qui était bête et grognon, faisait semblant de pleurer, et ça revenait juste au même. Même à ce qu'on m'a raconté, quand il ne fut plus empereur, et qu'étant à trois cents lieues, elle n'eut plus peur d'en être mordue, elle se revancha bien. Paraît que la pauvre impératrice pouvait chanter après souper la chanson :

> J'en ai six enfants,
> Chacun a son père...

J'ai entendu un vieux de la vieille dire tout haut dans un café à Craonne : « La coquine ! Si jamais ma femme me faisait ce que la Marie-Louise a fait au grand Napoléon, je la jetterais dans la rivière, une pierre au cou. »

Tout ça dépend des opinions.

XXXVI

Voici donc que mon ami David creusait des trous dans mon mur pour voir venir les Prussiens et pour les ajuster à coup sûr.

Il appelait ça « créneler ». Ma femme, de son côté, ne voulait pas qu'on crénelât, et lui disait en colère d'aller créneler chez lui, que la ferme nous coûtait assez cher pour qu'on ne démolît pas notre mur... Enfin des choses qui auraient eu du bon sens un autre jour, mais qui n'en avaient pas ce jour-là.

Alors, pour ne pas contrarier Marianne, je lui dis qu'elle avait bien raison (il faut toujours commencer par là), mais que David n'avait pas tout à fait tort, et que les créneaux, c'était la mort des Prussiens, et qu'on en tuerait quatorze fois plus avec des créneaux que sans créneaux.

Alors la Marianne, qui était une femme remplie de bon sens, comprit si bien ça, qu'elle alla chercher une autre pioche pour faire elle-même des trous dans tous les murs de la maison ; les autres femmes se mirent à l'aider, et je crois qu'elles auraient démoli ma ferme si David n'avait pas crié qu'on n'avait que neuf fusils et qu'il ne fallait pas créneler davantage.

Neuf fusils ! Tu entends bien ? Et il y avait là plus de cent cinquante hommes, femmes et enfants, sans compter les bêtes à laine et les bêtes à cornes. Et nous attendions les Prussiens à toute minute, avec l'idée que nous serions massacrés. Je ne sais pas ce que pensaient les autres; mais pour moi, quand je voyais près de périr tout ce que j'aimais sur la terre, j'étais dans une rage à faire frémir. J'aurais déchiré ces gueux de Prussiens avec les dents! Je n'étais pas député, vois-tu, ni ministre, ni empereur, ni rien de célèbre. Ce n'est pas ma gloire ou mon « prestige », comme disait le préfet, que je défendais : c'étaient mon père, ma femme, mes enfants et mon bien, mon pauvre bien que j'avais acheté, que je labourais, que j'ensemençais, que je récoltais avec tant de peine! Mais cette idée que je pouvais tout perdre d'un coup par le crime de ces brigands me tournait le sang et me donnait envie de les tuer tous ou de me faire tuer, plutôt que de les laisser entrer chez moi. Et je n'étais pas seul à penser comme ça! Tous ceux qui avaient des femmes et des enfants étaient devenus furieux comme des sauvages.

Le curé de Corbeny, qui avait suivi ses paroissiens jusque dans ma ferme, essaya de nous calmer un peu. Tu sais, c'était son métier; il ne faut pas lui en vouloir.

Il nous dit donc :

— Mes chers enfants, il ne faut pas jurer ni blasphémer comme ça pendant toute la journée. Ça ne sert à rien, et ça pourrait attirer sur vous la colère de Dieu!

David lui coupa la parole.

— Et qu'est-ce qu'il pourrait nous faire de pire, le bon Dieu, s'il se mettait en colère? Oui! qu'est-ce qu'il pourrait faire, excepté de faire brûler nos maisons comme on les brûle maintenant, et de faire assassiner nos femmes et nos enfants comme il fait depuis deux mois?

— Prends garde, David, dit encore le curé, c'est peut-être pour tes péchés et pour les nôtres que nous sommes tous ici et que nous attendons la mort! Le bon Dieu peut tout sur la terre et dans le ciel, et il fait bien ce qu'il fait. C'est pour nous ramener à lui par le droit chemin qu'il nous éprouve quelquefois et qu'il permet des choses...

— Oui, dit encore David, c'est pour ramener au bien la pauvre petite Tripaubleu qu'il a permis ce qui lui est arrivé l'autre jour avec les Prussiens et qu'il a fait éventrer sa mère et fusiller son père, n'est-ce pas?... Ah! tenez, monsieur le curé, ne parlons plus de ça, laissons là le bon Dieu avec ses anges, et faisons de bonnes cartouches pour nos fusils. Ça vaudra mieux. C'est plus sûr et moins trompeur. Pour moi, je le jure, il n'y a pas de bon Dieu qui tienne, si je trouve un Prussien sur mon chemin, je l'éventrerai, quand même la Sainte Vierge et tous les saints se mettraient en travers pour m'en empêcher.

Tous les hommes qui étaient là dirent que David avait bien raison. Le curé, voyant qu'il n'était pas le plus fort, se mit à genoux et commença de réciter les litanies :

> Sancta Virgo, ora pro nobis.
> Turris Davidica...

Et le reste.

Les femmes se mirent à répondre : « Ora pro nobis », et à dire leur chapelet, ce qui dura plus de trois quarts d'heure. Ensuite il leur donna sa bénédiction. Alors David, qui était un ancien soldat de la République, me dit dans un coin :

— Si ça ne fait pas de bien, ça ne peut pas faire de mal. Nous, Jean Leborgne, allons visiter les environs pour voir s'il n'y a pas quelque uhlan dans le voisinage et tâcher de lui couper la rue du pain.

Nous montâmes sur le mur de la cour par le moyen de l'échelle, et nous redescendîmes de l'autre côté.

Quand nous fûmes seuls dans le bois, il ajouta :

— Le curé a déjà chanté trois fois le *De profundis*. Ça commence à m'ennuyer. Ce n'est pas comme ça qu'on donne du cœur aux vivants et qu'on les encourage à se bien battre. Quand nous montâmes pour la cinquième fois à l'assaut des lignes de Wissembourg (les quatre premiers jours, on nous avait forcés de redescendre à coups de fusil et de canon), les deux représentants du peuple et le général Hoche (un gaillard qui nous manque bien aujourd'hui!) se mirent en tête des colonnes d'attaque, à pied, le sabre à la main comme des braves. Ils chantèrent les premiers :

> Allons, enfants de la Patrie,
> Le jour de gloire est arrivé.

Et alors nous continuâmes tous :

> Contre nous de la tyrannie
> L'étendard sanglant est levé...

Nous entrâmes en chantant la *Marseillaise* dans les lignes des ennemis, et nous y creusâmes un si grand trou avec nos baïonnettes que l'armée tout entière y passa... Voilà comme on faisait de mon temps et comme il faudrait faire encore, au lieu de chanter des litanies à porter le diable en terre et de faire peur aux femmes et aux enfants. Quand tout ça se croira près de périr et pleurera du matin au soir, nous serons bien avancés, n'est-ce pas? Et le curé aura fait de belle besogne! Nos hommes seront bien encouragés à se battre! Ah! tiens, on a beau dire, la vieille République avait du bon, et nous avions plus envie de r... ce temps-là qu'aujourd'hui. Mais qui est-ce qu... aujourd'hui? Les vieux qui se sont battus pour c... sont ... . Le grand Napoléon les a fait tuer en ... ne, ... magne, en Russie, en Italie, en Égy... ... , les prêtres et les nobles sont revenus, ... ils ... le préfet, les juges et les gendarmes à ... ... , ils ... font marcher comme ils veul... ... ... acon... l'histoire comme ils veulent; à présent on ... ... qu'eux partout; ils sont les maîtres dans t... les co...munes, ils commandent, et il faut leur obéir si l'on ne veut pas payer l'amende et aller en prison. Moi-même, je suis adjoint à Corbeny; mais sais-tu pourquoi? Parce que le maire, qui est riche, aime mieux dépenser son revenu à Paris, et parce qu'il n'y a pas dans tout le conseil municipal ni peut-être dans toute la commune un homme qui sache lire et écrire proprement, excepté moi. Alors on a bien été forcé de me choisir. C'est moi qui fais toute la besogne. C'est le maire qui sera décoré. Et voilà! Et c'est l'empereur qui nous a valu tout ça, sans compter la conscription et les droits réunis! Deux belles inventions, je t'assure!... Tiens, j'ai vu l'autre jour, dans un vieux journal, que nous avions cent mille hommes de garnison en Allemagne et vingt mille à Danzig, là-bas, là-bas, en Pologne. Nous voilà bien avancés! Nos fils sont à trois cents lieues de France quand nous avons besoin d'eux, et les Russes, les Prussiens, les Autrichiens sont chez nous! Tout ça, c'est le génie de l'empereur! c'est la gloire de l'empereur! Que le diable emporte la gloire et le génie, et le Corse avec!

Je le laissai dire, parce qu'il était plus savant que moi, et aussi parce que je voyais bien qu'il avait raison et que tout le monde commençait à penser comme lui. C'est ça qui fit que les Bourbons rentrèrent chez nous et même qu'on les reçut bien dans les premiers temps. Ce n'est pas parce qu'on les aimait, car on ne les connaissait plus ; mais tout valait mieux que Napoléon. Avec eux, au moins, quand on allait une fois par mois au bureau de la poste pour chercher des lettres (tu sais, en ce temps-là il n'y avait de facteurs que dans les villes), on n'avait plus peur à chaque voyage d'apprendre que le fils ou le frère avait été tué dans la bataille ou qu'il avait une jambe coupée.

Quand nous eûmes fait le tour de la ferme à deux cents pas dans les bois, nous revînmes sans avoir rencontré personne ; mais nous fûmes bien étonnés en arrivant quand nous vîmes sur la crête du mur la tête du vieux qui nous criait :

— Venez vite ! venez vite ! Il y a du nouveau. Napoléon les a rossés, ces gueux, ces gredins. Ils se sauvent de l'autre côté de Laon !

Et dans sa joie il voulait débarrasser la porte derrière laquelle nous avions fait une barricade avec des poutres, des pierres et deux charrettes. Mais David, toujours prudent comme un vieux soldat qui en a vu de toutes les couleurs, lui répliqua :

— Père Leborgne, n'y touchez pas. Nous monterons avec l'échelle par-dessus le mur. Nous ne sommes pas encore estropiés, Jean et moi.

Et, de vrai, nous montâmes, pas tout à fait comme des écureuils, mais presque, tant nous étions contents de la nouvelle.

Quand nous fûmes dans la cour, je demandai :

— Père, d'où savez-vous ça ?

Il me répondit :

— C'est le déserteur qui nous l'a dit. Tu vas le voir.

David se mit à grogner :

— Un déserteur ! Vous avez un déserteur ici ? Depuis quand ?

— Il vient d'arriver.

— Quel déserteur ?

— Un Hessois, un nommé Straubing. Il est venu tout à l'heure sans armes. Il a demandé d'entrer. Je ne voulais pas d'abord ; mais il nous a dit qu'il avait profité pour déserter de ce que les Français avaient été vainqueurs ; qu'alors lui, qui avait toujours aimé la France et les Français et qui avait servi sous le roi Jérôme, il s'était sauvé pendant la nuit, et que Blücher avait perdu la tête et qu'ils couraient tous, lui et les siens, du côté de la Fère...

— Et vous l'avez laissé entrer, père ?

— Qu'est-ce que tu veux ? Je ne pouvais pas lui demander ses passe-ports... D'ailleurs, il a crié que si les Prussiens le reprenaient, ils le fusilleraient. Alors toutes les femmes ont dit qu'on ne pouvait pas laisser périr ce pauvre garçon. Le curé a dit que ce serait un grand péché, et qu'après que Dieu venait de montrer sa justice en nous donnant la victoire sur les Prussiens hérétiques et sur les Russes schismatiques, nous devions faire quelque chose pour lui...

David secoua la tête :

— Enfin, dit-il, le déserteur est là, n'est-ce pas ?

— Oui, dit mon père, il est dans la maison. Et même il avait si grand'peur d'être fusillé par les Prussiens qu'il a prié ta femme à mains jointes de le cacher dans le trou le plus difficile à trouver. La Marianne et les autres l'ont

mené au grenier, et elles cherchent toutes ensemble avec
lui où l'on pourra le mettre.

Je regardai David. Il n'avait pas l'air content. Je ne
l'étais pas non plus. Il me dit :

— Tiens, Jean, c'est peut-être vrai, tout ça ; mais je
n'aime pas ces déserteurs. Ce n'est rien de propre ni
d'honnête.

Je demandai encore :

— Et André, l'a-t-il vu ?

— Non. André dormait, et la Pauline n'a pas voulu
qu'on le réveillât. Le pauvre garçon a perdu tant de sang
qu'il a besoin de repos. La Pauline a dit : « Je ne m'en
mêle pas. Faites ce que vous voudrez ; tuez-le, cachez-
le, je m'en moque. Je reste avec André. Quand Jean
Leborgne sera venu, c'est lui qui verra ce qu'il faut en
faire. »

— La Pauline a plus de bon sens que les autres, dit
David. Tout ce qu'il vous a dit, père Leborgne, ce déserteur, c'est peut-être vrai, mais c'est peut-être aussi des
menteries, et dans ce cas son affaire est bonne.

Il frappa de la main le canon de son fusil et fit le
geste de mettre un homme en joue.

XXXVII

Quand nous fûmes entrés dans la maison, j'entendis
un grand bruit de voix et des cris de joie, et en montant
dans le grenier avec David, je vis le déserteur qui était

en train de boire et de manger, semblablement à un loup qui a jeûné pendant trois mois dans la neige.

Toutes les femmes étaient assises à terre en rond autour de lui et l'écoutaient parler comme un évêque. Je ne les blâme pas. Le curé m'a raconté souvent que saint Paul, qui fut le plus grand des saints, avait coutume de dire qu'il n'y a que deux espèces de femmes : les curieuses et les bavardes, et une troisième espèce qui est encore plus commune que les deux autres : celle des curieuses qui sont bavardes et des bavardes qui sont curieuses. Il nous prêcha même cette histoire en chaire, et comme les femmes qui l'écoutaient n'étaient pas contentes, il ajouta pour les consoler que saint Paul n'y connaissait peut-être rien, puisqu'il avait été garçon toute sa vie.

Il fit bien d'ajouter ça, car s'il avait eu l'air d'être franchement de l'avis de saint Paul, les femmes ne lui auraient pas donné un œuf, ni un poulet, ni un fromage, ni une bouteille de vin, ni un jambon, ni une saucisse, ni n'importe quoi à Noël et à Pâques. Et, ma foi, c'était le plus clair de son revenu après les mariages, les baptêmes et les enterrements, qui faisaient joliment bouillir sa marmite. Comme il disait un jour, après avoir trop dîné chez le curé de Berry-au-Bac, son confrère : « Quand l'enterrement va, tout va! »

Je regardai donc le déserteur, qui était un assez bel homme, grand, blond, avec des yeux bleus, et qui nous fit le salut militaire à David et à moi aussitôt que nous eûmes mis le pied dans le grenier.

Une chose m'inquiéta pourtant, c'est qu'il avait les yeux faux et qu'il regardait le mur en me parlant. Ce n'est pas l'habitude des honnêtes gens, mais c'est peut-être une habitude de son pays.

Il se leva d'un sac de blé sur lequel il était assis et fit trois pas de côté vers moi, pour me parler sans doute, parce qu'il voyait bien que j'étais le maître de la maison ; mais toutes les femmes se mirent à crier à la fois, comme si elles avaient voulu m'étourdir.

La Marianne d'abord, qui vint me sauter au cou et qui me dit :

— Jean ! Jean ! Tu t'es trompé. Tu as cru ce qui n'était pas. C'est Napoléon qui est vainqueur ! Comment as-tu pu nous dire le contraire ce matin, quand tu es arrivé ? Tu nous as fait une peur !

Et les autres disaient :

— Qu'est-ce qu'il y connaît, Jean ?

— Est-ce que c'est son métier ?

— Est-ce qu'il sait ce que c'est qu'une bataille ?

— Son moulin, à la bonne heure !

Je crois même que la Simonne, de Corbery, ajouta :

— Qu'est-ce qu'il peut y voir ? Il n'a qu'un œil !

Ce qui fit rire toutes les autres.

Alors David, qui se tenait derrière moi, s'avança et dit :

— Allez-vous bientôt vous taire, tas de piaillardes ! Jean sait mieux que vous ce qui se passe à Laon et ce qu'il faut faire ici. La première qui ouvre le bec, excepté pour manger et boire, sera mise à la porte de la ferme ! Après tout, il est chez lui...

Sa femme voulut le contredire, mais David lui coupa la parole en la regardant de son air d'ancien sergent et de premier adjoint comme il faisait quand il voulait être obéi. Alors les autres se tinrent tranquilles, et David ajouta :

— Ici, c'est Jean Leborgne qui est maître comme un capitaine de vaisseau sur son bord...

— Mais... dit le curé.

— Ou comme vous, monsieur le curé, quand vous êtes dans votre église. Il risque plus que nous tous si les Prussiens reviennent, car il en a tué, lui, à coups de fusil. Sa femme et ses enfants sont là, et son frère aussi, et son père, et la Pauline. Tout ce qui est à lui périrait du même coup. Attention! c'est lui qui va commander...

— Et toi? demanda sa femme.

— Moi? Je vais obéir comme tout le monde.

Je lui serrai la main et je voulus lui céder le commandement. Mais il me dit :

— Non, non, tu as de la tête et du cœur, et tu es chez toi.

— Mais toi, qui connais la manœuvre?

— Eh bien, moi, je t'aiderai, et pour commencer, interroge ce garçon.

L'Allemand s'avança.

Je demandai :

— Qui es-tu?

— Michel Straubing, du village de Wahlfingen, en Westphalie.

Il répondait clairement, en bon français, avec l'accent de son pays :

— Où est-ce que tu as servi?

— Sous le roi Jérôme en Russie, et en Espagne sous le maréchal Ney.

— Et ensuite?

Il parut embarrassé.

— Ensuite, dit-il, les Prussiens et les Russes sont venus, mon régiment a passé à l'ennemi... et voilà !

Puis, comme David le regardait durement, il se reprit :

— Vous comprenez, mes bons messieurs Français, est-ce que je pouvais faire autrement? J'aimais bien la France et le grand Napoléon; mais quand mon colonel a tourné, j'ai fait comme mon colonel. Sans ça, il m'aurait fait fusiller. Mais je n'attendais qu'une occasion pour déserter et revenir avec vous. J'aime tant les Français et les jolies petites mam'selles françaises qui ont de si beaux yeux qu'on ne peut jamais les oublier !

En même temps, il tournait les siens d'un air tendre vers les femmes et les filles qui étaient là. Il en montrait le blanc comme une carpe frite.

De leur côté, les filles le regardaient assez volontiers, celles surtout qui touchaient à la trentaine et qui n'avaient pas pu se marier pour une raison ou pour une autre, et surtout parce que l'empereur avait fait tuer ou emmené à la guerre tous les garçons.

Mais tous ces compliments, qui d'ailleurs n'étaient pas pour nous, ne faisaient plaisir ni à moi ni à David.

Je demandai encore :

— D'où venez-vous?

— De Laon.

— Par où avez-vous passé?

— Par la route de Reims.

— Quelles nouvelles ?

— Ah ! monsieur, dit le Hessois, des nouvelles terribles. Napoléon a remporté une grande victoire hier.

— Tu mens ! J'étais à Semilly. J'ai tout vu. Quand je suis parti hier au soir, les Prussiens étaient toujours à Laon.

Il parut un peu troublé et me dit :

— A quelle heure êtes-vous parti?

— A dix heures du soir, et je suis venu par les bois.

Alors il poussa un grand cri :

— Mais justement, mon bon monsieur, justement ! C'est de l'autre côté, par Athies et Vaucelles, qu'il nous a surpris avec Marmont et la garde impériale qui avait fait un détour. On ne l'attendait plus, on se croyait vainqueur, on dormait. Tout le monde s'est sauvé, Blücher en tête, et dans le désordre, comme il faisait nuit, j'ai couru au hasard, et me voilà !

— C'est possible, après tout, me dit David. Nous verrons bien ça demain. En attendant, il ne faut pas perdre l'homme de vue.

Je demandai encore :

— Es-tu venu à pied ou à cheval ?

— A cheval, mon bon monsieur, à cheval ! Un bon cheval, une excellente bête, marquée du numéro 56 et des armes du régiment, et qui fait quatre lieues à l'heure pendant trois heures sans broncher !

Alors il continua l'éloge de son cheval.

Je lui demandai :

— Où l'as-tu laissé ?

— Dans le bois, à cinq cents pas d'ici. Je voulais le reprendre et repartir si vous n'aviez pas voulu me recevoir ici, et j'avais peur qu'on le gardât en me renvoyant. Mais par bonheur ces bonnes petites demoiselles françaises ont eu pitié de moi... A présent, si vous voulez que j'aille le chercher...

Déjà il essayait de sortir ou en faisait semblant ; mais alors David le retint par le bras :

— Nous avons assez de bêtes ici sans ton cheval, lui dit-il. Toi, reste. Nous avons le temps d'aller le chercher.

— Mais on ne le trouvera pas facilement. Je l'ai caché dans le bois.

— Si tu l'as caché, on le cherchera plus longtemps. Vois-tu, j'ai confiance; mais si par malheur tu nous avais menti, je t'en avertis, déserteur, je t'enverrais une balle de plomb dans la tête.

Le Hessois reçut cette menace assez tranquillement. Il ne se fâcha, pas comme tu pourrais le croire; il dit seulement :

— Demain matin, vous verrez bien si j'ai menti ou non.

Ensuite il se mit à manger et à boire comme s'il avait été dans un repas de noces.

Même, pour amuser les femmes et les filles qui ne se défiaient pas de lui, il leur raconta des histoires de son pays et des histoires de guerre. Il en avait tant vu en Espagne !

Il leur dit d'abord qu'il avait quitté son pays et qu'il s'était engagé dans l'armée du roi Jérôme quatre ans auparavant, à l'âge de dix-neuf ans, parce que le père Kauffmann, un tailleur d'habits de Cassel, l'avait surpris dans un corridor noir à embrasser sa nièce.

Alors toutes les filles de Corbeny se mirent à rire. Preuve qu'elles savaient ce que c'est que d'être embrassées dans un corridor noir. Même, l'une d'elles, la Léonarde, qui ne demandait qu'à se marier parce qu'elle avait trente-deux ans passés, lui dit en riant plus fort que les autres :

— Alors, qu'est-ce qu'il fit, le père Kauffmann ?

Le Hessois répondit :

— Il me donna un grand soufflet et un autre à sa nièce. Mais moi, pas content du tout, je lui en rendis quatre : deux pour moi, deux pour elle, et je lui fis saigner le nez, parce que, franchement, ce n'est pas honnête, ce qu'il avait fait là. Je venais de demander à sa nièce si elle voulait se marier avec moi. Elle avait dit oui, et pour signer le contrat je l'avais embrassée sur les deux joues. Enfin, voilà !... nous nous étions battus faute de nous entendre.

— Et vous vous êtes engagé?

— Le lendemain matin, de bonne heure, parce que le vieux me cherchait dans toute la ville avec un grand couteau pour m'éventrer; mais il n'osa pas entrer dans la caserne. C'est moi qui l'aurais percé d'un bon coup avec ma baïonnette.

— Comme ça, vous êtes allé en Russie avec l'empereur?

— Oui, avec celui-là, mais plus tard. On m'envoya d'abord avec mon régiment en Espagne. C'est moi qui ai pris Tarragone.

— Toi? demanda David. Toi tout seul?

— Oh! moi et les autres, ça va sans dire. Et c'était plus dur à prendre qu'un verre de vin après dîner. Il fallait monter sur la brèche, puis descendre, puis remonter, puis redescendre. Enfin nous entrâmes dans la ville où ces Espagnols enragés nous reçurent à coups de fusil, à coups de pistolet, à coups de tromblon, à coups de bâton, à coups de pierres, à coups de couteau, tellement que tous ceux de mon régiment qui n'étaient pas tués avaient reçu des blessures par devant, par derrière, partout, et qu'une vieille que je ne voyais pas (sans ça, je me serais bien écarté) me versa sa soupe brûlante sur la tête. Tenez, j'en porte encore la marque...

Il nous montra la place où la soupe était tombée. C'était encore tout rouge.

— Mais en Russie? demanda la Léonarde toujours curieuse.

Le Hessois répondit :

— Oh! ça, c'est autre chose. J'avais eu trop chaud en Espagne. J'eus trop froid en Russie. Et encore je n'allai pas loin heureusement! Comme j'étais dans la garde du roi Jérôme, il s'en alla dès le commencement de la campagne et nous emmena tous. Un homme d'esprit, le roi Jérôme, et qui savait bien qu'on ne pouvait gagner là que des coups. Aussi il s'en alla sagement, et ça nous fit plaisir à tous de le suivre.

Au bout d'un moment et pendant que le Hessois racontait ses histoires, David me dit :

— Jean, allons à nos affaires.

Alors je dis à mon père, mais tout haut afin de bien avertir l'autre, de ne pas le quitter d'une minute sans m'en avertir et de tirer sur lui comme sur un loup enragé s'il essayait de se sauver.

Mon père le promit, et le déserteur fit semblant de n'avoir rien entendu.

Tu vas voir la suite et la trahison de ce gueux.

XXXVIII

Une heure après, pendant que nous étions occupés, David, les autres hommes de Corbeny et moi, à faire des barricades, à soigner les bestiaux, à fabriquer des cartouches et le reste, voilà que j'entends un air de clarinette dans le grenier. C'est le Hessois qui jouait un air sur son instrument, et qui avait offert aux femmes de les faire danser en l'honneur de la gloire et de la victoire de l'empereur.

C'est ce que le curé nous raconta lui-même en descendant du grenier. Il n'avait pas voulu voir ça, le brave homme, tant il était indigné.

En effet, ce n'était pas le moment de se réjouir quand on se battait encore à cinq lieues de là. Mais tout ce monde de femmes et d'enfants était si triste auparavant, que mon père avait dit :

— Laissez-les chanter, danser et rire, monsieur le curé; pendant ce temps i!s ne sentent pas leur misère.

Et le curé était sorti pour ne pas voir ça, puisqu'il ne pouvait pas l'empêcher.

Tu sais que les Allemands jouent fameusement de la clarinette. C'est comme qui dirait leur talent principal et particulier. Je me suis laissé dire qu'ils naissaient avec un bec de clarinette dans la bouche, et qu'ils demandaient à teter avec ce biberon. Ça, tu comprends, je ne voudrais pas le garantir, mais ça paraît sûr et certain, puisque ceux qui viennent dans les campagnes, au printemps, par bandes de dix ou douze, ont tous une clarinette sous le nez et soufflent dedans comme s'ils voulaient faire marcher un moulin à vent.

Le Straubing, donc, en jouait très-bien comme tous ceux de sa race, et même au point d'en imiter le rossignol dans les bosquets. Du moins, c'est le curé qui me dit ça, mais peut-être n'en savait-il pas plus que moi. Il joua d'abord un air de son pays qui était triste et doux. Ça faisait plaisir à entendre comme le son des cloches de l'église de Craonne quand on l'écoute le soir après le soleil couché, dans la campagne, en mangeant la soupe, assis devant la porte, avec la femme et les enfants.

Ensuite il joua autre chose. Ça, c'était encore plus

triste. On aurait cru entendre le grand vent des bois, quand les feuilles des arbres tombent, qu'on souffle dans ses doigts pour se réchauffer et qu'on voit venir la neige ou la pluie. Tous ces Allemands, c'est triste comme des bonnets de coton. Quand ils font leur musique pendant la nuit, on croit voir les âmes des morts qui se promènent dans la plaine et sur le haut de la montagne en vous faisant signe de venir les rejoindre.

A la fin, car j'étais dans la cour, j'entendis que les filles, que tout ça n'amusait pas, crièrent au déserteur :

— Monsieur Straubing, jouez-nous un air de danse, s'il vous plaît, ça sera plus gai.

Il se mit à jouer une belle valse qui t'aurait donné envie de tourner en rond pendant un quart d'heure.

Alors les filles se mirent à rire, à chanter, à danser si fort que la Pauline, voyant son André s'éveiller qu'elle n'avait pas voulu quitter une minute pour aller avec les autres, leur cria :

— Tenez-vous donc tranquilles là-haut, la Léonarde, la Simonne et les autres! On ne fait pas tant de bruit dans une maison où il y a des blessés!

A quoi la Léonarde répondit :

— C'est bon! c'est bon! Va-t-elle pas faire ses embarras avec son André!

Mais le vieux, sans se fâcher, leur dit de descendre, et tout le monde obéit.

Alors, tu vas voir ce qui se passa et si David avait raison de se défier. Tu vas voir aussi comment un brave homme, car le curé de Corbeny était un brave homme, personne ne dira le contraire, peut faire bien du mal à ses amis et à ses paroissiens.

XXXIX

Ce bon curé donc, pendant que l'autre jouait de la clarinette pour amuser les filles, avait une autre idée, lui, et quand le Hessois fut descendu du grenier, il fit apporter une bouteille de vin et des verres, parce qu'il voulait l'interroger à son tour, comme il me l'avoua plus tard.

Il lui dit :

— Straubing, êtes-vous protestant ou catholique?

Le déserteur répliqua :

— Bon monsieur le curé, vous me ferez bien le plaisir de me l'apprendre. Mon père était protestant, ma mère était catholique; moi, je suis entrelardé, et si quelqu'un de savant voulait prendre soin de moi et me montrer le chemin de la vraie religion, ah! je le suivrais bien volontiers!

Il disait ça en roulant les yeux pour donner de l'appétit au curé, comme on fait voir un morceau de lard à une souris pour l'attirer dans la souricière.

Celui-là, justement, était tout à fait un homme de Dieu. Excepté qu'il aimait trop à bien boire et à bien manger, on ne pouvait lui faire aucun reproche. Il eut donc l'idée de convertir ce païen, cet hérétique, et de le garder dans sa paroisse. Pour ça, il s'y prit finement et lui demanda :

— Savez-vous jouer d'un autre instrument que la clarinette?

— Oh! répondit l'autre, je sais chanter au lutrin et je joue assez bien de l'orgue.

Le curé était en paradis en entendant ça. Il lui dit encore :

— Combien est-ce que vous gagniez tous les ans dans votre pays en jouant de la clarinette et chantant au lutrin?

L'autre, qui voyait le poisson mordre, lui répliqua :

— Monsieur le curé, tantôt trente francs, tantôt quarante francs par mois. C'est trente francs chez les catholiques, c'est quarante chez les protestants, parce qu'ils sont plus riches et qu'ils payent mieux, quoiqu'ils soient plus avares.

— Mais, dit le curé, vous n'avez donc aucune religion?

— Au contraire, monsieur, j'en ai deux, et je ne sais quelle est la meilleure. Si je le savais!...

— Eh bien! qu'est-ce que vous feriez?

— Je quitterais l'autre, monsieur le curé, comme on quitte une chemise sale pour en prendre une propre. Mais qu'est-ce que vous voulez? si personne ne me montre le chemin, je ne le trouverai pas tout seul. Mon père me disait : « Va-t'en à droite ! » Ma mère me disait : « Va-t'en à gauche ! » Alors je ne suis allé nulle part, et me voilà!

Le curé, voyant ça, me prit à part et me dit :

— Jean Leborgne, il faut que vous m'aidiez à faire une bonne action...

— Tant qu'il vous plaira, monsieur le curé.

— Il faut arracher au diable l'âme de ce pauvre hérétique et le convertir à la vraie foi :

Je lui rétorquai.

— Monsieur le curé, prenez garde. Je ne sais pas s'il

est catholique ou hérétique. Je sais seulement qu'il a déserté. C'est lui qui nous l'a dit, et qu'il s'est battu tantôt pour, tantôt contre les Français. Tout ça me donne défiance du pèlerin.

Et beaucoup d'autres choses raisonnables. Malheureusement le bon curé était plus entêté qu'une mule, et rien n'aurait pu lui persuader qu'il avait tort. Il pensait que son Allemand, une fois la paix faite, pourrait rester tranquillement dans le pays, s'établir à Corbeny, se marier peut-être avec une fille jeune ou vieille, la Léonarde quelque autre ; que lui, curé, le convertirait, que ça ou lui ferait grand honneur auprès de Mgr l'évêque et lui procurerait un bel avancement ; que, dans tous les cas, Straubing jouerait de la clarinette dans les bals, de l'orgue à l'église, ou du serpent ; qu'il chanterait au lutrin mieux que le sacristain, qui avait la voix cassée et qui savait à peine dire les répons. Enfin il s'imagina je ne sais quoi ; mais, au bout d'un quart d'heure, lui et le Hessois étaient amis comme s'ils avaient vécu ensemble depuis vingt ans.

Pour l'achever, le Hessois lui parla de son cheval, une magnifique bête qu'il avait été forcé de cacher dans le bois sans la desseller ni desbrider, de peur de surprise, et qui serait peut-être volée par quelque maraudeur.

— Ce serait dommage, dit le curé.

— Un cheval de quinze cents francs, monsieur, que je donnerais pour trente francs à un honnête homme qui voudrait en prendre soin. Une bête douce, qui trotte l'amble (on l'avait dressée pour ça pour M. le pasteur de Walfingen), qui fait vingt lieues sans se plaindre et qui est docile comme un mouton... Ah ! quel dommage de la laisser perdre !

Le curé pensa qu'il avait justement besoin d'un bon bidet de campagne, assez robuste, très-doux, pas fringant du tout et pas cher. Trente francs, c'était un prix qui convenait à la bourse du curé, et il ne volait pas le Hessois, puisque l'autre ne pouvait vendre son cheval à personne pendant la guerre.

— Eh bien, dit le curé, si vous voulez, c'est une affaire faite. J'achète votre cheval trente francs que je vous paye comptant.

Le Hessois lui dit :

— Ah! monsieur le curé, si ce n'était pas vous et si je n'avais pas tant besoin d'argent, je ne vous le céderais pas pour mille écus !

— Mais, dit le curé, il faut livrer la marchandise. Où est le cheval?

— Monsieur, il est dans les bois, à cinq cents pas d'ici Faites-moi ouvrir la porte, et je vous le remettrai dans un quart d'heure. Je l'ai attaché par la bride à la plus forte branche d'un chêne.

Alors le curé, qui se croyait toujours (comme tous ceux de sa robe) maître chez lui et chez les autres, commanda de lever la barrière, de défaire la barricade, et voulut sortir avec l'Allemand ; mais mon père se mit en travers et lui dit :

— Monsieur le curé, si vous voulez passer par-dessus le mur, voici l'échelle. Quant au déserteur, s'il essaye de bouger, j'ai ordre de tirer dessus comme sur un lapin.

L'Allemand ne dit rien, quoiqu'il eût l'air bien contrarié. Le curé se fâcha fortement.

— Est-ce que vous vous défiez de moi? dit-il.

— Non, monsieur le curé.

— Est-ce que vous me prenez pour une bête? Est-ce que je ne sais plus me conduire?

— Non, monsieur le curé. Vous êtes un homme d'esprit, et vous avez dans la poche une des clefs du paradis; mais pour celle de la ferme, vous ne l'aurez pas. Mon fils ne le veut pas, ni moi non plus. Nous répondons à tous les hommes qui sont ici de leurs femmes, de leurs enfants et de leurs bestiaux. Il n'y a pas à plaisanter avec ça.

J'entendis la querelle et je m'approchai avec David. Nous donnâmes tous deux raison à mon père.

Le curé, toujours plus fâché, insista encore davantage et nous dit le marché que nous allions lui faire manquer, que c'était une belle occasion de convertir un hérétique et d'acheter un cheval à bon marché. Enfin, mon père, qui était un brave homme, tout à fait bon et concessionneux, à qui ça faisait de la peine de contrarier le curé, surtout quand il n'y avait aucun danger, me proposa de le laisser sortir, à condition qu'il l'accompagnerait, lui, avec son fusil.

— D'ailleurs, ajouta le curé en me parlant à moi, vous savez, Jean, que j'ai bon bras à la manche, Dieu merci, et s'il fallait mettre la main au collet de cet Allemand ou de n'importe qui, — je ne veux tuer personne, mon habit me le défend, — mais j'aurais bientôt fait de le jeter par terre et de le lier comme une botte de paille ou comme un veau qu'on traîne à la foire.

Mon père me dit encore :

— Jean, n'aie pas peur. Tu sais comme je suis prudent. Je veillerai au grain, quoique le pauvre déserteur n'ait pas l'air méchant, au contraire!

Ce n'était pas mon avis, mais je n'osai pas contredire

mon père. Que veux-tu? En ce temps-là les enfants avaient du respect pour leurs parents. On ne les aurait jamais vus plaider contre eux quand ils auraient eu cent mille fois raison, ni les contrarier en face. Et, il faut tout dire, le vieux avait pris assez de peine, il avait tant travaillé pour nous élever, nourrir, faire de nous des hommes, et pour ne nous laisser que de bons exemples à suivre, que j'aurais eu honte de ne pas lui obéir en toute chose. De tous les commandements de Dieu, celui qu'on connaissait le mieux dans la famille, c'était le premier :

> Tes père et mère honoreras,
> Afin de vivre longuement.

Eh bien, tu vas voir pourtant comment ce jour-là il m'arriva le plus grand malheur de ma vie pour avoir trop écouté mon père; mais, comme dit le curé, qui est-ce qui peut connaître les desseins de Dieu?

Enfin voici.

Quand je vis que mon père était absolument décidé à laisser sortir le déserteur et le curé, je le priai de rester et de me laisser les accompagner moi-même. Je sentais qu'il allait arriver quelque chose. Mais le vieux ne voulut pas. Il me dit :

— Moi, si je suis tué, à mon âge ce n'est rien. C'est quelques années d'infirmités en moins. Mais si tu l'étais, toi, qui est-ce qui prendrait soin de ta femme et de tes enfants?

— Vous, père!

— Oui, mais pour labourer, qui est-ce qui labourera si je deviens infirme? Reste ici, Jean. Je le veux.

— D'ailleurs, reprit David, c'est toi qui as le commandement. Sans toi, tous les autres vont crier, piailler, pleurer, faire un tapage du diable...

— Et toi?

— Je ne suis pas maître dans ta maison. Je ne peux que t'aider. Reste, puisque le vieux s'entête.

Je cédai. Et voilà comment avec les meilleures intentions on va quelquefois au-devant du malheur.

On ne sortit pourtant pas tout de suite. Le Hessois monta seul dans le grenier pour chercher, comme il disait, sa veste qu'il avait déposée derrière un sac de blé.

Nous ne le suivîmes pas, et nous eûmes bien tort; mais on ne pense jamais à tout.

Il redescendit au bout de dix minutes, au moment où David allait monter à son tour et voir ce qu'il faisait.

Je demandai au déserteur :

— Qu'est-ce que tu faisais donc là-haut?

Il répondit que sa veste était déchirée et qu'il l'avait recousue, mais bien mal; parce qu'il n'avait pas eu le temps.

Je dis au vieux en l'embrassant :

— Père, il est temps encore. Quand le curé n'achèterait pas son cheval, il n'en serait pas plus malade pour ça.

Le vieux me rétorqua :

— Le curé aura son cheval, et nous, du moins, nous saurons ce qui se passe dehors. Ça ne sera pas inutile.

— Au moins, père, n'allez pas trop loin.

— N'aie crainte.

Je posai l'échelle. Le vieux monta et descendit le premier de l'autre côté. Après lui, le déserteur. Après le déserteur, le curé.

XL

Les femmes parlaient entre elles, riaient, chantaient, et les petits enfants aussi. Les uns étaient contents à cause de la victoire de Napoléon. David et moi aussi, mais moins, parce que nous n'avions pas tout à fait confiance. L'histoire de ce déserteur nous inquiétait, et surtout ce que j'avais vu à Laon et à Semilly.

Nous ne disions rien pourtant, excepté que chaque homme devait rester à son poste et regarder par le trou de son créneau dans le bois en face.

Une des femmes, qui nourrissait son enfant, lui chantait pour l'endormir :

> Do do,
> L'enfant do,
> L'enfant dormira tantôt.

Une autre chantait de son côté :

> Entrez dedans la danse,
> Et puis vous embrasserez
> Celle que vous aimerez.

D'autres raccommodaient leurs robes et leurs jupons ou les blouses de leurs maris. Les hommes parlaient politique et buvaient un verre de vin.

Michel, de Corbeny, un grand gaillard que je vois encore et qui était joyeux en tout temps comme un pinson, faisait des plans pour rebâtir sa maison après que les Prussiens et les Cosaques y auraient mis le feu.

— D'abord, disait Michel, je ne veux plus de toit de paille, ça brûle trop vite. J'y mettrai des ardoises.

— Avec quel argent? demanda le voisin.

Ça fit rire tout le monde, parce que Michel dépensait au cabaret tout l'argent qu'il pouvait gagner. Mais il répondit comme un seigneur qui aurait eu vingt mille livres de rente :

— Avec l'argent que Blücher nous a volé et qui est encore dans ses bagages.

L'autre lui rétorqua :

— Il le fait filer en Prusse à mesure qu'il le vole.

— Eh bien! avec celui que je gagnerai comme charpentier chez le marquis de Lusigny. On lui a brûlé son château la semaine dernière. Il faudra bien qu'il le rebâtisse, et ça lui coûtera cher, s'il veut le refaire tout pareil.

— Alors tu crois que la paix est faite?

— Parbleu! Quand Napoléon les aura tous jetés dans le Rhin, il faudra bien qu'ils nous laissent la paix.

— Eux, oui; mais lui?

— Qui, lui?

— Napoléon.

— Eh bien! nous lui dirons : Si tu ne nous laisses pas la paix, toi aussi, nous te couperons le cou comme on l'a fait à Louis XVI. Et voilà!

Michel ne trouvait rien de difficile à faire ça, ni à chose quelconque. Comme il avait l'habitude de courir sur les toits, étant charpentier, aussi aisément que les autres marchent dans la rue, et comme il était tombé quatre ou cinq fois sur la tête, sur les pieds ou sur les mains sans se casser jamais les reins, il ne doutait de rien et s'avançait toujours sans s'inquiéter de ce qui lui arriverait. C'était son caractère. Bon enfant, du reste, mais boissonneur comme un Polonais et solide comme un rocher. Il n'avait peur de rien, excepté de sa femme quand il revenait le soir du cabaret. Celle-là, par exemple, le faisait marcher au doigt et à l'œil, et lui faisait rendre compte de son argent tous les samedis après la paye. Ce qui manquait, elle lui disait : « Tu l'as bu! » Et alors il baissait le nez, et pendant deux jours il n'osait plus souffler. Après ça, elle pardonnait, et il recommençait. Qu'est-ce que tu veux? Dans l'état de charpentier, on a soif comme dans l'état de menuisier et de maréchal ferrant, et aussi dans quelques autres que je ne veux pas dire, car il ne faut pas croire que l'état de curé en soit exempt, ni peut-être aucun autre de ceux qui sont dans la nature.

Boire sans soif, comme dit l'autre, c'est ça qui nous distingue des autres bêtes.

Enfin, on chantait, on s'amusait, on se disputait, on passait le temps comme on pouvait, et nous étions déjà depuis trois quarts d'heure, David et moi, à regarder au loin, quand tout à coup nous entendîmes deux ou trois coups de fusil.

David me prit la main, la serra fortement et dit :

— Les voilà!

— Qui?

— Ton père et le curé, sans doute

— Mais l'Allemand?

— Le déserteur? Eh bien, il se sera sauvé.

Il disait ça d'un air dégagé, mais je voyais bien qu'il était presque aussi inquiet que moi. Alors, pour me rassurer :

— Le déserteur n'a pas d'armes. Ce n'est donc pas lui qui a tiré.

Oui; mais si c'étaient d'autres, cachés dans le bois?

Et j'allai chercher l'échelle.

— Jean, que vas-tu faire?

— Je veux sortir et aller chercher mon père.

Il me retint et dit :

— Jean, c'est défendu! Si tu sors, tous les autres vont te suivre. Ton père t'a ordonné de rester. Reste!

— Mais s'il est mort ou blessé, est-ce que je vais laisser le vieux aux mains des Prussiens?

— S'il y est, tu ne l'en retireras pas. Au contraire, tu leur livreras de plus ta femme et tes enfants, sans compter les nôtres. Du reste, écoute. Entends-tu le trot des chevaux? On dirait tout un régiment.

En effet, presque tout de suite nous vîmes paraître les uhlans. Combien étaient-ils? Trente ou quarante peut-être qui s'avançaient sur trois de front et qui firent halte devant la porte.

C'est un capitaine qui les commandait.

Je pensai à mon père qui était peut-être prisonnier, et je criai aux camarades :

— Ne tirez pas sans ordre!

Avant tout, il fallait sauver le vieux, si c'était possible.

XLI

Le capitaine, qui vit les canons de nos fusils par les trous faits dans le mur de la cour, dit en allemand quelque chose à ses hommes, fit avancer mon père et le curé de Corbeny, qui le suivaient, les mains liées, à dix pas, et demanda d'une voix terrible :

— Où est Jean Leborgne?

Je répondis :

— C'est moi.

Et je regardai mon père. Le pauvre vieux avait la tête nue et couverte de sang. Ah! les coquins! ah! les misérables! Il me regarda et me fit un signe d'adieu, des yeux seulement, comme si nous ne devions plus nous revoir.

Pour dire tout de suite ce que j'ai su plus tard, voici ce qui s'était passé. C'est le curé lui-même qui me l'a raconté, et comme mon père, il était aux premières places pour bien voir. Il s'en est assez repenti tout le reste de sa vie. Il disait souvent : Voilà un cheval qui m'a coûté cher! Et encore je ne l'ai jamais eu!

Quand ils furent sortis de la ferme tous les trois, mon père, le curé et le déserteur, ce gredin de Hessois suivit pendant quelque temps le chemin de Corbeny, et au bout de cent pas, quand on ne pouvait plus le voir de la ferme, il tourna sur la gauche, dans le premier sentier, puis sur la droite, puis un peu plus loin, de façon que le curé, qui ne s'y connaissait pas beaucoup, n'étant plus dans sa paroisse, finit par ne plus rien reconnaître, et que mon père lui-même, tout occupé de veiller sur le Hessois et de le tenir au bout de son fusil comme on le lui avait recommandé, aurait eu de la peine à retrouver sa route.

Le curé dit au Hessois :

— Nous sommes déjà bien loin, Straubing, et je ne vois pas votre cheval. Où donc l'avez-vous mis?

Alors le déserteur répondit :

— Monsieur le curé, nous approchons. Je suis sûr de l'avoir laissé à cent pas d'ici... Tenez, l'entendez-vous?

Il me sent, il me reconnaît, il frappe du pied pour m'appeler et me faire voir qu'il est là.

Enfin, de détour en détour, ils virent le cheval qui était attaché à un arbre; preuve, comme disait le curé, que l'Allemand n'avait pas menti. Alors le déserteur courut un peu avant comme pour le détacher, et mon père le suivit de près. Mais l'autre, tout à coup, descendit dans un petit chemin profond de douze ou quinze pieds. On ne le voyait plus.

Le vieux, à son tour, voulut passer; mais il reçut par derrière un coup de crosse sur la tête qui l'étendit par terre pendant qu'il tirait lui-même sur des Allemands qui étaient couchés au fond d'un fossé, en embuscade, comme on dit.

Le curé, qui était à dix pas plus loin, voulut venir à son secours et ramasser le fusil; mais plus de trente uhlans se jetèrent sur lui et l'assommèrent à moitié à coups de crosse de pistolet et de plat de sabre, pendant que ce coquin de Straubing s'arrêtait en riant pour voir ça et lui disait :

— Monsieur le curé, ça n'est pas bête, ce que j'ai fait là! Qu'en dites-vous?

Le curé, pendant qu'il se relevait tout couvert de boue et qu'on lui attachait les mains, lui rétorqua :

— Coquin! ça n'est pas bête. C'est traître. Mais Dieu te punira!

— Et mon cheval, continua Straubing, vous vouliez l'acheter presque pour rien, vieux voleur! Mais le bon Dieu protége les honnêtes Allemands, et il livrera entre leurs mains tous leurs ennemis. C'est dans la Bible, ça, monsieur le curé, dans la Bible de Luther, qui est la vraie Bible, la seule Bible, celle que lisent tous les bons

Allemands et qui fera leur bonheur dans ce monde et dans l'autre.

Il disait ça, le gueux, pour se moquer de ce que l'autre avait voulu le convertir. Quand le curé vit ça, pour ne plus entendre de blasphèmes, il détourna la tête et se mit à réciter son chapelet.

Alors mon père essaya de se relever. Il avait la tête presque fendue; le sang lui coulait sur les yeux. Le capitaine des uhlans lui fit lier les mains et lui dit en français :

— Eh bien, vieux, ça va mal, n'est-ce pas ? N'ayez pas peur, ça ira mieux tout à l'heure.

Il se fit rendre compte en allemand, par Straubing, de ce qui se passait dans ma ferme. L'autre lui raconta un tas de choses qui faisaient rire toute la troupe, surtout quand il se mit à faire semblant de jouer de la clarinette. Il imitait les filles qui avaient valsé; enfin il faisait toutes sortes de grimaces.

Quand il eut fini, le capitaine donna l'ordre d'aller à la ferme en poussant mon père et le curé avec leurs lances pour les faire marcher plus vite.

C'est comme ça que nous vîmes arriver au petit trot tous ces gredins, avec mon père qu'ils mirent au premier rang aussi bien que le curé, sans doute pour que nous fussions obligés de tirer sur eux d'abord.

Ce que je pensais, tu le devines.

D'abord, je voulais débarrasser la porte, ôter les poutres, défaire la barricade et courir sur eux pour délivrer le vieux. Mais David me retint.

Il me dit :

— Jean, tu n'as pas le droit. D'abord, ça ne sauverait pas ton père, car nous ne sommes pas assez nombreux pour livrer bataille dehors. Ensuite, ça perdrait tous les autres. Écoute ce que va dire le capitaine.

C'était vrai. Si j'avais été seul, je me serais fait tuer avec lui; mais la femme, les enfants, les amis, les voisins, tous ceux qui avaient eu confiance en moi?... Ah! il y a des moments terribles dans la vie! Des moments plus terribles que la mort! C'est quand on voit près de mourir ceux qu'on aime et qu'on ne peut rien pour les sauver!

Le capitaine des uhlans cria :

— Jean Leborgne, c'est vous qui êtes maître ici?

Je répondis :

— Oui, je suis chez moi.

Si j'avais été libre, je lui aurais répondu par un coup de fusil, tant il avait l'air féroce. Mais ce n'était pas le moment quand il tenait mon père et qu'il pouvait le tuer d'un coup de pistolet.

Il demanda encore :

— C'est votre père, ce vieux-là?

Je fis signe que oui.

Le vieux releva la tête et dit :

— Oui, c'est mon fils, aussi vrai que Straubing est un traître!

Un des uhlans qui le gardaient lui donna un grand coup du manche de sa lance dans le dos. Alors je mis en joue le capitaine, qui n'était qu'à six pas du mur, et je lui dis :

— Si quelqu'un touche à mon père sous mes yeux, je vous abats, vous, comme un sanglier!

Il vit bien, le capitaine, que je n'avais pas envie de rire, et il était si près de moi que son affaire aurait été bientôt faite.

Alors il dit quelques mots allemands à ses hommes.

Je ne compris pas, mais les uhlans cessèrent de tourmenter le vieux.

L'autre reprit :

— Nous avons pris votre père les armes à la main. Vous savez ce qui l'attend. Le feld-maréchal Blücher a ordonné de fusiller ou de pendre tout ce qui ferait résistance. Ouvrez la porte et rendez-vous à discrétion, ou nous tuerons tout, à commencer par le vieux !

Je ne sais pas ce que j'aurais répondu. David me regardait, tout pâle, et n'osait pas me donner de conseil. Comme il m'a dit plus tard :

— Il y a des jours où l'on n'oserait pas conseiller son frère ni son fils.

Mais le vieux me cria :

— Jean, écoute-moi bien. C'est le dernier ordre que tu recevras de moi, mais je veux que tu m'obéisses ! Tiens la porte fermée et défends-toi jusqu'à la mort ! Moi, ce n'est rien. Avec les coups que j'ai reçus, je ne peux plus durer longtemps. D'ailleurs, on ne ferait de grâce ni à vous tous ni à moi. Qu'ils fassent de moi ce qu'ils voudront. Vous, monsieur le curé, si j'ai quelque péché sur la conscience, donnez-moi l'absolution.

Le curé la lui donna comme il pouvait, car il avait les mains liées derrière le dos.

Le capitaine reprit :

— Jean Leborgne, fais bien attention ! Si tu veux sauver ton père, ouvre ta porte !

Les femmes crièrent de peur :

— N'ouvrez pas, Jean ! N'ouvrez pas !

Et la Marianne plus fort que les autres. Ces gueux avaient tout pillé, tout tué, mis le feu partout. Les voir entrer ou la mort, c'était quasi la même chose.

Je dis alors à David :

— Tiens, prends le commandement à ma place. Je ferais quelque malheur.

Il le prit, en effet, sans se faire prier, et dit aux uhlans :

— Si vous touchez un cheveu de la tête de vos prisonniers, il n'y aura plus de grâce pour personne ! Prenez-y garde !

Alors le capitaine fit faire demi-tour à son cheval, alla se placer à quelques pas derrière ses hommes et commanda le feu en allemand.

Les deux hommes qui tenaient mon père à droite et à gauche tirèrent sur lui en même temps.

Il tomba mort, le pauvre vieux qui nous aimait tant et que nous aimions tant, assassiné par ces scélérats de Prussiens parce qu'il n'avait plus d'arme pour se défendre et parce qu'il portait une blouse au lieu d'un uniforme ! Car ils n'auraient pas osé le fusiller, ces bandits, s'il avait été quelque chose dans l'armée, un colonel par exemple, un officier ou même un simple soldat ! Ils auraient eu trop peur d'être fusillés à leur tour !

Mais voilà ! ce n'était qu'un paysan comme moi et comme des millions d'autres. Et les paysans, qu'est-ce que c'est pour les nobles prussiens qui mènent les leurs à coups de pied et à coups de bâton ? Comme disait six ans plus tard le curé de Corbeny en prenant le café avec moi dans son jardin : « C'est brute sur brute ; ça ne connaît rien que de frapper ou être frappé. »

Au reste, tu vas voir ce qui suivit.

David, qui regardait tout, se tourna vers moi en voyant tomber mon père et me dit :

— C'est à nous, maintenant. Feu !

Tous nos hommes tirèrent en même temps. Les uhlans étaient si près qu'il en tomba cinq, morts ou blessés. Pour moi, j'eus du malheur, parce que j'avais visé le capitaine, celui qui avait donné l'ordre de tirer sur le vieux; mais comme il se cachait dans le milieu de sa troupe, je n'attrapai qu'un brigadier qui lui servait de paravent. Ma balle lui entra dans l'œil et y fit un trou comme si j'avais tiré dans la terre molle.

Cette première décharge fit reculer les uhlans de plus de cinquante pas; malheureusement (ou heureusement, comme tu voudras), ils mirent pied à terre. Quatre ou cinq restèrent en arrière pour garder les chevaux, et les autres revinrent pour donner l'assaut au mur de la cour.

Ils revinrent même si vite que nous n'eûmes pas le temps de recharger nos fusils (tu sais comme c'était long avec des fusils à pierre), et, n'ayant pas d'autre moyen de monter sur le mur, ils se faisaient la courte échelle les uns aux autres. Déjà il y en avait trois sur la crête, le pistolet à la main. Un quatrième, plus vif que ses camarades, sauta dans l'intérieur de la cour et vint tomber au milieu des femmes, qui poussaient des cris affreux comme les poules quand elles voient entrer le renard.

Mais ça ne dura pas longtemps. Le grand Michel, le charpentier, se tourna, le vit, prit sa hache dont il se servait mieux que de tout autre instrument, vu que c'était son état de tous les jours, et d'un coup à faire trembler, lui abattit la tête comme tu ferais d'un chardon avec une baguette.

La femme du charpentier, qui avait eu plus de peur que les autres, se mit à crier de joie et d'orgueil :

— C'est mon homme, celui-là !

Elle en était fière, et il y avait de quoi, car le coup était bon. Lui, de son côté, dit :

— Est-ce bien travaillé, la Michelle ? Appelle-moi donc encore feignant, si tu l'oses !

(Paraît que c'était son habitude, à elle, quand il avait bu un coup de trop.)

Il aurait bien parlé plus longtemps, mais un des Prussiens qui étaient sur la crête du mur lui tira un coup de pistolet qui lui emporta un morceau de l'oreille, et il ne s'en fallut de guère qu'il lui fît sauter la cervelle. Alors mon Michel, furieux, lui envoya un tel coup de hache que le pauvre uhlan eut la jambe coupée au milieu de la cuisse et qu'il tomba en deux morceaux, la jambe et la botte dans la cour, la tête et le reste de l'autre côté.

Alors Michel, de plus en plus content, disait :

— Vois-tu, femme, la hache, il n'y a que ça. Les balles, c'est de petites folles, elles passent à droite et à gauche ; mais la hache, c'est raisonnable ; ça entre toujours quelque part... Ah çà ! est-ce que tu ne vas pas me donner un verre de vin pour ma peine ?

Il disait ça pour rire, parce que toutes les femmes se sauvaient dans la maison de peur des balles et du massacre ; mais la Pauline, qu'on croyait toujours avec son André, s'avança bravement dans la cour, remplit le verre et s'assit sur un morceau de bois avec sa bouteille pour donner à boire à tous ceux qui auraient soif.

Je voulus la faire rentrer. Elle me répondit :

— Frère, je veux être la femme d'un soldat. Il faut que je voie la guerre comme lui et qu'il n'ait pas peur pour moi quand il me laissera seule à la maison avec les enfants !

J'aurais pu lui dire là-dessus bien des choses, mais je

n'avais pas le temps ; je venais de charger mon fusil et je cherchais de tout côté le capitaine qui avait fait assassiner mon père. Après tout, d'ailleurs, les femmes ne font que ce qu'elles veulent. C'est un grand saint qui l'a dit. Je ne sais pas lequel ; mais il s'y connaissait pour avoir été marié sept fois à sept femmes de couleurs différentes, et pour avoir obéi à la dernière comme à la première.

Je tiens ça d'un vieux monsieur très-savant qui vint creuser à côté de Corbeny à peu près vers 1825. Il cherchait partout des vieux pots cassés avec des inscriptions que personne ne pouvait lire, et il les payait très-cher (c'est-à-dire, pardon, je me trompe, il les faisait payer très-cher au gouvernement). Un jour que je lui avais donné pour trente francs une vieille marmite percée au fond et qui ne pouvait plus servir, il me fit dîner avec lui dans le cabaret de la mère Mouilleviande, à Craonne, et quand nous eûmes bu un bon coup, peut-être deux, peut-être trois, alors nous devînmes si bons amis, lui et moi, qu'il me raconta des histoires de toute espèce, des farces comme on n'en dit pas devant les petites filles, et enfin la pensée de ce grand saint qui avait épousé sept femmes, l'une après l'autre. Paraît que ce pauvre homme disait en mourant : « J'ai battu les trois premières. J'ai été battu par les quatre dernières. Eh bien ! je n'ai pas été plus heureux avec les unes qu'avec les autres. Elles m'ont toutes fait faire leur volonté. »

Ça t'explique pourquoi je laissai la Pauline s'asseoir au milieu de la cour sur une poutre sans faire plus d'attention aux balles qui venaient de tous côtés que si ç'avait été des flocons de neige.

XLII

Pendant ce temps, nous nous battions comme des enragés, à demi cachés par le mur et tirant presque à coup sûr à travers les créneaux.

Malheureusement, trois ou quatre de ces gredins, qui étaient venus en rampant à terre, jusqu'au pied du mur, se relevant tout à coup, enfonçaient leur bras armé d'un pistolet dans l'ouverture et tiraient au hasard.

Deux hommes de Corbeny furent tués par ce moyen. C'est bien dommage! C'étaient des braves gens et qui avaient de la famille. Un uhlan allongeait à son tour le bras pour en faire autant au grand Michel; mais lui, pas bête, se jeta de côté, saisit le poignet au bout duquel était l'arme, le serra si fort que l'autre en cria de douleur, lui arracha le pistolet et dit à la Pauline :

— Donnez-moi vite une corde et une grosse bûche de bois! Ça presse! Nous allons rire.

Fectivement, quand la Pauline eut donné la corde et la bûche, mon grand Michel, qui était tout à fait farceur et bon enfant, attacha la bûche au poignet du uhlan, de manière qu'il ne pouvait plus s'en débarrasser ni faire repasser son poignet dans le trou du mur, et il lui dit :

— Reste là, mon garçon, jusqu'à ce que ta maman vienne te chercher pour souper. Ça t'apprendra à vouloir entrer chez les honnêtes gens qui ne t'ont pas invité. Mes compliments à ta cousine, pas vrai?

L'autre grognait furieusement et remuait son poignet de tous les côtés; mais le grand Michel était si content de son idée qu'il n'aurait pas lâché son prisonnier pour mille écus.

Pendant ce temps, David et moi, nous regardions à droite et à gauche. David cherchait les uhlans; moi aussi, mais surtout je cherchais leur capitaine. Celui-là, si j'avais été seul, je serais allé le prendre au milieu de sa troupe et lui brûler la cervelle comme à un lapin. Bien mieux encore, car le pauvre lapin ne fait jamais d'autre mal que de brouter un peu d'herbe et la pousse des jeunes arbres, pendant que l'autre, ah! l'autre! si je l'avais tenu quand je le vis assassiner mon père, je l'aurais coupé en quatorze morceaux!

Toute cette bataille durait depuis trois heures et n'était pas près de finir, quand nous vîmes les uhlans s'arrêter tout à coup et se retirer dans les bois en emportant leurs morts et leurs blessés.

Je dis à David:

— Est-ce qu'ils n'en veulent plus? Est-ce qu'ils trouvent le four trop chaud et qu'ils ne veulent pas s'y brûler les doigts?

David me répondit:

— Jean, ne nous flattons pas. Nous ne faisons que commencer. S'ils emportent leurs morts et leurs blessés, c'est pour prendre leurs bottes et l'argent qu'ils ont dans leurs poches. Ces Prussiens, c'est économe, ça ne laisse rien perdre.

— Mais mon père, qu'ils ont laissé là étendu, si j'allais le chercher?

David répliqua:

— Ton père était un honnête homme et un brave

homme, que nous regretterons toujours et qui n'a eu tort qu'une fois dans sa vie, c'est quand il a voulu suivre son curé malgré tout ce que nous lui disions pour l'avertir. Maintenant il est avec le bon Dieu, s'il y a un bon Dieu pour les braves gens. Personne ne peut plus le tourmenter sur terre. Laisse-le donc où il est jusqu'à ce que les Prussiens soient partis. C'est ce qu'il te commanderait lui-même s'il pouvait se faire entendre. Jean, on doit toujours aimer les morts, mais c'est les vivants qu'il faut protéger et défendre. Qui est-ce qui s'occupera de nos femmes et de nos enfants quand nous serons tués? Va, ce que tu feras de mieux pour la mémoire du vieux, c'est de tuer son assassin, s'il vient jamais à portée de ton fusil!

Il avait raison, l'ami David, oui, bien raison, et je l'ai reconnu plus tard quand l'autre fut à ma portée. Alors, vois-tu, oh! alors j'ai ri en grinçant des dents, et j'avais une de ces joies de tuer qui sont du paradis et de l'enfer!

Ah! le gueux! Ah! le brigand! C'était un noble seigneur prussien, à ce qu'on m'a dit, mais je lui fis voir ce jour-là ce que c'est qu'un paysan français, et si ça ne vaut pas tous les empereurs de la terre!

XLIII

Depuis deux heures jusqu'à huit heures du soir nous ne vîmes et nous n'entendîmes plus les uhlans. Je ne sais pas ce qu'ils faisaient dans le bois. Ils mangeaient et buvaient sans doute. Quant à sortir pour le voir, David le défendit en disant que nous n'étions pas assez nombreux pour nous faire tuer un à un, et que c'était assez du malheur qui était arrivé le matin avec mon pauvre père et le curé.

Il avait raison, David; il avait toujours raison. C'était un homme solide et de sang-froid comme on n'en voit guère, un homme qui n'aimait pas plus sa vie que celle des autres et qui rendit bien service à tout le monde ce jour-là.

Vers huit heures, nous entendîmes sonner un air de trompette. Nous fûmes tous étonnés. Chacun sauta sur son fusil, ne sachant pas ce que c'était.

David, qui s'y connaissait mieux, ayant vu plus de trente batailles ou combats, me dit :

— Ça, c'est un parlementaire.

— Qu'est-ce que c'est qu'un parlementaire? Est ce que c'est un Prussien d'une espèce particulière et plus honnête que les autres?

David me répondit presque en colère :

— Est-ce qu'il y a des Prussiens honnêtes dans la nature?

— C'est vrai. J'ai tort. Je n'en ai jamais connu.

— Eh bien, alors?... Le parlementaire, c'est un gueux qui va nous demander poliment d'entrer dans ta ferme avec toute sa troupe, de tuer et de voler. Tu vas voir.

Alors un uhlan se présenta avec un mouchoir au bout de sa lance. Derrière lui venait le curé de Corbeny, toujours attaché par les mains. Derrière le curé, deux autres uhlans qui le menaçaient de leurs pistolets.

A cinquante pas plus loin, à moitié cachés par les arbres, tous les autres.

Alors le parlementaire fit signe de la main que le curé

allait parler, — comme il fit en effet, le pauvre homme.

Voici ce qu'il nous dit :

— Mes amis, on m'envoie pour vous avertir que si vous ne vous rendez pas à discrétion, vous, les femmes, les enfants et les bestiaux, on va me fusiller tout à l'heure devant vous, comme on a fait pour le pauvre père Leborgne, et qu'ensuite, si l'on vous prend, on ne vous fera pas plus de grâce que Samuel au roi Agag et aux Amalécites. Vous êtes presque tous mes paroissiens, mes amis, mes frères, mes enfants! Voyez ce que vous voulez faire. Ma vie et la vôtre sont entre vos mains.

Le brave homme n'osait pas nous dire : Sauvez-moi! mais on voyait bien que c'était sa pensée.

Alors, comme je pensais toujours au pauvre vieux qu'on avait tué devant moi par la faute du curé, je dis à David :

— Ce qu'on n'a pas fait pour sauver mon père, est-ce que nous allons le faire pour sauver ce curé, qui n'a ni femme, ni enfants, ni famille?

David me répliqua tout bas :

— N'aie pas peur, Jean! Quand on devrait fusiller les trente plus gros curés du pays, je n'ouvrirais pas la porte! Des curés! on en trouve autant qu'on veut, en payant! Mais la famille! on ne la retrouve jamais quand on l'a perdue!

Alors les femmes, qui avaient tout entendu, se mirent à pleurer et les enfants à crier, et ça fit tant de bruit que les moutons eurent peur et se mirent à bêler pendant que les vaches et les bœufs mugissaient comme si l'on avait voulu les mener tous chez le boucher. Les pauvres bêtes n'avaient pourtant pas plus à espérer de nous que des Prussiens, car au fond le bon Dieu les a faites pour être mangées par les uns ou par les autres. Mais nous, au moins, nous les avons pansées et nourries dans nos prés et dans nos étables. C'est toujours ça.

Si la vie est une bonne chose, c'est nous qui les avions fait vivre.

Pour les manger? Eh bien, qui est-ce qui ne mange pas son voisin sur la terre? Les moutons mangent l'herbe. Nous mangeons les moutons. Les puces nous mangent vivants. Les vers nous mangent morts. Et les vers sont mangés par les petits oiseaux.

Voilà ce que m'expliqua plus tard le savant monsieur qui vint à Corbeny pour m'acheter ma vieille marmite.

Quand David entendit gémir tout ce monde, il leur cria d'une voix terrible et qu'on dut entendre d'un quart de lieue :

— Allez-vous vous taire, tas de pleurardes, et moucher ou torcher vos petits? Allez-vous laisser les hommes faire leur devoir?

Puis, s'adressant aux hommes, il ajouta :

— Vous voyez, vous autres, ce qui nous attend. Tu vois ça, Simon? Tu vois ça, Michel? Tu vois ça, Longepied? Vous voyez ça tous deux, Picard et Delamalle, et vous aussi, Guépin et Pouscaillou? Voulez-vous capituler et donner vos armes? Alors on vous assassinera comme on a fait du pauvre père Leborgne, qui était le meilleur de nous tous, — trop bon, puisque la bonté qu'il avait pour le curé l'a conduit à la mort.

A cette idée je fus si saisi, que je dis en fureur :

— Si l'on ouvre la porte aux Prussiens, moi, je mettrai le feu à la ferme avec David, et nous périrons tous.

Les femmes eurent peur et ne dirent plus rien en faveur du curé. La Pauline seule cria :

— Frère, vous avez raison. Il faut vivre ou mourir tous ensemble. Il n'y a que des gueux qui pourraient faire autre chose !

Ah ! c'était une brave fille, la Pauline, et qui a été toute sa vie aimée et respectée de quiconque, parce qu'elle n'a jamais rien conseillé que d'honnête et qu'elle était bonne pour travailler comme pour parler. Tu as vu, il y a cinq ans, comme toute la paroisse allait à son enterrement avec tous les vieux de Corbeny qui l'avaient connue et qui vivaient encore ! Vois-tu, ça fut pire que l'enterrement d'un évêque, parce qu'on y pleurait véritablement et qu'il n'y avait personne qui pût prendre sa place dans la commune, tandis qu'avec trois cents curés le gouvernement peut faire trois cents évêques en leur donnant trois cents mitres et trois cents crosses et trois cents fois trente mille francs par an.

David demanda encore :

— Nous allons passer aux voix comme sous la République. Toi, Michel, veux-tu te rendre ?

C'était très-fin de demander ça à Michel le premier, parce qu'il savait bien d'avance que le charpentier était un brave et qu'il ne nous lâcherait pas.

En effet, Michel répliqua :

— Non ! Tant pis pour le curé. C'est sa faute s'il est pris !

Ensuite, se tournant vers les autres, il dit :

— Si l'on ouvre la porte aux Prussiens, je fendrai la tête avec ma hache au premier qui voudra entrer. Et alors ça recommencera, mais avec la porte en moins. Tant pis !

Et, ma foi, il l'aurait fait comme il le disait.

David continua :

— Et toi, Simon, veux-tu ouvrir?

— Non!

— Et toi, Longepied?

— Non! non! non! dit Longepied en frappant le pavé avec la crosse de son fusil.

Je pense que les autres auraient parlé comme ceux-là, même sans qu'on leur donnât l'exemple; mais quand ils virent comme nous y allions de bon cœur, David, Michel, Longepied et moi, ça les entraîna tout à fait, et ils crièrent ensemble :

— Non!

Par le trou du mur, je regardais le curé de Corbeny. Il était tout pâle et récitait son chapelet en voyant son dernier jour arrivé.

XLIV

Pendant plus d'un quart d'heure on ne dit rien, ni d'un côté ni de l'autre. Les Prussiens se consultaient dans le bois. A la fin, le capitaine qui les commandait s'avança.

Il était bien en vue, à vingt pas de moi, en face de mon fusil. Je le mis en joue sans rien dire et j'allais le bouler comme un lapin, quand David me retint :

— Jean, Jean, ce n'est pas une chose à faire!

— Comment! je ne pourrai pas tuer l'assassin de mon père!

Il me répliqua :

— Jean, tout à l'heure! Ton tour va venir. Mais maintenant il faut rester tranquille. Quand on parle, on parle; quand on tue, on tue; c'est la loi de la guerre.

Il avait peut-être raison. Mais c'est égal, s'il n'avait pas été là, l'affaire de l'autre était faite, et bien faite, je t'en réponds. Il y a des moments où l'on ne se connaît plus.

Cependant je le laissai faire, puisque je lui avais donné le commandement.

Alors le Prussien fit jouer un autre air de trompette pour nous avertir d'écouter. Ensuite il dit le plus haut qu'il put pour être bien entendu de tout le monde :

— Écoutez bien, vous tous, gens de Corbeny et tous ceux qui sont ici. C'est mon dernier mot...

Je pensai :

— Tu dis plus vrai que tu ne crois, assassin !

Michel, toujours gai, lui cria :

— Que Dieu t'entende, chien de uhlan, et qu'il te coupe le sifflet bientôt ! Tu ne seras pas regretté !

L'autre continua en bon français pour être mieux compris :

— Les gens de Corbeny ont pris les nôtres en traîtres, il y a deux jours, et en ont tué quatre !

— En traîtres ! dit Michel. Répète donc un peu ce mot, pour voir !

Et il l'ajustait à son tour, mais David lui commanda de se taire et d'abaisser son fusil. Michel obéit en grognant un peu :

— Ah ! David, c'est bien parce que vous êtes mon adjoint, allez. Sans ça, le Prussien ne ferait pas long feu !

Le capitaine reprit :

— Vous savez la loi de la guerre ?

— Oui. C'est de tuer celui qui veut nous tuer. Après ?

— Eh bien, le feld-maréchal Blücher a ordonné de fusiller tous les paysans et bourgeois qui font résistance.

Michel répliqua :

— Qu'il y vienne donc, ton Blücher! Qu'il y vienne, s'il n'a pas peur pour sa peau! C'est Michel, le charpentier de Corbeny, qui l'attend! Qu'il vienne à portée de mon fusil! J'en ferai de la viande froide pour un petit cochon que j'élève et qui sera gras vers la Noël!

Nous aurions bien ri de l'entendre causer si nous n'avions pas été inquiets de ce qui allait suivre.

Le uhlan dit encore :

— Vous avez confiance dans Napoléon. Vous avez tort. Blücher l'a battu il y a deux jours, et si bien battu que l'autre se sauve vers Paris où nous allons le suivre et entrer avec lui.

Je poussai le coude de David :

— Qu'est-ce que je vous disais?

Il me répondit tout bas :

— Eh bien, oui, Napoléon est battu. Et après? Il les battra demain. Chacun son tour. Qu'est-ce que tu veux? S'il est battu, c'est à nous de nous battre à sa place. D'ailleurs, avec un gaillard comme celui-là, est-ce qu'on sait jamais s'il se sauve devant vous ou s'il fait un détour pour les prendre par derrière et les couper en quatre cent quatre-vingt-quinze mille morceaux? Est-ce qu'il n'était pas battu à la Rothière quand il s'en alla avec trente mille hommes devant trois cent mille? Est-ce qu'il ne les a pas repincés à Montmirail, à Champaubert, à Montereau? Est-ce qu'il n'a pas poussé Blücher et les Prussiens sur Soissons, où il en aurait fait une vraie marmelade si les Russes n'étaient pas venus les aider? Ah! c'est un gueux, celui-là aussi, mais c'est un fier gueux et comme on n'en voit pas souvent dans le monde! Heureusement! Maintenant il s'en va d'un autre côté; eh bien, c'est un malheur. Mais demain il reviendra peut-être. Qu'est-ce qu'il lui faut pour ça? Des fusils? Il en a. Des conscrits? Il en fait venir de partout. Presque tous ceux qui ont passé chez nous depuis un mois venaient de Bretagne, d'Auvergne ou de plus loin encore. Ils sont trop jeunes pour marcher, c'est vrai; mais ils sont assez forts pour se battre, et tu as vu toi-même, à Laon, de quelle façon ils vont à la bataille. Va, va! Rien n'est perdu, si nous ne lâchons pas. Un brave homme n'est tout à fait à bas que quand il est tué.

Voilà comme il m'encourageait. Du reste, je n'en avais pas besoin, car la mort de mon pauvre vieux m'avait donné une envie de me battre et d'égorger que je n'aurais jamais cru avoir, moi qui ne voyais la guerre que depuis cinq jours.

Pendant ce temps, le Prussien continuait de parler. Il promettait un tas de choses si l'on voulait ouvrir la porte : d'abord qu'il ne ferait aucun mal aux femmes et aux enfants; que pour les bestiaux, il n'en prendrait pas plus de la moitié, et encore qu'en lui donnant de l'argent comptant on pourrait les racheter à bon marché; que pour les hommes, il se contenterait de les désarmer.

Ça commençait à produire de l'effet. La Marianne vint vers moi et me dit :

— Comme ça, tout finirait bien. Nos bestiaux, qu'est-ce que tu veux? Nous en achèterons d'autres. Nous travaillerons! Nous ferons des économies!

Je lui répondis :

— Et le vieux? On l'enterrera, n'est-ce pas? On n'y pensera plus! Quand la paix sera faite, aussi humbles qu'ils sont insolents aujourd'hui, ils viendront nous demander du travail, faire les bons apôtres, et nous les recevrons comme s'ils avaient été nos amis de tout temps ! C'est ça que tu veux, Marianne ? Et je les verrai jouer de la clarinette à côté du cimetière où sera le vieux qu'ils ont assassiné ! Ah ! tiens, ne me parle pas de ça !

Je lui parlai si fortement qu'elle n'osa plus souffler mot. Mais il y eut quelque chose la minute d'après qui l'empêcha bien mieux de parler que tout ce que j'aurais pu lui dire.

C'est quand le capitaine ajouta :

— A ce prix, je vous rendrai votre curé !

Toutes les femmes se mirent à rire et à pleurer de joie. Elles coururent à la porte pour la débarrasser des poutres, des charrettes et des verrous qui la tenaient fermée. Elles disaient toutes :

— Ah ! notre bon curé ! notre pauvre curé ! Nous allons donc le revoir !

Une lui cria par-dessus le mur :

— Monsieur le curé, attendez ! Votre martyre sera bientôt fini.

Et le brave homme lui répondit :

— Ne vous pressez pas, mes chères filles. Ne vous pressez pas ! Je savais bien que le bon Dieu viendrait au secours de son serviteur !

Et tout le monde se réjouissait dans la cour et dans la ferme. Cette fois je dis à David :

— On nous lâche, nous sommes perdus ! Il faudra brûler tout !

Michel m'entendit, nous serra les mains à l'un et à l'autre et nous cria :

— N'ayez pas peur, moi, je ne vous lâcherai jamais.

Alors David monta sur le mur, bien en face du capitaine, et demanda :

— Qui est-ce qui garantit tout ça?

Le Prussien releva la tête d'un air arrogant et répondit :

— Ma parole à moi, comte d'Armsdorff-Kratchemberg, capitaine de uhlans au service de S. M. le roi de Prusse.

— Fameux! fameux! cria Michel. Ce n'est pas chez nous qu'on voit des comtes d'Armsdorff-Krachen... quoi, mon capitaine?

— Tais-toi donc, Michel, lui dit sa femme.

— Et toi, la Michelle, tais ton bec! La poule ne doit pas chanter devant le coq!

Alors le capitaine, tout Prussien qu'il était, ou peut-être parce qu'il était Prussien, ne put pas retenir sa langue. Il nous dit ce qu'il voulait garder pour lui.

— Toutes ces conditions généreuses...

Michel cria :

— Croirait-on pas qu'il nous fait la charité, ce gredin?

L'autre reprit :

— Toutes ces conditions généreuses, je prends sur moi de vous les accorder malgré S. M. le roi de Prusse, malgré S. Exc. le feld-maréchal Blücher, malgré le très-honoré seigneur chef de l'état-major général Gneisenau...

— Et le très-honoré sous-général Etcætera... continua l'adjoint David qui avait fait ses classes et qui disait de temps en temps des mots savants.

— ... Mais, dit le Prussien.

— Ah! ah! voilà le *hic,* répliqua David. Il y a un mais.

Il riait de bon cœur, et comme je ne l'avais pas encore vu rire. J'en étais tout à fait étonné. Je croyais même qu'il avait un peu trop bu d'un coup, et ça me donnait des craintes.

Sans doute, il vit ça dans mes yeux. Il me toucha le bras et me dit :

— Jean, nous avons bien le temps d'écouter les discours du Prussien... Vois-tu quelque chose, là-bas, du côté de Corbeny?

Je répondis :

— Qu'est-ce que tu veux? Le ciel est plein de nuages blancs et noirs; à cette distance, on ne distingue pas grand'chose.

— Regarde encore!

— Ah! oui! On dirait que le feu vient de prendre au clocher de Corbeny. Il ne manquerait plus que ça pour nous achever.

— Tu crois, Jean! Eh bien, c'est tout le contraire. Si nous ne sommes pas tués avant minuit, nous ne le serons pas avant quinze jours. C'est moi qui t'en réponds. Nous avons des amis dans le clocher de Corbeny et ailleurs, tu vas voir!

En même temps, je vis monter en l'air, du haut de ce clocher, une grande fusée rouge avec deux ou trois autres plus petites et qui n'étaient pas de la même couleur. Puis entre Corbeny et nous, je vis encore d'autres fusées. C'était presque à moitié chemin. On aurait cru assister à la fête de l'empereur.

Mais ce n'était pas ça. Oh! non, ce n'était pas ça. Personne, à Corbeny ou ailleurs, ne pensait à remercier Dieu de nous avoir donné cet empereur-là ni aucun autre. David me dit :

— Cette fusée, c'est un signal de M. Debray, le capitaine des blousards que tu as vu à Semilly. Un bon, celui-là, et qui nous défend mieux que Napoléon avec sa garde, parce qu'il n'a pas de bagages, lui, ni de caisse, ni de vivres, ni d'artillerie, ni rien, excepté, comme tous ses hommes, un peu de pain dans son sac, des cartouches et un fusil. Avec ça, on passe partout. Les gros seigneurs vont sur la route avec leurs régiments de cavalerie et d'infanterie en avant, en arrière et sur les flancs pour garder leurs personnes sacrées; mais lui, il va dans les bois, dans les sentiers où l'on passe un par un; il arrive sans bruit, sans tambour ni trompette où il veut aller; il attend le gibier au passage, couché dans le fossé; il choisit les plus grosses pièces, et il tire... Il ne tue pas tout, oh! non, mais douze ou quinze de ces bonshommes chaque fois, et sans attendre la riposte il s'en va. On voudrait bien le suivre dans les bois. On ne peut pas. Les arbres et les buissons sont trop serrés pour qu'on le suive en troupe. Les sentiers sont trop étroits. La cavalerie ne peut pas passer. L'infanterie est gênée par ses sacs, et dans l'obscurité, au milieu d'un pays qu'ils ne connaissent pas, les Prussiens n'osent pas poursuivre de peur de tomber dans des trous, dans des marécages, des embuscades. La nuit, on est forcé de prendre dix fois plus de précautions que le jour. Le moindre bruit vous étonne. D'ailleurs, en faisant dire qu'ils fusilleraient tous les paysans, les Prussiens savaient bien qu'on ne leur ferait pas grâce. OEil pour œil, dent pour dent. C'est Notre-Seigneur Jésus-Christ qui l'a dit. Ou, si ce n'est pas lui, c'est un autre qui le valait presque.

Tout à coup le Prussien finit de parler, et Michel nous demanda :

— Avez-vous entendu l'homme?
— Quel homme?

— Le Prussien.

— Qu'est-ce qu'il a dit?

— Qu'on nous fera grâce à nous, si...

— Si... quoi?

— Si nous voulions vous livrer d'abord aux uhlans, vous, monsieur l'adjoint, et Jean Leborgne.

David se gratta l'oreille.

— Ah! dit-il, ce n'est pas trop bête pour un coquin.

En effet, les femmes commençaient à s'assembler, à parler tout bas à leurs maris et à leurs fils, la Longepied surtout et la Delamalle, qui avaient plus peur que les autres et qui surtout voulaient ravoir leur curé. Une autre aussi, la Flanchard, qui était encore fille et qui allait à la messe de cinq heures tous les matins, où souvent elle se trouvait seule avec le curé. Celle-là commençait à cabaler plus haut que les autres, disant qu'il fallait faire la paix, que les Prussiens étaient les plus forts, que le bon Dieu s'était déclaré pour eux, et qu'après tout ils ne tueraient pas tout le monde; que moi, Jean Leborgne, j'avais toujours été d'un mauvais caractère; que je voulais toujours être maître chez moi, n'obéir à personne; que nous étions, David et moi, deux orgueilleux, et qu'en nous obstinant, nous attirerions sur nous la malédiction divine.

Enfin toutes les bêtises qu'on peut dire. Mais ça faisait de l'effet même sur les hommes.

Alors la Pauline se leva et lui dit tout haut, de manière que tout le monde l'entendit :

— Toi, la Flancharde, si tu dis encore un mot pour conseiller à nos hommes des lâchetés, prends garde! Si Jean Leborgne vous a prêté sa maison, ce n'est pas pour le trahir! Si Jean Leborgne et David, et Michel et les autres se font tuer pour nous, c'est à nous de nous faire tuer après eux. Si j'avais un homme à moi...

— Tu en as un, l'André Leborgne, dit la Flancharde en riant d'un mauvais rire, car elle aurait voulu faire entendre des choses qui n'étaient pas.

Mais la Pauline n'eut pas le temps de répondre. Quelqu'un vint derrière elle en marchant appuyé sur un bâton et rétorqua :

— Oui, elle en a un ! C'est moi !

C'est André, qui s'était levé en entendant qu'on se disputait. Il se soutenait à peine, mais il dit :

— La Flancharde, la Pauline a un homme. Elle aura un mari dans quinze jours si je suis encore vivant ! Et je vous prends tous à témoin que je la demande en mariage, et que si elle veut être ma femme comme je veux être son mari, l'affaire sera bientôt faite !

David me souffla dans l'oreille :

— Pas bête, ton frère ! Une femme comme celle-là, il n'y en a pas des flottes sur le continent !

La Pauline regarda André avec des yeux... oh ! des yeux !... Tu n'as pas idée de ça ! Comme elle m'a dit plus tard, elle était si heureuse qu'elle aurait voulu l'embrasser devant tout le monde ; mais elle n'osa pas.

D'ailleurs, elle avait autre chose à faire et à dire. Elle reprit :

— Oui, j'aurai bientôt mon homme...

(Elle montrait André.)

... Je peux le dire, puisqu'il le dit aussi. Eh bien, comme il se ferait tuer pour moi, je me ferais tuer pour lui, et il n'y a que des coquines qui puissent penser autrement !... Oui, des coquines ! Tu m'entends bien, la Flancharde ! Si tu veux te rendre aux Prussiens, tu peux ! Tu n'as qu'à parler! On va te jeter par-dessus le mur. Ils te ramasseront s'ils veulent!

C'est qu'elle ne plaisantait pas, la Pauline!

L'autre le comprit bien et ne dit plus rien, ni celles qui auraient pu la suivre. Il y a partout, vois-tu, des gens qui ne sont pas malhonnêtes, ni tout à fait lâches, mais qui ne savent jamais ce qu'ils doivent faire. Il faut leur expliquer les choses et leur montrer le chemin. C'est ce que faisait la Pauline. Une femme comme ça, c'est précieux.

Elle n'eut pas plutôt parlé, que toutes les autres changèrent d'avis. Elles crièrent toutes ensemble :

— Elle a raison, la Pauline! Elle a raison! Elle a raison!

Tellement qu'elles en oublièrent le curé, le pauvre curé de Corbeny, qui pendant ce temps attendait toujours son sort entre les deux uhlans prussiens, comme Notre-Seigneur Jésus-Christ sur la croix entre les deux larrons.

A la fin, comme on ne répondait pas au commandant prussien, il fit sonner un troisième air de trompette, signe sûr et certain qu'il s'impatientait, et cria :

— Voyons, livrez-vous David et Jean Leborgne?

Tout le monde cria :

— Non! non! non!

Michel ajouta :

— Viens les prendre!

Alors le Prussien et les deux uhlans tournèrent bride en faisant marcher devant eux le pauvre curé de Corbeny.

XLV

Toutes les femmes crièrent :
— Ah! nous ne le verrons plus, notre pauvre curé!
— Eh bien, dit Michel, vous en verrez un autre!
Mais sa femme lui rétorqua :
— Tais-toi, impie! Tu ne méritais pas d'avoir un curé comme celui-là!
— Aussi, je ne l'avais pas demandé. C'est bien l'évêque qui nous l'a donné sans me consulter!
La Michelle répliqua :
— Je sais bien pourquoi tu ne l'aimes pas, le saint homme!
— Pourquoi?
— Parce qu'il t'a toujours dit de ne pas aller au cabaret.
— Il va bien à l'auberge de Craonne, lui, et au café, les jours de foire, avec un tas de saints en soutane comme lui, qui se remplissent le goulot, du haut jusqu'en bas, de vin, de bière, d'eau-de-vie et de toutes les bonnes choses qu'on peut boire sur la terre! Est-ce que le bon Dieu permet ça aux curés et le défend aux charpentiers?
— Ah! tiens, Michel, tais-toi.
Mais justement Michel, parce qu'il avait d'autres hommes et des camarades avec lui, était plus fier qu'à l'ordinaire. Il ne refusait pas la bataille à sa femme. Au contraire! on aurait cru qu'il la cherchait. Aussi il en

aurait bien dit davantage sur les femmes, sur les curés, sur Dieu, sur le diable et sur tout ce qu'il y a de plus sacré dans la nature, si David n'avait pas commandé :

— Allons, les autres! il sera temps de dire des bêtises quand nous serons débarrassés de tous ces gueux.

Presque en même temps, comme il faisait nuit et que nous ne voyions rien dans le bois, tandis que ceux du bois voyaient bien chez nous à cause des lampes allumées qu'il y avait dans la maison, un de ces brigands s'avança dans l'obscurité, passa le bout de son pistolet dans un créneau, visa le grand Michel, qui avait plus de cinq pieds huit pouces, et lui envoya une balle dans un endroit... tu sais, ce n'est pas dangereux. Enfin Michel, qui s'était tourné pour parler à sa femme, porta tout à coup sa main sur sa fesse droite, en criant :

— Tonnerre de Dieu! voilà une mauvaise farce. Qui est-ce qui m'a fait ça? Si je l'attrape...

Mais l'autre s'était caché derrière le mur après avoir fait son coup et riait, tu peux croire! Il voyait où sa balle avait porté, et il en était si content qu'il n'aurait pas donné sa place pour celle du roi de Prusse, quoiqu'elle soit mieux payée.

Alors la Michelle s'avança vers son homme en poussant des cris terribles comme s'il avait été déjà mort :

— Ah! mon pauvre Michel, je te l'avais bien dit! A se frotter contre des gueux il n'y a que des coups à gagner. Mais voilà! tu n'as jamais voulu m'écouter. Tu aimes mieux aller avec tes amis du cabaret, qui ne t'ont donné que de mauvais conseils!...

Elle aurait continué à lui parler du cabaret et aussi à faire l'éloge du curé, mais Michel lui dit en jurant comme un païen :

— Ah çà! est-ce que tu ne vas pas bientôt me ficher la paix? Aide-moi plutôt à ôter ma balle qui va me gêner pour m'asseoir?

— Où est-elle?

— Tu le vois bien, mille millions de sabres de bois! C'est dans ce trou qui saigne; plus haut! là! là!... Plus bas! La sens-tu avec ton doigt?

— Si je la sens! dit la Michelle en riant, et la retirant, tiens, la voici.

Le grand Michel embrassa sa femme et lui dit :

— A la bonne heure, c'est la première fois que tu es bonne à quelque chose. M. Kantin, le docteur de Laon, n'aurait pas fait mieux. Et pourtant, c'est un savant docteur, il a coupé plus de cinquante bras et de soixante jambes.

— Oh! rétorqua la Michelle, c'est lui qui le dit pour attirer les pratiques...

Et comme il retournait à son créneau :

— Fais bien attention! lui cria-t-elle. Tu t'es déjà fait pincer. Ne recommence pas!

— Tu appelles ça « pincer »?

Elle ajouta :

— Je vais promettre un second cierge à la Sainte Vierge, un cierge de trois livres, puisque le premier n'a pas assez réussi.

David, qui avait quelquefois le mot pour rire, lui dit :

— Prenez garde, la Michelle! Pour le premier cierge, la Sainte Vierge vous a accordé de mettre une balle dans la fesse droite de votre mari. Pour un second, elle lui enverra peut-être une autre balle dans la fesse gauche, et si vous alliez plus loin, elle le ferait peut-être tuer Laissez faire le bon Dieu, la Sainte Vierge, les anges et les saints! Croyez-moi, ils savent leur métier mieux que vous, et quand on les prie, ça les ennuie, et peut-être ça les met de mauvaise humeur.

— Vieil impie! dit la Michelle.

Tout ça nous faisait rire, mais n'empêchait pas les Prussiens d'avancer ni David de veiller sur eux. Il fit éteindre les lampes de la maison et mettre deux lanternes sourdes sur le mur, qui éclairaient en avant du bois pendant que nous étions dans l'ombre. Par là, on ne voyait guère, mais enfin on voyait un peu, et dans tous les cas les autres ne voyaient rien du tout. Ils avaient bien allumé du feu, eux aussi, mais loin de la maison, pour n'être pas dérangés si nous avions fait une sortie.

De temps en temps quelqu'un s'avançait sans être vu sous le mur, passait sa main dans le créneau et tirait au hasard quelque coup de pistolet sans toucher personne. David me dit :

— Si ça dure comme ça jusqu'à trois heures du matin, c'est eux qui seront roulés comme des merlans dans la farine. J'attends quelque chose.

Mais il ne voulut pas me dire ce qu'il attendait.

Tout à coup, vers onze heures, voilà qu'on entend un grand bruit. Mes Prussiens sortent du bois tous à la fois en poussant des hourras terribles et donnent l'assaut. Ils avaient pendant la trêve fabriqué une espèce d'échelle qui n'était ni bien forte, ni bien haute, mais qui l'était bien assez pour un mur de douze pieds, et ils tiraient tous à la fois, en faisant un vacarme affreux, pour nous étourdir, pour épouvanter les femmes et les enfants et aussi pour empêcher qu'on ne remarquât ce qu'ils faisaient ailleurs.

Nous les reçûmes comme il fallait, ça va sans dire. De

la première décharge, comme ils étaient à découvert, nous en tuâmes trois. Un quatrième tomba du haut de l'échelle sur des pierres et se cassa sans doute quelque chose, car il criait comme un pauvre cochon qu'on saigne. Un cinquième monta sur le mur sans échelle, à la force des poignets, et il allait sauter dans la cour ; mais il fut plus malheureux que ses camarades, parce que David lui tendit une vieille pique du temps de la Révolution, de celles qu'on avait distribuées aux gardes nationaux, et le pauvre garçon, qui sautait de haut sans savoir où il sautait, se l'enfonça de plusieurs pouces dans le ventre, et de douleur lâcha son pistolet tout chargé qu'il tenait à la main et que David ramassa soigneusement. C'était sage, car nous n'avions pas trop d'armes et de munitions. Au contraire !

De notre côté, nous perdîmes Longepied, qui était un brave homme, serviable et honnête, et qui n'aurait jamais cru se faire tuer dans un assaut, car ce n'était pas son goût principal. Il aimait bien mieux travailler à sa vigne de temps en temps, et ensuite boire un bon coup avec les amis.

Enfin, qu'est-ce que tu veux? Le bon Dieu l'avait décidé comme ça. Il faut bien souffrir ce qu'on ne peut pas empêcher.

Il y eut encore le père Picard, de Corbeny. C'était un petit vieux, tout maigre avec un nez pointu, un air de fouine et qu'on n'aimait guère parce qu'il aimait trop les pièces de cent sous et que, sans travailler, il gagnait beaucoup d'argent en prêtant à gros intérêts sur bonne hypothèque.

Le grand Michel, qui avait eu affaire à lui deux ou trois fois et qui avait perdu à ce commerce deux grandes pièces de terre que sa femme lui avait apportées en dot le détestait particulièrement et n'en disait pas de bien.

Cependant, quand il vit le pauvre Picard étendu mort par terre d'un coup de pistolet après avoir fait son devoir comme les autres, il me dit :

— Tiens, Jean Leborgne, je n'aurais jamais cru ça de moi. Voilà un vieux gueux qui, pendant près de six mois, m'a collé un huissier au derrière comme un pain à cacheter, tellement que je ne pouvais passer de semaine sans recevoir de papier timbré et que ça m'a coûté *finitivement* trois mille cinq cents francs pour trois cents que j'avais empruntés ; eh bien, c'est égal, ça me fait de la peine. C'est un Français, après tout. Et tout à l'heure, il tirait avec nous sur les Prussiens.

Voilà comment le grand Michel, qui n'aimait pas les huissiers ni les avoués, parlait de son ennemi Picard. Au fond, le Français est bon enfant, vois-tu, et il pardonne aisément. C'est pour ça qu'il y a tant de scélérats qui lui font des misères depuis que le monde est monde.

Tu verras ça dans les histoires, et si tu ne l'y vois pas, c'est moi qui te le dis, moi, Jean Leborgne, ton grand-père, qui ai plus vu que toi et qui en sais davantage.

Pour te revenir, l'assaut fut donc repoussé d'abord ; mais les Prussiens revinrent donc cinq minutes après en poussant encore plus de hourras qu'auparavant. Ils faisaient même un tel tintamarre que nous ne pouvions plus nous entendre les uns les autres.

Je me demandais avec une terrible inquiétude comment tout ça pouvait finir, quand tout à coup un grand bruit éclata dans la maison. Les femmes et les enfants sortirent en poussant des cris épouvantables.

— Les Prussiens sont entrés ! Ils sont dans le grenier ! Au feu ! au feu ! Au voleur ! A l'assassin !

XLVI

En effet, ils étaient entrés, ces gredins, par le toit, comme je l'ai su plus tard.

La ferme, en ce temps-là, n'avait de fenêtres que par devant, sur la cour. Ce n'est pas commode. On aimerait mieux avoir de l'air et du soleil dans sa chambre comme les bourgeois; mais pour ça il faut avoir de l'argent, et quand j'en avais un peu, j'aimais mieux l'employer à nourrir des bœufs et des moutons. Ça rapporte plus que de payer l'impôt des portes et fenêtres dont personne ne vous sait gré, pas même le percepteur. C'est même encore pour ça, je suis bien aise de te le dire en passant dans le cas où tu deviendrais député, que nos maisons à la campagne sont si laides, si noires et si puantes. Si vous voulez être propre, le gouvernement vous le fait payer trop cher; alors ça vous en dégoûte parce que, après tout, il vaut mieux être sale et logé comme un cochon que de donner son argent au percepteur. C'est bien assez de celui qu'on ne peut pas lui refuser.

Pour te revenir, donc, il n'y avait ni porte, ni fenêtre, ni lucarne dans la maison, excepté sur le devant que nous défendions à coups de fusil. De plus, les murailles étaient épaisses de trois pieds au moins, parce qu'autrefois on construisait pour longtemps. De sorte que je croyais (et David aussi) n'avoir rien à craindre.

Mais vois le malheur et comme il faut toujours prendre garde à tout.

Ce mauvais coquin de Straubing, qui était venu chez nous le matin demander un asile en se disant déserteur et qui nous avait si terriblement trahis en faisant prendre mon père et le curé, — ce Straubing, donc, pendant un moment qu'il était resté seul dans le grenier et qu'on ne le regardait pas, se mit à défaire sans bruit les tuiles du toit et à faire un grand trou par où un homme pouvait passer, même assez gros.

Quand on l'appela, il dit qu'il avait passé son temps à chercher sa clarinette et à recoudre sa veste. Comme le trou du toit était caché par des sacs de blé et un tas de meubles que les gens de Corbeny avaient apportés, on ne s'aperçut de rien. D'ailleurs, on n'y regarda pas.

La Pauline, qui pensait toujours à tout et qui se défiait du déserteur, aurait bien vu ça si elle avait été libre; mais d'abord elle était tout occupée de son André, qu'elle n'avait pas vu depuis si longtemps; ensuite il fallait qu'elle aidât la Marianne à faire tout ce qu'il fallait pour le dîner des hommes, pour le coucher des petits enfants. Elle n'y fit donc pas attention d'abord; mais la nuit étant venue, elle eut besoin de chercher quelque linge ou quelque torchon, dans le grenier, pendant qu'on se battait dans la cour. C'était pour panser les blessés.

Voilà que, tout en cherchant, elle voit que la lumière de sa lampe vacillait, mais toujours penchée du même côté, comme si le vent venait dans cette direction. Elle regarda la lucarne qu'on fermait ordinairement avec un volet en bois.

La lucarne était fermée comme à l'ordinaire. Ce n'est pas de là que venait le vent.

Alors la Pauline, qui connaissait tous les coins et les recoins de la maison, commença à se douter de quelque chose. Elle alla prendre, au fond, tout près du tas des sacs de blé, une vieille serpe rouillée; mais au moment même où elle la tenait dans la main, voilà qu'une autre main, une main d'homme celle-là, la saisit par la jupe et lui dit tout bas, mais en la menaçant :

— Silence! ou tu es morte!

Avec une autre, ça pouvait réussir, on lui aurait fait peur; mais avec la Pauline! Ah! Dieu! Elle était plus forte que beaucoup d'hommes, et, pour le courage, je n'ai vu personne de meilleur.

Comme elle m'a dit plus tard, elle pensa tout de suite que nous étions tous perdus, que les uhlans allaient entrer dans le grenier, nous prendre par derrière et nous tuer tous, et alors!...

Oh! alors, ça ne fut pas long. Elle poussa de grands cris :

— André! Jean! Au secours! Au feu! au feu!

En même temps, elle souffla sa lampe et envoya au hasard un coup de serpe si violent qu'elle sentit quelque chose de chaud et d'humide qui coulait sur sa main comme si ça sortait d'un robinet d'eau chaude.

L'homme, car c'était bien un uhlan qu'elle venait de frapper, la lâcha. Elle l'entendait râler, mais en même temps, dans l'obscurité, elle ne voyait rien. Plus tard nous l'avons reconnu. C'était le traître déserteur qui avait fait le trou dans le toit et montré le chemin aux autres.

Le coup de la Pauline était bon. Il n'a plus jamais rien dit, le gueux! Il avait la gorge aux trois quarts coupée, et ce qui coulait sur la serpe et la main de la Pauline, c'était son sang.

Malheureusement il n'était pas seul. Trois ou quatre autres étaient montés avec lui. Elle les entendait marcher avec leurs grosses bottes dans le grenier et chercher le trou de la trappe pour descendre dans la salle du dessous. Un cinquième, qui entrait à son tour, parce qu'ils avaient apporté une échelle ou bien l'avaient faite eux-mêmes dans les bois, alluma son briquet et mit le feu à un tas de bottes de paille. Alors ils la virent tous et se jetèrent sur elle pendant qu'elle criait de plus en plus fort et qu'elle se cachait derrière les sacs de blé.

Quand j'entendis son premier cri : Jean ! André ! je me doutai bien qu'il était arrivé quelque grand malheur, car la Pauline n'était pas femme à crier pour rien, comme les petites bourgeoises qu'on élève au couvent à ne rien faire et qui alors s'effrayent de tout.

Je dis à David :

— Reste ici. La Pauline appelle au secours. J'y vais !

Alors je prends ma hache parce que je n'avais pas le temps de charger mon fusil, et je monte. Mais je n'étais pas le premier.

Au cri de la Pauline, André, qui ne pouvait presque pas se remuer auparavant, tant il était faible, avait couru à l'échelle de la trappe avec son pistolet chargé, et du premier coup, quand il vit qu'on allait mettre la main sur elle, pan ! il abattit un Prussien.

En même temps avec elle il se cacha derrière les sacs pour recharger. Les autres, étonnés, tiraient sur lui au hasard ; mais les balles se perdaient dans le blé. L'un d'eux, finement, essaya de passer sa main avec son pistolet entre deux sacs et de tirer sur lui ; mais la Pauline lui abattit la main d'un coup de serpe et fit tomber l'arme avant qu'il eût le temps de tirer. Une fière femme, je t'en réponds!

A ce moment je montai à mon tour et je vis tout ce désordre et le feu qui commençait à gagner le toit.

Juge un peu ce que c'était. Un homme qui avait travaillé toute sa vie pour sa famille, qui avait vu assassiner son père le matin, qui voyait brûler sa maison et qui se disait que sa femme et ses enfants allaient périr sans qu'il pût rien faire pour eux que se faire tuer le premier! Ah! tiens, il y a des moments où la terre est pire que l'enfer!

Je montai donc avec ma hache, car j'en avais une comme le grand Michel et je savais m'en servir, Dieu merci!

En me voyant, comme je criais pour leur faire croire qu'on me suivait : « Arrivez donc, les autres! voilà ces gueux de Prussiens! » les trois uhlans qui restaient dans le grenier et qui venaient d'y mettre le feu se dépêchèrent de descendre par l'échelle du dehors, et même l'un d'eux, trop pressé, roula le long des échelons et dut se casser quelque chose, car il resta étendu par terre, ne pouvant plus se relever. Un autre fut plus habile, il descendit lestement sans se faire du mal et alla rejoindre ses camarades.

Quant au troisième, comme il baissait la tête et cherchait l'échelle pour y mettre le pied, je lui envoyai un si grand coup de hache qu'il eut le crâne fendu comme un vieux tronc de chêne et que j'eus bien de la peine à retirer le fer.

Après ça, comme naturellement il était tombé à demi mort et que les autres en bas se sauvaient, ne sachant pas combien nous étions pour défendre le grenier, la Pauline et moi nous enlevâmes l'échelle pour les empêcher de recommencer, et même, pendant ce temps, l'un de ces gueux qui était dans le sentier et qui nous voyait bien à cause de la flamme du toit, fut assez traître pour tirer sur elle un coup de pistolet qui lui frôla le front et dont elle a porté la marque toute sa vie.

Elle ne s'en aperçut pas sur le moment, tant elle était animée, et quand je lui demandai :

— Vous êtes blessée, Pauline?

Elle me répondit :

— Où donc? Je ne sens rien.

N'empêche que l'autre avait manqué de lui brûler la cervelle.

Quant à André, il l'embrassait en riant de tout son cœur en disant :

— Toi, je veux te faire engager dans le 5ᵉ dragons de la garde. Tu seras mon capitaine!

Nous en aurions bien dit d'autres; mais ce n'était pas le moment de rire.

Je regardai par la lucarne, et je vis que cinq ou six Prussiens avaient fini par monter sur le mur et sauter dans la cour, que les femmes levaient les mains au ciel en criant :

— Ah! mon Dieu! mon Dieu! Tout est perdu!

David, Michel et un autre, n'ayant plus de cartouches, se défendaient à coups de crosse et à coups de hache en s'abritant derrière un amas de bois dans le hangar. Le capitaine criait en français :

— Tas de gredins, vous ne serez pas tués, vous serez pendus! Ça vous apprendra à résister aux honnêtes soldats allemands qui combattent avec l'aide de Dieu, pour le roi et la patrie!

Il leur criait ça du haut du mur, et il allait sauter dans

la cour à son tour avec le reste de sa troupe, quand tout à coup :

Pan! pan! pan!

Voilà que j'entends quarante ou cinquante coups de fusil qui partaient derrière les uhlans, et j'en vois tomber sept ou huit à la première décharge.

En même temps le tambour battait la charge, et je vois sortir du bois mes blousards de l'avant-veille avec M. Debray, leur capitaine, qui criait :

— Courage, David! courage, Jean Leborgne! Nous sommes là, et vive la France!

XLVII

Tu me croiras si tu veux.

Je me sentis entrer dans le bonheur jusqu'au cou en voyant l'arrivée des blousards et l'effet de leur première décharge. Ils n'y allaient pas de main morte; les gaillards étaient presque tous chasseurs ou braconniers de profession, qui chassaient tantôt le lièvre et la perdrix, tantôt le loup et le sanglier. Du coup d'œil, du sang-froid, et avec cela vieux soldats, établis dans le pays depuis la fin des guerres de la République, avant que Napoléon fût encore tout à fait maître.

Dix ou douze seulement sur cinquante n'avaient pas l'habitude du fusil; mais c'étaient des paysans robustes comme moi, qui connaissaient la hache, la bêche et la charrue, et que les Prussiens avaient chassés de leurs villages en brûlant les maisons ou bien en attaquant leurs femmes et leurs filles, comme on avait fait à Corbeny.

La bataille ne dura pas cinq minutes. Les uhlans, qui n'avaient plus que leurs sabres et leurs lances, et qui avaient déchargé sur nous leurs pistolets, dès la troisième décharge des blousards, qui tiraient de près, visant chacun son homme, furent jetés par terre pour les trois quarts. Le dernier quart jeta ses armes et se rendit.

Alors M. Debray, qui commandait les blousards, s'avança vers David qui sortait de derrière les fagots avec Michel et un autre dont j'ai oublié le nom, et lui dit en lui montrant la cour et le mur couverts de sang :

— Vous avez fait là de bonne besogne, David ! Quand on travaille comme ça, on devrait être maire de Corbeny et non pas adjoint.

Il avait l'air de rire.

David l'embrassa et lui répondit :

— Monsieur Debray, votre ouvrage et celui des autres blousards vaut encore mieux que le nôtre, car sans vous nous étions f...ichus ! Mais le grand Michel que voilà, et l'ami Jean Leborgne et tous les camarades, nous avons fait de notre mieux.

Alors les uns se serrèrent les mains, les autres s'embrassèrent en criant tous :

— Vivent les blousards !

— Vivent les gens de Corbeny !

— Vivent Jean Leborgne et André Leborgne, deux gaillards, ceux-là ! dit le grand Michel qui était bon enfant et qui pensait toujours aux amis.

Et enfin tout le monde cria encore plus fort :

— Vive la Pauline ! Sans elle nous serions perdus,

monsieur Debray, et vous n'auriez pas eu le temps d'arriver.

Alors la Pauline, toute joyeuse de voir comme on parlait d'elle devant André, cria à son tour :

— Vive la France !

Mais comme nous n'avions plus de vin et qu'on voulait trinquer, M. Debray nous dit :

— Les uhlans doivent en avoir.

En effet, ils en traînaient deux barriques et les remplissaient aux dépens des villages à mesure qu'ils les avaient vidées.

Naturellement on les vida, comme tu peux croire.

Ce n'est pas tout. Il fallait voir ce qu'on ferait des Prussiens. M. Debray les avait fait coucher tous à terre, les pieds liés et les mains aussi, de façon qu'ils ne pouvaient plus bouger. Dix blousards, les fusils chargés, les tenaient en joue.

Il y en avait neuf, dont deux blessés. Le capitaine qui avait fait tuer mon père, le matin, était l'un des deux. Je dis à M. Debray :

— Celui-là, je vous le demande.

— Pourquoi faire ?

— Pour le fusiller moi-même.

Et j'expliquai qu'il avait fait fusiller mon père.

— Tu as raison, Jean Leborgne. Je te le donne. J'en ferais autant à ta place.

Alors le capitaine des uhlans lui dit :

— Monsieur, vous paraissez être un ancien officier. Vous connaissez les lois de la guerre. J'ai ordre de fusiller tous les bourgeois et paysans qui se battent contre nous.

M. Debray se tourna vers les blousards et dit :

— Vous l'entendez ?

Les autres se mirent à crier :

— A mort, le Prussien !

Et alors, moi, Jean Leborgne, qui n'ai jamais frappé une femme ni un enfant et qui n'ai jamais fait de mal à personne, du moins quand je savais que j'aurais pu faire du mal, je fis trois pas en avant, je mis le bout de mon fusil de chasse dans l'oreille du Prussien, et d'un coup sa cervelle sauta comme un bouchon de vin de Champagne.

M. Debray me dit encore :

— Tu as bien fait, Jean. Quand les Prussiens sauront qu'on les tuera comme des chiens s'ils touchent aux blousards, ils n'y toucheront plus, sois-en sûr... Aux autres maintenant !

Il en restait sept qui furent fusillés en une minute. Le pauvre curé de Corbeny, qui était revenu avec nous depuis la défaite des uhlans, essaya d'obtenir leur grâce ; mais M. Debray lui répliqua :

— Curé, donnez-leur l'absolution si vous voulez ; mais pour le reste mêlez-vous de vos affaires. J'ai assez de vos jérémiades. Si j'avais sous la main le roi de Prusse, les altesses, le grand état-major et tous ceux qui donnent l'ordre de verser de sang-froid le sang de nos compatriotes prisonniers ou qui les font exécuter, je les ferais fusiller tous comme des chiens enragés. Voilà !... En attendant, tout ce qui tombera d'officiers ou de soldats prussiens dans mes mains est sûr d'être passé par les armes ou pendu.

Restait un neuvième prisonnier, assez légèrement blessé, tout jeune, et pâle comme la mort qu'il attendait. M. Debray le regarda longtemps et dit :

— Quel âge as-tu ?

L'autre répondit en français :

— Vingt ans.

M. Debray lui répliqua :

— Tu es jeune. Tu as encore le temps de réfléchir et de t'instruire. Va-t'en. Nous te faisons grâce. Quand tu seras retourné dans ton pays, souviens-toi de cette leçon. Tous les hommes sont égaux. Ils ont tous reçu de Dieu le même droit de vivre. Celui qui tue les prisonniers sans armes, les femmes, les enfants, les faibles, tous ceux enfin qui ne peuvent pas se défendre, celui-là mérite la mort...

Il ajouta d'une voix terrible :

— Dis bien à Blücher et aux autres coquins de son espèce qu'ils se tiennent loin de la portée de mon fusil! Et dis-leur encore que celui qui n'a pas peur de mourir est maître de la vie des autres... Va-t'en!

L'autre partit sans se faire prier.

XLVI I

Tu sais le reste. M. Debray nous conduisit tous dans cette grande caverne au fond des bois où nos grands-pères, ceux qu'on appelait « les Gaulois », cachaient leurs femmes, leurs enfants et leurs provisions en temps de guerre. Les Prussiens, qui couraient sur Paris, ne pensèrent plus à nous jusqu'à la paix.

M. Debray fut tué cinq jours après nous avoir quittés. Il fut entouré avec ses blousards par la cavalerie. Une moitié s'échappa; l'autre moitié périt.

André guérit et épousa la Pauline deux mois après la mort de mon père. Le vieux aurait été bien heureux d'assister au mariage, et nous aussi de l'y voir, moi surtout! Mais on ne peut pas tout avoir. Et enfin nous avons été assez heureux, comme tu vois. André et la Pauline eurent beaucoup d'enfants et gagnèrent assez d'argent pour les établir. La Marianne et moi, nous avons eu à peu près le même bonheur. Adieu!

FIN.

PARIS. TYPOGRAPHIE DE E. PLON ET Cie, RUE GARANCIÈRE, 8.

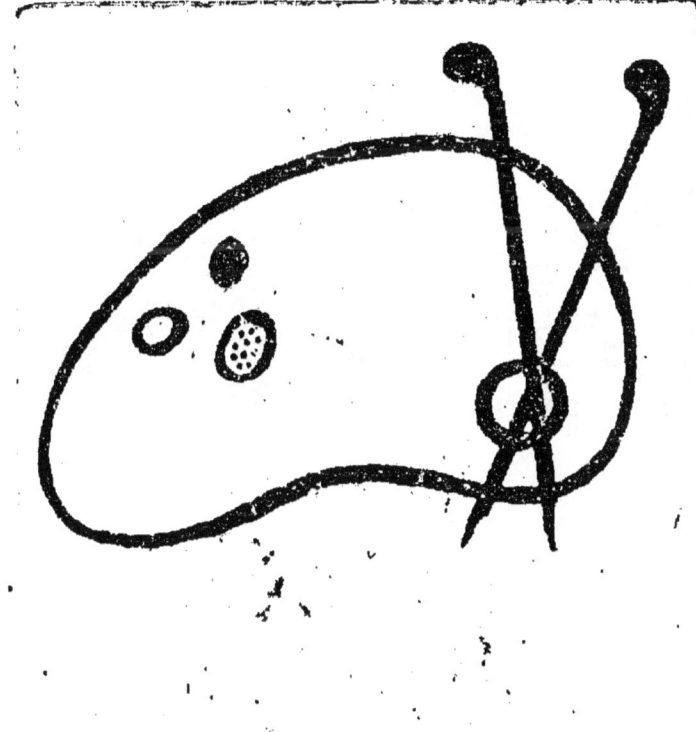

Original en couleur
NF Z 43-120-8

P O R T | 15

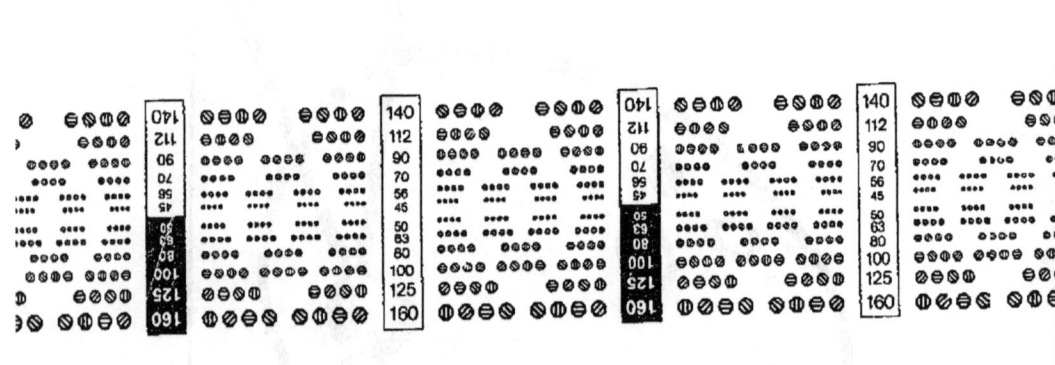

BIBLIOTHÈQUE NATIONALE

CHÂTEAU
de
SABLÉ
1984